清华大学地区研究丛书·专著 IIAS
Area Studies Book Series, Tsinghua University-Monographs

姜景奎　张　静　主编

中国企业对外投资经验与投资绩效研究

徐沛原　著

A Study on the Experience Accumulation and Performance of Chinese Enterprises in Oversea Investments

中国社会科学出版社

图书在版编目(CIP)数据

中国企业对外投资经验与投资绩效研究 / 徐沛原著.
北京：中国社会科学出版社，2024.12. -- ISBN 978-7-5227-4405-6

Ⅰ. F279.23

中国国家版本馆 CIP 数据核字第 202471315K 号

出 版 人	赵剑英
责任编辑	党旺旺
责任校对	李　硕
责任印制	张雪娇

出　　版	中国社会科学出版社
社　　址	北京鼓楼西大街甲 158 号
邮　　编	100720
网　　址	http://www.csspw.cn
发 行 部	010-84083685
门 市 部	010-84029450
经　　销	新华书店及其他书店
印　　刷	北京明恒达印务有限公司
装　　订	廊坊市广阳区广增装订厂
版　　次	2024 年 12 月第 1 版
印　　次	2024 年 12 月第 1 次印刷
开　　本	710×1000　1/16
印　　张	17
插　　页	2
字　　数	237 千字
定　　价	98.00 元

凡购买中国社会科学出版社图书，如有质量问题请与本社营销中心联系调换
电话：010-84083683
版权所有　侵权必究

前 言

随着中国"走出去"战略深化和"一带一路"倡议推进,中国企业在世界 188 个国家和地区积累了丰富而宝贵的投资经验。投资经验作为企业层面重要异质性之一,对企业未来投资行为和绩效有着重要且深远的影响。本文基于中国对外投资项目层面数据,对投资经验的积累步骤、衡量方法和作用机制做了理论分析,并就投资经验对并购成败、进入模式和投资规模的影响做了实证检验。

首先,分析投资经验的机制与现状。基于来源地、进入模式、成败、行业关联、制度、经验与替代学习等标准对投资经验进行分类和阐述,提出投资经验存在异质性和有限适用性。在此基础上描绘了中国企业经验积累的现状和特征:经验存量不高但增速快、经验存量差距大、投资经验分布广、投资经验的增加使国有企业比民营企业在区位选择上更风险厌恶等。

其次,分析投资经验对并购成败的影响。企业过去成功并购经验显著提高后续并购成功率(提高 42.5%),而失败并购经验显著无影响。主要通过两条机制实现:第一,学习效应——同行业和非同行业并购都因企业经验增加而提高成功率,但同行业成功并购的经验更容易被企业人员学习吸收,非同行业学习效果略弱;第二,人才效应——不仅培养了自身的并购人才,还吸纳了专业外方团队,国际化经营综合能力提高。

再次,分析投资经验对进入模式的影响。初次进入某国时,有其他国家投资经验的企业更偏好绿地模式进入，因为绿地模式更易积累隐性知识，且企业倾向于充分使用前期绿地经验积攒的不可移动优势；在针对特定国家的后续投资中，由于已经具有该国具体投资经验，企业比初次进入时更有能力降低并购所需的额外交易成本，从而获得绿地模式下不易获得的无形资产，故并购投资更受青睐。机制分析显示，行业相关知识获取是投资经验提高并购进入模式概率的重要原因。

最后，分析投资经验对投资规模的影响。有国别投资经验的企业平均投资规模比无该国经验的企业高49%，区域其他国家投资经验对于投资规模无显著影响。机制主要有：第一，在区位选择阶段，国别投资经验显著增加了企业继续选择该国的概率，故企业愿意在熟悉的国家投资更多；第二，企业初次小规模投资"试水"，积累投资环境相关经验后出于产业协同和规模效应而扩大投资；第三，同国别投资时间间隔随经验增加而缩短，企业信心提升后愿意多投资。作为补充，本书采用对比的视角，以拉美国家为案例，比较中国与其他国家并购拉美企业时所需要采取的差异化策略，以此进一步阐释投资经验的有限适用性。

本书的政策建议是：企业应重视投资经验的作用但需警惕其有限适用性，政府应考虑企业所处不同国际化阶段而建立差异化且细致的监管政策。

目　录

第一章　引言 ……………………………………………………（1）

第一节　选题背景和研究意义 ……………………………………（1）

第二节　研究方法 …………………………………………………（4）

第三节　研究内容和结构安排 ……………………………………（6）

第四节　创新性和局限性 …………………………………………（7）

第二章　文献综述 ………………………………………………（10）

第一节　引论 ………………………………………………………（10）

第二节　国际商务视角 ……………………………………………（10）

第三节　组织创新视角 ……………………………………………（28）

第四节　相关研究 …………………………………………………（48）

第五节　小结 ………………………………………………………（51）

第三章　投资经验积累过程与作用机制 ………………………（52）

第一节　引论 ………………………………………………………（52）

第二节　投资经验的界定 …………………………………………（52）

第三节　投资经验积累主体 ………………………………………（53）

第四节　投资经验积累的主要环节 ………………………………（54）

第五节　投资经验的作用机制 ……………………………………（59）

第六节　投资经验的有限适用性 …………………………… (66)
第七节　小结 …………………………………………………… (69)

第四章　中国企业对外投资经验衡量与现状 ……………… (72)
第一节　引论 …………………………………………………… (72)
第二节　投资经验测算方法 …………………………………… (72)
第三节　中国企业对外投资经验积累现状与趋势 …………… (81)
第四节　小结 …………………………………………………… (105)

第五章　投资经验对并购成败的影响 ……………………… (107)
第一节　引论 …………………………………………………… (107)
第二节　文献分析与假设 ……………………………………… (108)
第三节　模型与数据 …………………………………………… (112)
第四节　实证结果 ……………………………………………… (118)
第五节　机制探讨 ……………………………………………… (126)
第六节　小结 …………………………………………………… (134)

第六章　投资经验对进入模式的影响 ……………………… (135)
第一节　引论 …………………………………………………… (135)
第二节　文献分析与假设提出 ………………………………… (138)
第三节　模型、变量与数据 …………………………………… (146)
第四节　实证结果 ……………………………………………… (155)
第五节　机制分析：隐性知识 ………………………………… (163)
第六节　小结 …………………………………………………… (167)

第七章　投资经验对投资规模的影响 ……………………… (169)
第一节　引论 …………………………………………………… (169)
第二节　背景介绍 ……………………………………………… (170)

第三节　文献回顾与假设提出 ………………………………（172）
第四节　模型、变量与数据 …………………………………（177）
第五节　主要结果 ……………………………………………（185）
第六节　机制探讨 ……………………………………………（191）
第七节　小结 …………………………………………………（200）

第八章　拉美地区并购投资成败影响因素分析 ………………（202）
第一节　引论 …………………………………………………（202）
第二节　研究背景 ……………………………………………（202）
第三节　文献分析与假设提出 ………………………………（206）
第四节　模型、变量与数据 …………………………………（213）
第五节　实证结果 ……………………………………………（216）
第六节　案例 …………………………………………………（221）
第七节　小结 …………………………………………………（225）

第九章　总结与展望 ……………………………………………（227）
第一节　主要结论 ……………………………………………（227）
第二节　政策建议 ……………………………………………（231）

参考文献 …………………………………………………………（233）

后　记 ……………………………………………………………（265）

主要符号对照表 …………………………………………………（266）

第一章

引　　言

第一节　选题背景和研究意义

自 2001 年加入世界贸易组织以来，中国在融入国际秩序、实现经济全球化、加强生产资料和人员跨境流动等方面取得了辉煌的成就。对外开放引进充足的外资客观上加速了中国经济发展的速度、提高了中国制造业的技术水平和管理水平，也带来了世界各国丰富多彩的商品、服务和文化。中国在积极吸纳外资并享受其溢出效应的同时，中国企业也在不断提高自身的效率、增强国际化能力。自 2003 年中国商务部、国家统计局、外管局联合公布《中国对外直接投资统计公报》以来到 2019 年末，中国对外投资存量增长了 65.2 倍，达到 2.2 万亿美元，世界排名从第 25 位上升到第 3 位，仅次于美国和荷兰（见图 1-1）。[①] 中国企业的

[①] 对外投资（Outward Direct Investment）与外商直接投资（Foreign Direct Investment）本质上并无区别，只不过前者是母国视角，后者是东道国视角，因此外商直接投资也可以被称为国际直接投资、境外直接投资。按照国际货币基金组织和经济发展合作组织（OECD）共同出版的《国际收支平衡手册（第五版）》（*IMF Balance of Payments Manual*）的定义，外商直接投资是指"来自一个经济体的居住实体对另一个经济体的企业实体做出的带有获取持有利益关系的国际投资行为"（IMF & OECD, 2003）。直接投资不仅包括用于投资者和被投资者建立关系的初次交易，还包括两者（及两者下属企业和关联企业）后续的资金转移。IMF & OECD（2003）还建议以持股比例 10% 作为评判投资者是否可以被认为是直接投资者的标准（尽管 10% 这个边界似乎没有坚实的依据，比如有些持股低于 10% 的投资者是企业的战略投资者，可以对企业的经营施加重要影响，而另一些持股超过 10% 的投资者对自己的定位就是财务投资者，但 10% 可以作为没有其他证据下的一个依据）。中国商务部的定义也借鉴了 IMF 和 OECD 的定义，规定"对外投资是指在中华人民共和国境内依法设立的企业通过新设、并购及其他方式在境外拥有企业或取得既有企业所有权、控制权、经营管理权及其他权益的行为"，同时也规定"对外直接投资企业是指境内投资者直接拥有或控股 10% 或以上股权、投票权或其他等价利益的境外企业"。

对外投资成绩世界有目共睹：2002年到2019年，中国对外直接投资存量增长了72.5倍，流量增长了49.7倍（见图1-1），对外投资企业数量增加了7.9倍，设立的海外投资机构增长了7倍，存量在全球分布的国家和地区从139个增加到188个，覆盖的主要行业门类从8个扩展到18个，流量和存量占世界的比重也分别达到了10.4%和6.4%（联合国贸发会议2020年报告）。至此，中国在对外直接投资方面已经从一个名不见经传的小国变为举足轻重的大国。

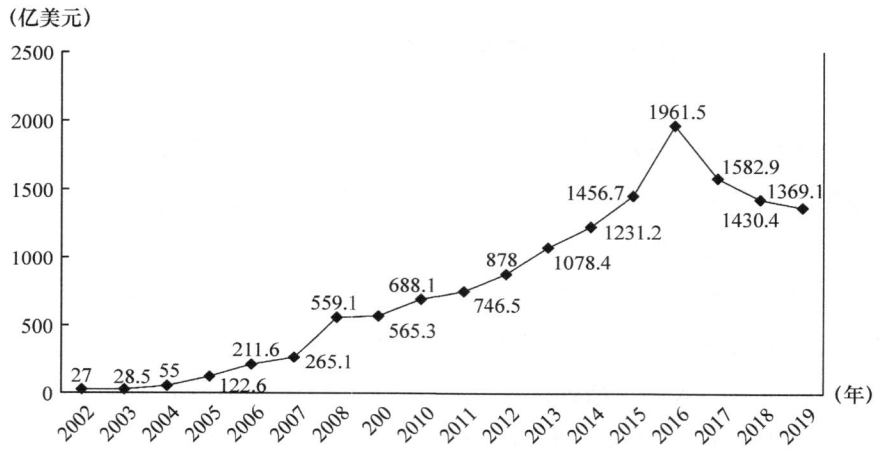

图1-1 2002—2019中国对外直接投资流量情况

资料来源：《2019年度中国对外直接投资统计公报》。

在中国对外投资迅猛发展的背景下，我国诞生了一批海外经验丰富、综合实力过硬的明星企业，这些企业成功获得目标国市场份额、建立良好的口碑、嵌入国际价值链。然而，既有研究更多地从东道国层面的宏观异质性来分析我国对外投资的动机和绩效。固然，东道国层面的各类因素是解释企业为什么会选择投资、选择何种方式投资并投资多少资源的重要影响因素，但企业层面的影响因素同样重要。特别是，企业间的国际投资能力存在显著差异。例如，中国企业的盈利能力。在2009年第三届中国企业跨国投资研讨会上有学者指出，中国企业海外投资的盈利率、亏损率和盈亏平衡率相同，大约各占1/3；[1]2011年，商务部的统计结果显示，我国2011年2000多家对外投资企业中，亏损企业数量大约占三成，高于发达国家企业亏损数量比例[2]；美国2005年对外投资企业的综合收益率在11%左右[3]，而在2005—2018年间，中国的海外间接投资年平均收益率为3.3%[4][5][6]。再比如，企业股权性质差异。中国海外投资的主体已经由"国有企业占主导，民营企业居于次要地位"转变为"国有企业与民营企业等量齐观"的阶段（见图1-2），而国有企业和民营企业不管在管理方式上还是在国际化经验上都存在诸多异质性。

企业国际化是一个动态过程，特别是投资经验的积累。初始国际化企业与成熟国际化企业存在诸多异质性，特别是处于不同国际化阶段的企业拥有不同水平的投资经验差异，该差异能够显著影响企业的投资行为（如企业选择何种模式进入、选择投资多少金额）和投资绩效（投资是否成功）。如果不对投资经验进行分析，我们就无法知道不同国际化阶段的企业为什么会做出差异化的选择，也无从得知差异化选择背后的产生机制。因此，重视并研究企业层面投资经验的异质性对于理解中国对外直接投资行为、理解中国企业国际化进程有重要的理论意义和实践意义。这也是为什么本书试图回答投资经验对于企

---

[1] 新华社：《第三届中国企业跨国投资研讨会聚焦企业"走出去"》，中央政府门户网站，http://www.gov.cn/jrzg/2009-04/22/content_1293272.htm，2009年4月22日。

[2] 韩师光：《中国企业境外直接投资风险问题研究》，博士学位论文，吉林大学，2014年。

[3] 柳德荣：《美国对外直接投资现状分析》，《湖南商学院学报》2007年第2期。

[4] 黄志勇、欧阳文杰：《国际收支新形势下中国对外投资收益问题分析》，《市场周刊》2020年第6期。

[5] 李军林等：《国际储备货币：需求、惯性与竞争路径》，《世界经济》2020年第5期。

[6] 需要说明的是，3.3%这个数据是考虑到中国所有金融外汇资产的收益率，对外直接投资仅仅占其中的小部分，但由于没有其他更合适的可比数据，笔者暂且采用该值。资料来源：《国家外汇管理局年报（2018）》。黄志勇、欧阳文杰在《国际收支新形势下中国对外投资收益问题分析》一文中提出可以用"倒挤法"计算：先根据国际收支流量表计算总投资收益，再估算间接投资绝对收益值，再用总投资收益减去间接投资收益得到直接投资收益，最后直接投资收益除以直接投资存量。他们计算得到中国对外直接投资2014—2018年收益率在9.03%~17.96%之间。

业国际投资行为和绩效是否有影响、有何种影响，以及为什么会影响的主要背景。

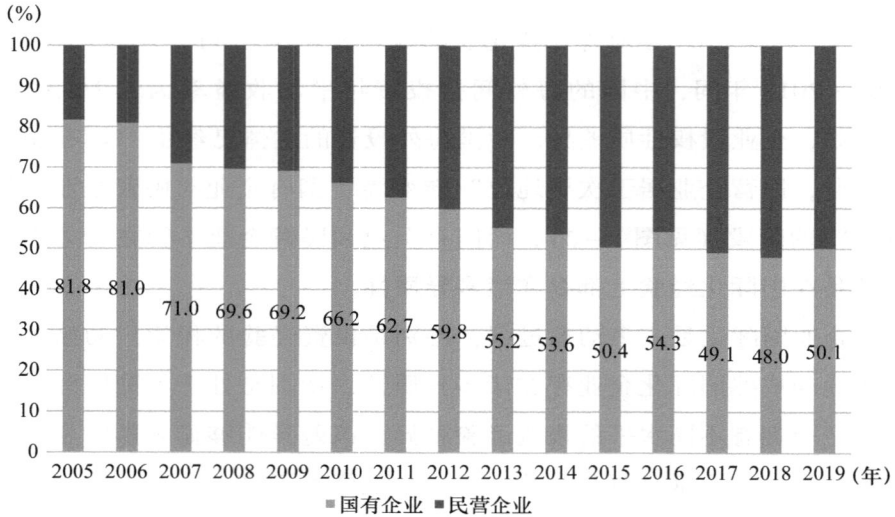

图1-2 中国对外投资存量国有企业与民营企业对外投资存量占比

资料来源：《中国对外直接投资统计公报》（2005—2019年度）。

第二节 研究方法

文献研究法。文献研究法是通过阅读、整理并分类从而识别文献本质属性的研究方法。对外投资是国际商务理论长期关注的重点。从区位理论、垄断优势理论、产品生命周期理论到内部化理论、国际生产折衷理论再到投资发展路径理论，国际商务理论对于不同历史时期的企业国际化动机和特征均有重要的解读，其中特别是后来的集大成者国际生产折衷理论和投资发展路径理论都为本书提供理论基础。组织学习理论强调了企业的学习能力，特别投资经验所代表的企业对东道国/区域个性认知动态存量，是目前受到重视严重不足的重要因素。投资经验对于解释发展中国家对外投资行为中与发达国家对外投资的差异有独特作用。

归纳分析法。归纳分析法是对有关信息进行分类并推测其内在规律的方法。笔者结合既有文献对于投资经验本身的分类讨论，以及对于投资经验作用机制的探讨，结合中国企业的实际情况，对投资经验进行了详细的分类。随后，基于对中国对外投资政策的历史梳理，通过描述性统计的方法初步分析了投资经验与区位选择、投资经验与投资规模、投资经验与行业偏好以及投资经验与投资规模选择之间的关系。此外还发现随着投资经验的增长，国有企业和民营企业的投资行为存在一定的差异。根据投资经验来源的差异，笔者推测出投资经验必然存在局限性，该局限性被称为有限适用性，并在后续的建模中予以明确和检验，并得到验证。

定性研究法。定性研究法是依据预测者的主观判断分析能力来推断事物的性质和发展趋势的分析方法。本书从既有理论文献和实证文献出发，探索分析企业国际化能力的积累机制、投资经验的作用等。主要发现投资经验的积累步骤包括作用机制是通过：学习效应、人才培养效应、关系网络效应、战略联盟效应、逆向技术溢出效应和竞争效应等多种机制共同作用的结果。

定量研究法。定量研究是对问题对象的数量特征、数量关系与数量变化进行分析的方法。首先从量化角度定义和描绘投资经验的水平，并介绍不同的定义对于检验投资经验本身异质性的原因。其次，采用倾向性得分匹配方法构建企业在有投资经验或无投资经验的反事实结果来揭示投资经验对于投资行为和投资绩效的因果关系。最后，基于差异化的投资经验分类结果发现了前述因果关系受到经验异质性的显著影响，验证了投资经验的有限适用性。

案例分析法。案例分析法是对有代表性的事物或现象进行周密而仔细的考察来认识总体、揭示一般规律的分析方法。本书通过中海外联合体在波兰项目的失败案例来说明投资经验的有限适用性，提出企业在使用投资经验前应进行谨慎的前期分析，在确定存在适用性以后再借鉴。

第三节 研究内容和结构安排

本书共分为9章,结构安排如图1-3所示。

第一章主要介绍研究背景、理论意义和现实意义,使用的方法和创新点。

第二章主要介绍与本研究相关的主要理论,包括国际商务理论和组织创新理论。

第三章结合组织学习理论对投资经验的积累过程进行尝试性描述;随后对投资经验的作用机制及其局限性进行探讨。

第四章介绍投资经验的衡量方法及分类必要性,并对微观层面投资经验积累存量现状及特征事实进行初步分析。

第五章基于微观数据实证检验并购经验对于并购成败的影响,测算不同类型投资经验对于并购成败的影响的稳健性,并从制度差异性和产业协同方面探讨机制起源。

第六章基于微观数据实证检验投资经验对于进入模式的影响,分析了初次投资和后续投资对于进入模式的差异化选择的原因,从稳健性检验的角度比较了经验学习和替代学习中投资经验差异化的影响结果,并提出经验对于进入模式的影响重要途径是隐性知识的传承。

第七章基于微观数据实证检验投资经验对于投资规模选择的影响,既测算了不同投资经验对投资规模选择方面的异质性影响,提出并检验了投资经验对投资规模的影响存在(至少)三种机制渠道:区位选择、规模效应和产业协同、经营信心。

第八章以拉美为例,通过比较的视角分析了中国与其他国家跨国公司在并购拉美企业时所需要以及不得不采取的差异化的兼并策略。

第九章总结与展望,主要对本研究的结论进行总结和概述,并针对性地提出政策建议,最后提出可能的进一步研究计划。

本书的逻辑框架图如图1-3所示。

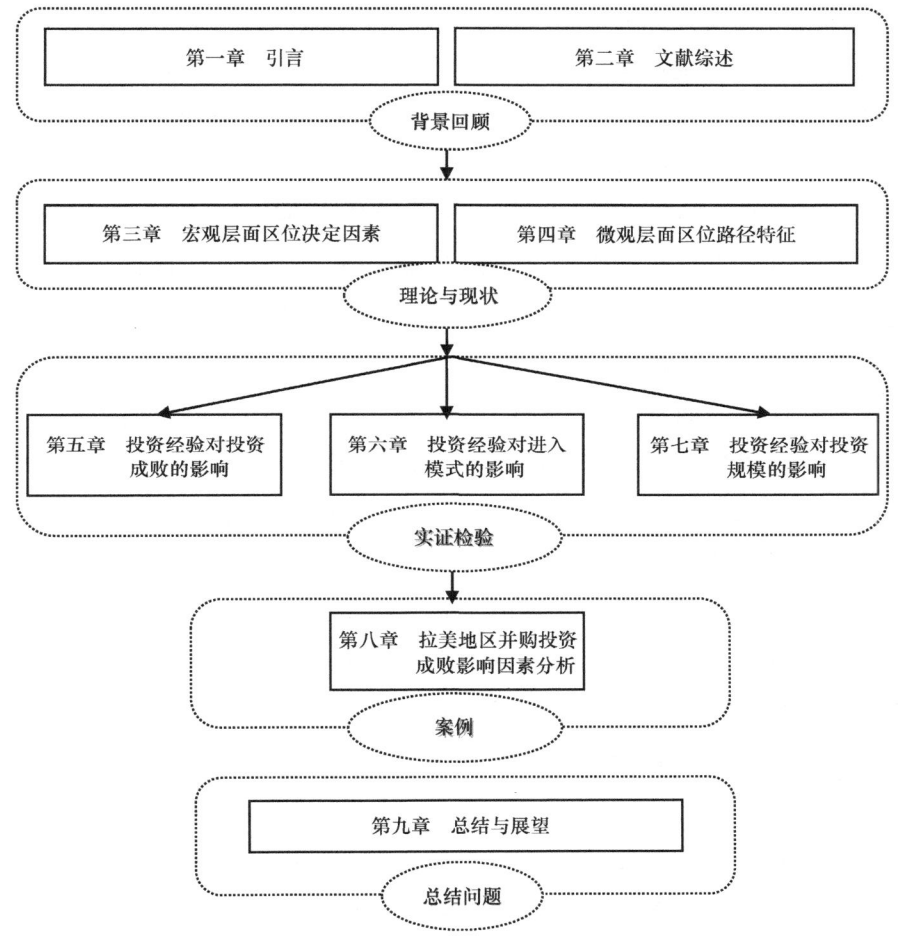

图1-3 本书逻辑框架

第四节 创新性和局限性

一 创新性

视角创新。既有文献较为注重东道国层面因素对国际投资的影响，尤其注重解释制度不完善、市场不完备导致的企业交易成本过高对并购成败和进入模式的影响，但较少以从企业视角进行分析。固然东道国和母国之间的制度差异、资源差异和技术差异深度影响了企业的投资决策，并且也能够借此分析出中国对外投资的主要动机，但是不能分析出不同企业实现目标的方式和结果以及为什么企业选择了不同的进入模式、承诺了不同的资源，也不能分析出为什么一些企业投资成功而另一些企业投资失败（由于总量投资数据存在自选择问题，未成功的投资不被计入）。因此，为了回答上述问题，本书在国际商务理论的基础上将组织学习理论中的动态学习视角引入区位决定因素模型，在强调静态资源对投资行为和绩效的影响外，特别强调企业层面重要异质性——投资经验的重要作用。

理论创新。通过揭示投资经验对于投资行为和投资绩效的影响和机制，确认投资经验应当被看作是企业特定所有权优势中的"交易性所有权优势"，增强了国际商务理论对于发展中国家投资行为的解释力，反驳了需要为发展中国家建立一套单独的对外投资理论的观点。同时，深度借鉴了组织学习理论，利用组织学习模型对投资经验积累的基本步骤进行了深度剖析。特别是对投资经验影响投资行为与绩效的机制进行了深入剖析，提出了学习、人才培养、关系网络、战略联盟、逆向技术溢出和竞争等多种效应，并在后续的实证章节中提供了实证证据。

实证创新。首次为样本每一个企业建立了详细的分类投资经验数据集，为实证创新中检验投资经验的异质性打下了坚实的基础。现有对外直接投资文献对于投资经验的归纳整理仅记录某一笔海外投资前是否在该东道国有投资；少量文献虽然对投资经验进行了分类汇总，但是仅考虑一到两种测量方式，而没有意识到不同的测量方式实际上是计算了企业对国际投资不同知识账户的分类积累。只有通过这样的分类测算才能体现出企业投资经验的异质性，也才能检验是投资经验带来的哪些方面能力导致了企业间投资行为和投资绩效的差异。而本书为每一笔投资的发起企业计算了多达13种的投资经验，可分别按照来源地、进入模式、行业关联度、成败、目标国制度质量、替代学习或经验学习划分，共计六大类十三种。差异化的投资经验为验证投资经验的有限适用性提供了有力证据。

二　局限性

本书主要存在如下不足之处。本书探讨了投资经验对于企业国际投资的影响和机制，通过借鉴组织学习理论，对国际商务理论的发展起到了一定的补充作用，但依然存在以下研究缺憾。第一，对于内向国际化关注不足。外资及其溢出效应是我国企业提高效率、提高国际化经营能力的重要推手，也必然对未来实现国际投资的企业产生深远影响。遗憾的是，企业在国内接受外资的溢出效应对其后来的对外投资时间跨度太长，因果关系难以建立。更不用说部分新生企业属于"天生国际化企业"，即诞生之初就是抽调拥有丰富国际化经验的人员组成的公司，这些公司本身并没有内向国际化阶段。第二，暂无法实现国际比较。中国作为世界上最大的发展中国家，其对外投资受到投资经验的影响与其他发展中国家是否有区别是一个值得研究的问题。但是，暂时还没有对其他发展中国家企业国际投资如何受到其微观投资经验影响的同类研究。目前较多的只有单个国别对单个国别的投资研究，而单个国别整体的对外投资微观研究较少，针对发展中国家对外投资的整体性微观研究就更少。

第二章

文献综述

第一节 引论

自跨国公司诞生到国际投资在全球大规模增长，区位理论、垄断优势理论、内部化理论、国际生产折衷理论以及投资发展路径理论都尝试回答企业为什么要对外投资，企业如何选择对外投资目的地。然而，传统的国际商务理论注重从静态层面回答上述问题而对企业层面的动态能力变化关注不够。因此，为了理解国际投资经验如何影响投资绩效和行为，有必要对组织学习理论中的传统学习曲线、乌普萨拉理论和动态能力理论进行适当介绍和回顾。本章余下的结构安排如下：第二部分介绍国际商务视角关于企业国际化方面的理论历史和演变；第三部分介绍组织创新视角关于企业国际化方面的理论历史和演变；第四部分介绍与本书比较接近的相关研究；第五部分是小结。

第二节 国际商务视角

国际商务学界对外商直接投资的区位决定因素研究主要可以归纳为三类主要流派。分别是：传统对外投资理论、制度论和资产开发论。进一步地，按照理论诞生的时间顺序，传统对外投资理论又可以进一步分为早期理论、垄断优势理论、内部化理论、国际生产折衷理论和投资路径理论。

一 传统对外投资理论

(一) 早期理论

早期理论主要指的是区位理论。区位理论认为区位主体在空间区位中的相互运行关系（区位关联度）影响投资者和使用者的区位选择。一般来说，投资者或使用者都力图选择总成本最小的区位，即选择地租和累计运输成本总和最小的地方进行相应的生产和商业活动。区位理论包括：古典区位理论、近代区位理论、现代区位理论和区域经济学等四个阶段[①]。

古典区位理论主要指杜能的农业区位论和韦伯的工业区位论。杜能在1826年的《孤立国同农业和国民经济的关系》一书中提出了孤立国理论，该理论认为由于交通运输成本的不同，城市周围土地利用类型和农业集约化程度随着距城市距离呈现为由内向外的一系列同心圆，这样不同圆之间的圈（"杜能圈"，Thunen Circle）都有自己的主要产品和自己的耕作制度，这是农业产品区位决定制度。19世纪中叶后期，德国完成工业革命以后，德国经济学家、社会学家、文化理论家韦伯首次引入"区位因素"这个概念来解释工业企业的区位选择问题。在其1909年出版的《论工业区位》一书中，韦伯指出工业区位的选择主要取决于交通成本、劳动力成本、聚集或分散等三因子，企业根据其所属行业的不同选择综合成本最低的区位进行生产。这三因子的作用生效有先后顺序，首先是起基础作用的交通运输成本决定企业所处的地区；随后根据劳动力成本对区位进行调整；最后是行业的聚集或分散特性进一步加速该行业的聚集或分散的特点。

近代区位理论主要指德国城市地理学家克里斯塔勒（Christaller）和德国经济学家廖什（Losch）分别于1933年和1939年提出的中心

---

① 贾式科、侯军伟：《西方区位理论综述》，《合作经济与科技》2008年第22期。

地理论。廖什在《经济空间秩序》一书中提出的市场区位理论把市场需求作为空间变量来研究区位理论。该理论定义城市的主要功能是向周边地区提供商品和服务要素，需要在交通网络上拥有便利的交通条件。因此，中心地区并不一定是人口最多的地区。在这一阶段，垄断逐渐替代自由竞争成为市场交易的主要组成部分，运输成本对于工业、农业企业、产品的区位选择变得不那么重要。

现代区位理论的形成以艾萨德（Walter Isard）的《区位与空间经济》和贝克曼（Martin Backmann）的《区位理论》的发表为标志。"二战"以后，社会生产力迅速发展，旧的经济结构被打破，交通成本、通信成本大幅降低，企业的经营行为已经不是单边行为，受到竞争对手、目标地区经济政治环境等因素的综合影响越来越大，仅从单一企业自身寻求区位解释而不考虑其他企业的影响已不适应现实。现代区位理论吸取了经济理论、地理学、人口学、社会学等诸多学科的思想，配合以"计量革命"带来的统计工具，对国家范围和区域范围的政治条件、经济条件、文化条件和自然条件等因素进行综合研究。

（二）垄断优势理论

垄断优势理论认为，一个企业之所以要对外直接投资是因为它具有相对于东道国其他企业所没有的垄断优势。海默（Hymer）认为，一方面，不同的国家有不同的制度、文化和习俗，上述差异会构成母国企业的"外来者劣势"，如果企业没有特殊的垄断优势，则无法与东道国市场内本土企业竞争，自然也不会选择去海外进行投资[1]；另一方面，企业的垄断优势只能通过投资而非贸易的形式转移到海外。企业的国际投资行为的背后其实是母国寡头企业在国内的竞争转移至国际市场。为了获得更大的垄断利润，需要将其掌握的垄断性资源应

---

[1] Hymer, Stephen Herbert, *The International Operations of National Firms: A Study of Direct Foreign Investment*, Ph. D. Disseration, Massachusetts Institute of Technology, 1960；薛求知、朱吉庆：《中国企业国际化经营：动因、战略与绩效——一个整合性分析框架与例证》，《上海管理科学》2008年第1期。

用到竞争对手公司来源国及其进入的第三国。

垄断优势理论经过尼克博克（Knickerbocker）的发展形成"寡占反应论"。寡占反应论的基本假设是市场上存在数量不多的几家寡头企业，市场并不是完全竞争市场，任何一家寡头的行为都会影响到其他寡头的行为进而影响各家的利益。[①] 因此，各寡头对于其他企业的行为非常敏感。各寡头为了维持原本在母国内的相对竞争地位，当一家寡头企业实现海外投资后，其他竞争对手寡头也会追随该企业进入该国家，继续在母国以外的市场上保持同样的竞争，形成"战略跟随"。尼克博克针对美国1945—1971年的对外投资案例和日本汽车企业对美国的投资案例研究均证实上述规律。

（三）内部化理论

内部化理论主要从交易成本的角度考虑企业的边界。内部化理论由巴克利（Buckley）和卡森（Casson）在《跨国公司的未来》一书中提出[②]。该理论认为，企业的经营不仅包含产品生产环节，还包含研发、培训和中间产品的生产交易环节。中间品交易市场很可能是不完备的，供给价格存在波动性，还存在断供风险。为了保证生产的稳定性，企业会根据中间品市场完备情况有选择地将中间品生产交易由外部生产供应转变为内部生产供应——即内部化。当被内部化的中间品市场不在母国时，企业的边界突破了国境，即构成国际投资。比如，钢铁企业的上游原材料行业是采掘业，但是铁矿石市场是卖方垄断市场，铁矿石稳定供给受到东道国国内企业竞争、经济环境、外交关系的影响较大，给企业生产造成不便。钢铁企业会收购部分矿山的开采权以获得稳定的产能供给[③]，即将这部分中间品市场内部化。

---

① Knickerbocker, Frederick T, "Oligopolistic Reaction and Multinational Enterprise", *The International Executive*, Vol. 15, No. 2, 1973.

② Buckley, Peter, and Mark Casson, *The Future of the Multinational Enterprise 25th Anniversary Edition*, Palgrave Macmillan, 1976.

③ Rugman, Alan M, *Inside the Multinationals 25th Anniversary Edition: The Economics of Internal Markets*, Palgrave Macmillan, 2006.

(四) 国际生产折衷理论

垄断优势理论和寡占反应理论的主要缺陷在于不能解释为什么第一家寡头企业要进行对外投资以及为什么要选择某个特定的东道国进行投资。产品生命周期理论的主要缺陷在于难以解释当今复杂产品的跨国生产。内部化理论的主要缺陷在于很难实证检验其正确性。为了解决上述理论存在的问题并提出更完备、更综合的范式,邓宁（Dunning）的国际生产折衷理论（The Eclectic Paradigm of International Production,即"折衷范式"）应运而生。① 折衷理论认为企业实现对外投资需要具备三方面的优势:所有权优势（Ownership Advantage）、区位优势（Location Advantage）和内部化优势（Internalization Advantage）,因此也被称为"OLI 理论"。所有权优势是企业对无形资产的排他性占有所导致的竞争性优势或者垄断优势,包含独占性无形资产带来的生产优势和规模经济带来的生产优势。② 区位优势是东道国不可移动的要素禀赋优势和政策优势,包括但不限于丰富的自然资源、优越的地理位置、合适的气候、独特的政治经济制度或法律体系、良好的基础设施、独特的人口结构,等等。③ 内部化优势是企业运用所有权优势将失效的外部市场转变为内部市场的优势能力,市场失效可分为结构性失效和交易性失效。结构性失效指的是因东道国贸易壁垒导致的失效,交易性失效指的是交易渠道不畅或者信息不对称导致的失效。区位优势是东道国不可移动的要素禀赋优势（比如自然资源、地理位置等）和可移动的要素禀赋优势（比如灵活的政策法规等）。

---

① Dunning, John H, "The Determinants of International Production", *Oxford Economic Papers*, Vol. 25, No. 3, 1973; Dunning, John H, "Trade, Location of Economic Activity and the MNE: A Search for an Eclectic Approach", in Bertil Ohlin, Per-Ove Hesselborn, and Per Magnus Wijkman, eds., *The International Allocation of Economic Activity*, London: Palgrave Macmillan UK, 1977.

② 王增涛:《企业国际化:一个理论与概念框架的文献综述》,《经济学家》2011 年第 4 期。

③ 比如中国对拉丁美洲和加勒比海地区的投资 90% 进入了英属维京群岛和开曼群岛正是由于这些国家/地区独特的税收制度吸引了避税资金。详见吴国平《后危机时期中国企业投资拉美和加勒比地区的机遇与挑战》,《中国社会科学院研究生院学报》2011 年第 2 期。

企业之所以选择进行对外投资，正是出于利润最大化的目的，将自身的所有权优势和内部化优势与东道国的区位优势相结合，最终实现国际生产。[1]

（五）投资发展路径理论

投资发展路径理论（Investment Development Path，IDP）在国际生产折衷理论所要求的所有权优势、区位优势、内部化优势的基础上强调母国对外投资整体所处阶段和母国经济发展水平对对外净投资的影响。投资发展路径理论可以看作是OLI理论的动态延伸，是邓宁（Dunning）和纳如拉（Narula）对其OLI理论的继承和发展。[2] 投资发展路径理论强调要用一国对外净投资（Net Outward Investment，NOI）判断母国对外投资所处阶段，根据NOI的水平和变化趋势将母国对外投资水平划分为五个阶段。第一阶段，NOI等于或者略小于0，变化趋势为NOI将会下降。此时该国缺乏所有权优势，缺乏区位优势，也缺乏内部化优势，既无法吸引外国投资，也无法实现对外投资。世界上最不发达的国家处在这一阶段。第二阶段，NOI小于0，变化趋势为继续下降，此时该国具备一定程度的区位优势，但尚不具备显著的所有权优势和内部化优势，因此能够吸引大量外国投资但是还不能实现大量的对外投资。劳动力比较密集的发展中国家处于这一阶段。第三阶段，NOI小于0，变化趋势变下降为上升，NOI绝对值缩小。此时该国区位优势向资本、知识和技术方向转变，企业开始具备显著的所有权优势和内部化优势，其对外投资加速增加，利用外资加速缩小。部分发展水平相对较高的国家处于这个阶段。第四阶段，NOI大于0，变化趋势为继续上升。此时该国已经具备全面的所有权

---

[1] 崔巍：《西方跨国公司理论的典范——邓宁体系》，《经济学动态》1994年第8期。

[2] Dunning, John H, "Explaining the International Direct Investment Position of Countries: Towards a Dynamic or Developmental Approach", *Weltwirtschaftliches Archiv*, Vol. 117, No. 1, 1981；陈漓高、黄武俊：《投资发展路径（IDP）：阶段检验和国际比较研究》，《世界经济研究》2009年第9期；陈涛涛等：《投资发展路径（IDP）理论的发展与评述》，《南开经济研究》2012年第5期。

优势和内部化优势，对外投资大于利用外资。部分发展水平相对较高的新兴经济体处于这个阶段。第五阶段，NOI 大于 0，变化趋势为缓慢下降直到 NOI 在 0 左右徘徊。此时该国已经为发达国家，主要是发达国家之间相互投资较多，因此总体而言对外投资和利用外资水平相近（见图 2-1）。

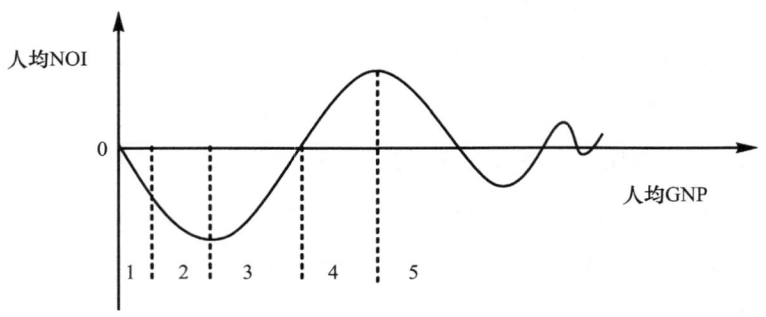

图 2-1　投资发展路径五阶段——流量模式

资料来源：陈涛涛等：《投资发展路径（IDP）理论的发展与评述》，《南开经济研究》2012 年第 5 期。

投资发展路径理论也经历了一系列改进而得到完善。通过一国的对外投资净流量数据计算所得的 NOI 比较容易受到短期母国经济形势的影响而造成对投资阶段的误判。从实证上来说，NOI 在零附近时也很难判断国家处于投资发展路径阶段的第 1 阶段还是第 5 阶段。基于上述弊端，纳如拉建议采用一国的对外净投资存量（NOIS：Net Outward Investment Stock）来替代对外净投资流量 NOI 作为衡量一国对外投资阶段的指标（NOI：Net Outward Investment）。① NOIS 将对外投资和利用外资作为纵轴和横轴，从原点引出 1 条 45 度线来表示对外投资存量和利用外资存量相对大小的临界线，同时沿着这条线向右上方

---

① Narula, Rajneesh, *Multinational Investment and Economic Structure Globalisation and Competitiveness*, London: Routledge, 1996.

也表示该国的经济发展水平在逐渐增加。该国所在位置越靠近横轴右侧，表示利用外资越多，反之说明其利用外资在减少，因此横轴整体表示该国区位优势的变化；同理，该国所在位置越往上，表示该国对外投资越多，反之说明其对外投资在减少，因此纵轴整体表示该国所有权优势和内部化优势的变化。当投资发展路径曲线在45度线下方时，该国利用外资存量大于该国对外投资存量，NOIS大于0，该国处于第一至第三阶段；当投资发展路径曲线在45度线上方时，该国利用外资存量小于该国对外投资存量，NOIS小于0，该国处于第四阶段；当投资发展路径曲线在45度线附近波动时，该国处于第五阶段（如图2-2所示）。

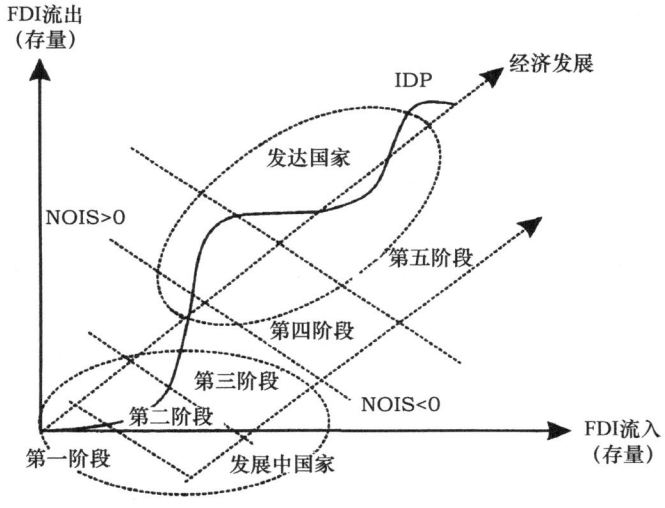

图2-2 投资发展路径五阶段——存量模式

资料来源：陈漓高、黄武俊：《投资发展路径（IDP）：阶段检验和国际比较研究》，《世界经济研究》2009年第9期。

随后，投资发展路径理论开始细化到行业层面。小沢（Ozawa）从行业角度完善了中观投资发展路径理论，被称为中观投资发展路径理论（Meso-IDP）。① 中观投资发展路径理论认为，一国的投资发展路径曲线是由该国不同行业的投资发展路径曲线的包络线而形成的（见图2-3）。这是因为，不同的行业从低附加值链段到高附加值链段所接收的投资以及形成所有权优势和内部化优势很可能并不在同一阶段。这也就意味着采用GDP这样的总量指标作为衡量一国经济发展水平的指标可能存在问题，而应该使用行业层面的指标。

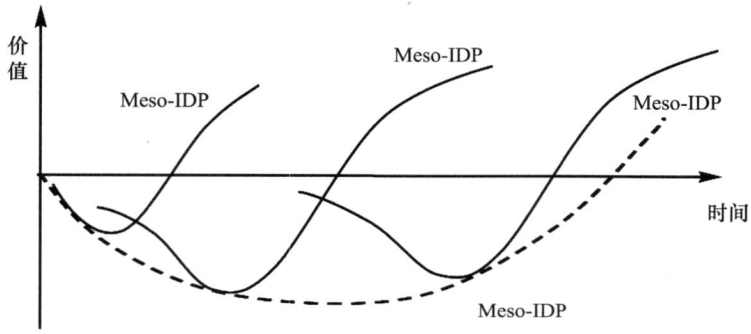

图2-3 中观投资发展路径

资料来源：Ozawa, Terutomo, "The Macro-IDP, Meso-IDPs and the Technology Development Path (TDP)", in John H. Dunning and Rajneesh Narula, eds., *Foreign Direct Investment and Governments: Catalysts for Economic Restructuring*, London and New York: Routledge, 1996；陈涛涛等：《投资发展路径（IDP）理论的发展与评述》，《南开经济研究》2012年第5期。

实证研究主要通过检验 NOI 或 NOIS 与经济发展水平的相关关系来验证投资发展路径理论。针对投资发展路径理论最早的实证检验来自邓宁针对25个发展中国家的检验，② 发现人均国民生产总值

---

① Ozawa, Terutomo, "The Macro-IDP, Meso-IDPs and the Technology Development Path (TDP)", in John H. Dunning and Rajneesh Narula, eds., *Foreign Direct Investment and Governments: Catalysts for Economic Restructuring*, London and New York: Routledge, 1996.

② Dunning, John H, "The Investment Development Cycle Revisited", *Weltwirtschaftliches Archiv*, Vol. 122, No. 4, 1986.

（GNP）、城市化率与该国对外投资存在正相关关系。纳如拉在使用 NOIS 替代 NOI 的基础上考察了 40 个发展中国家在 1975 年和 1988 年的横截面数据，[1] 发现这两个时期投资发展路径理论均成立。邓宁和纳如拉使用同样的模型又检验了 1980 年和 1992 年 88 个发达国家和发展中国家的横截面数据，[2] 结果同样支持投资发展路径理论。巴克利、卡斯特罗（Castro）考察验证了葡萄牙 1943—1996 年的国际投资路径，发现该国的对外投资发展路径符合投资发展路径理论，[3] 并且还发现采用 GNP 的五次幂高阶项作为主要自变量的模型更好地描述了投资发展阶段靠后的国家，比如处于第三阶段和第四阶段的国家；而 GNP 的二次项作为主要自变量的模型更好地描述了投资发展阶段靠前的国家，比如处于第一阶段和第二阶段的国家。[4] 其中二次项和五次项模型分别是模型（2-1）和（2-2）。陈漓高、黄武俊还考察了衡量经济发展水平指标 GDP 的一次项、二次项、三次项和五次项的不同组合，[5] 最终发现不同的国家最适用的投资发展路径模型并不相同。比如，中国、印度和巴西三个金砖国家适合采用 GDP 的一次项和二次项进行拟合，俄罗斯和墨西哥适合采用 GDP 的三次项和五次项进行拟合。并且他们还进一步确认不同的国家有很大的概率适用于不同的投资发展路径模型，即便是同一个国家，其对于模型的适应性也可能发生变化。比如，巴西的回归方程不但不显著，还出现了倒 U 形的反投资发展路径理论预测的结果。

---

[1] Narula, Rajneesh, *Multinational Investment and Economic Structure Globalisation and Competitiveness*, London: Routledge, 1996.

[2] Dunning, John H and Rajneesh Narula, "The Investment Development Path Revisited", in J. H. Dunning and R. Narula, eds., *Foreign Direct Investment and Governments: Catalysts for Economic Restructuring*, London and New York, 2003.

[3] Buckley, Peter J., and Francisco B. Castro, "The Investment Development Path: The Case of Portugal", *Transnational Corporations*, Vol. 7, No. 1, 1998.

[4] 陈漓高、黄武俊：《投资发展路径（IDP）：阶段检验和国际比较研究》，《世界经济研究》2009 年第 9 期。

[5] 陈漓高、黄武俊：《投资发展路径（IDP）：阶段检验和国际比较研究》，《世界经济研究》2009 年第 9 期。

本段提及的模型如下：其中 $NOIS$ 为净对外投资存量，$NOIS_{PC}$ 为人均净对外投资存量，GDP 为人均产出。

$$NOIS_{pc} = \alpha + \beta_1 GDP_{pc} + \beta_2 GDP_{pc}^2 + \mu \quad (2-1)$$

$$NOIS_{pc} = \alpha + \beta_1 GDP_{pc} + \beta_2 GDP_{pc}^5 + \mu \quad (2-2)$$

$$NOIS = \alpha + \beta_1 GDP_{pc} + \beta_2 GDP_{pc}^2 + \mu \quad (2-3)$$

$$NOIS = \alpha + \beta_1 GDP_{pc}^3 + \beta_2 GDP_{pc}^5 + \mu \quad (2-4)$$

投资发展路径理论还存在以下缺憾。

第一，不同的国家适用的投资发展路径并不一样。陈漓高、黄武俊和陈涛涛等[1]均发现1993年到2008年间大部分的实证研究结果与投资发展路径模型格式相符。比如巴克利、卡斯特罗[2]对葡萄牙，图米（Twomey）[3]对加拿大，巴里等[4]对爱尔兰和美国双边投资（一次项和二次项），戈尼亚（Gorynia）等[5]对波兰，本瑟巴阿（Bensebaa）[6]对东欧国家，戈尼亚等[7]对中东欧十国（见图2-4），丰塞卡（Fonseca）等[8]对25个国家的以及专门针对葡萄牙和西班牙的验证（面板数据）等研究均表明这些国家的投资发展路径曲线都呈现U形

---

[1] 陈涛涛等：《投资发展路径（IDP）理论的发展与评述》，《南开经济研究》2012年第5期。

[2] Buckley, Peter J., and Francisco B. Castro, "The Investment Development Path: The Case of Portugal", *Transnational Corporations*, Vol. 7, No. 1, 1998.

[3] Twomey, Michael J, "The Canadian Experience with the Investment Development Path", paper presented at the Canadian Economic History Conference, 2000.

[4] Barry, Frank, Holger Görg, and Andrew McDowell, "Outward FDI and the Investment Development Path of a Late-Industrializing Economy: Evidence from Ireland", *Regional Studies*, Vol. 37, No. 4, 2003.

[5] Gorynia, Marian, Jan Nowak, and Radoslaw Wolniak, "Poland and Its Investment Development Path", *Eastern European Economics*, Vol. 45, No. 2, 2007.

[6] Boudier-Bensebaa, Fabienne, "FDI-Assisted Development in the Light of the Investment Development Path Paradigm: Evidence from Central and Eastern European Countries", *Transnational Corporations*, Vol. 17, No. 1, 2008.

[7] Gorynia, Marian, Jan Nowak, and Rados Aw Wolniak, "Foreign Direct Investment of Central and Eastern European Countries, and the Investment Development Path Revisited", *Eastern Journal of European Studies*, Vol. 1, No. 2, 2010.

[8] Fonseca, Miguel, António Mendonça, and Jose Passos, "The Investment Development Path Hypothesis: Evidence from the Portuguese Case-A Panel Data Analysis", Working Paper, Department of Economics at the School of Economics and Management, Technical University of Lisbon, 2007.

特征，符合投资发展路径理论的预测①。马顿（Marton）、麦卡锡（Mccarthy）②验证中国当时正处于投资发展路径的第三阶段。但与陈漓高、黄武俊③的结果一样，不同国家所适用的最优模型一般情况下并不一致，这意味着除了经济发展水平（不管是采用 GNP 还是 GDP 以及两者的人均值）以外，还有其他因素在直接或间接影响 NOI 或 NOIS，例如人力资本水平、固定资本存量、出口比重。针对上述决定因素的探讨已经形成一派比较独立的研究领域——对外直接投资的区位决定因素模型，由于此类研究关注的重点是中国对外直接投资的流量/存量，几乎不涉及中国利用外资的情况，这与投资发展路径理论中强调以 NOI 或 NOIS 为主要因变量进行研究有所区别，因此后续章节着重介绍这部分文献，故在此不具体展开。具体可参看：鲁明泓④、巴克利等⑤、李辉⑥以及蒋冠宏、蒋殿春⑦等。

第二，尚无任何国家的投资发展路径完整地符合投资发展路径理论预测，但部分国家的投资路径符合投资发展路径理论预测的一到若干阶段。比如，英国作为公认最早实现对外投资的国家，并没有经历大规模引进外资的阶段，即缺失投资发展路径的第一、第二和第三阶段；日本早期对引进外资采取了非常严格的限制措施，政府通过鼓励技术引进和

---

① 陈涛涛、陈晓：《吸引外资对对外投资能力影响的机制研究——以中国汽车产业的发展为例》，《国际经济合作》2014 年第 8 期；陈涛涛、陈晓：《吸引外资对对外投资能力的影响机制——机制分析框架的初步构建》，《国际经济合作》2015 年第 5 期；陈涛涛等：《吸引外资对于对外投资能力的影响研究》，《国际经济合作》2011 年第 5 期。

② Marton, Katherin, and Cornelia Mccarthy, "Is China on the Investment Development Path", *Journal of Asia Business Studies*, Vol. 1, No. 2, 2007.

③ 陈漓高、黄武俊：《投资发展路径（IDP）：阶段检验和国际比较研究》，《世界经济研究》2009 年第 9 期。

④ 鲁明泓：《制度因素与国际直接投资区位分布：一项实证研究》，《经济研究》1999 年第 7 期。

⑤ Buckley, Peter J., L. Jeremy Clegg, Adam R. Cross, Xin Liu, Hinrich Voss, and Ping Zheng, "The Determinants of Chinese Outward Foreign Direct Investment", *Journal of International Business Studies*, Vol. 38, No. 4, 2007.

⑥ 李辉：《经济增长与对外投资大国地位的形成》，《经济研究》2007 年第 2 期。

⑦ 蒋冠宏、蒋殿春：《中国对发展中国家的投资——东道国制度重要吗？》，《管理世界》2012 年第 11 期。

反向工程逐渐确立了日本企业的对外投资能力，所以日本也不能严格算作经历过投资发展路径的第一、第二阶段；韩国与日本采取类似的限制外资、鼓励技术引进和反向工程的政策，并在很早就开始了外向型政策，因此也不能算作是完整经历过投资发展路径的第一、第二阶段[①]。

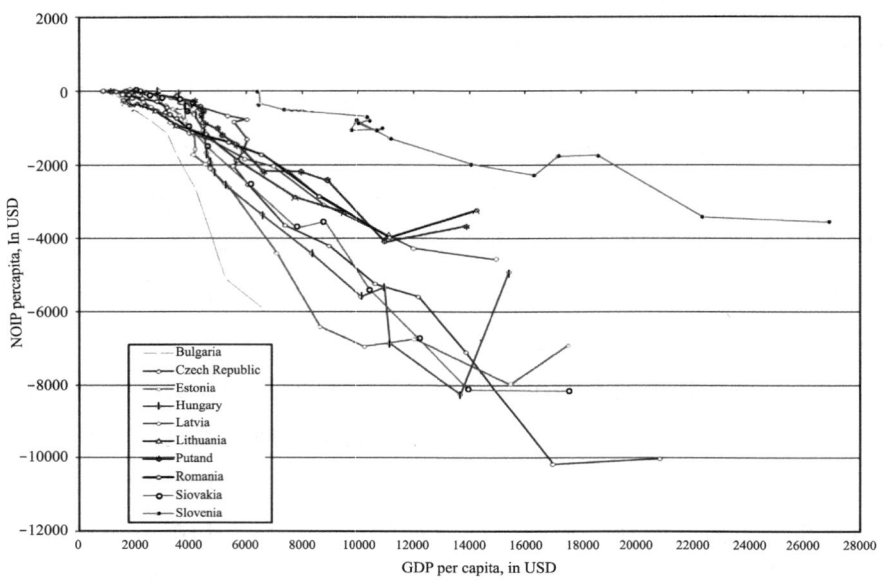

图 2-4 中东欧 10 国人均 NOIS 与人均 GDP（1990—2008 年）

资料来源：戈尼亚等[②]基于 UNCTAD 和波兰统计年鉴计算绘制。

二 制度论

制度理论强调制度对于企业资源和能力升级的重要性[③]。然而，母国制度对于企业的国际化究竟起到了拉力还是推力的作用同样存在

[①] 陈涛涛等：《投资发展路径（IDP）理论的发展与评述》，《南开经济研究》2012 年第 5 期。

[②] Gorynia, Marian, Jan Nowak, and Rados Aw Wolniak, "Foreign Direct Investment of Central and Eastern European Countries, and the Investment Development Path Revisited", *Eastern Journal of European Studies*, Vol. 1, No. 2, 2010.

[③] Wang, Chengqi, Junjie Hong, Mario Kafouros, and Mike Wright, "Exploring the Role of Government Involvement in Outward FDI from Emerging Economies", *Journal of International Business Studies*, Vol. 43, No. 7, 2012；洪俊杰等：《中国企业走出去的理论解读》，《国际经济评论》2012 年第 4 期。

分歧。认为起到拉力作用的学者认为母国的制度落后制约了企业的发展，寻求国际化是因为海外东道国的制度更好，能给企业更好的发展支持；认为起到推力作用的学者认为母国的制度比较先进，赋予企业天生的特定优势。因此，支持母国制度优势论和支持母国制度劣势论的学者形成相互对应、相互对立的两派。

母国制度优势可以通过政策制定主动获得，比如宏观层面有低成本大宗商品优势策略、利用私人商标生产优势策略、部件供应商优势策略、低成本领头羊优势策略、市场特定技术优势策略、特定细分市场优势策略，微观层面有寻求政府支持优势策略、成为外国跨国公司子公司优势策略和变卖公司优势策略。① 上述九种策略也构成了所谓的母国特定所有权优势。

克雷格（Craig）、道格拉斯（Douglas）② 认为发展中国家企业国际化历史背景和环境都显著区别于发达国家企业，因此发展中国家企业的对外投资动机和可采取的策略都有所区别。新兴经济体和新进工业化国家企业的国际化历史背景显著区别于传统工业化国家，传统工业化国家在缺少竞争的情况下进行国际投资而发展中国家企业在对外投资之初就处在全球价值链的低附加值链段，因此这些国家实现国际化的一个重要目的就是向价值链附加值较高的两端拓展，而发达国家早期的工业化以降低生产成本、扩大市场为主要动机，这些传统工业化国家在对外投资之初就已牢牢掌握了高附加值链段，将低附加值链

---

① 其中，低成本商品策略指的是企业只重视降低产品成本生产同质化程度高的产品以求迅速融入市场。私人商标战略指的是当企业积累了一定程度的国际化经验但是仍然不具备以自有品牌打开国际市场时，先委身于东道国市场的其他私人品牌，以该品牌的旗号进行生产销售。部件供应商策略主要针对组装成本占生产成本较大比例的产品行业，它指的是企业从单纯的部件供应商转入承担更完整产品的制造商，比如起亚汽车原本主要为福特汽车生产组件和组装，后来转而生产福特的紧凑型汽车 Festiva。低成本领头羊策略指的是在重视低成本优势的基础上更加重视产业链末端的营销能力。市场特定技术策略指的是企业专门寻找与母国产品需求相似的东道国进行国际化。细分市场策略，发展中国家企业利用国家本身在世界或者行业的固有影响进行国家化，比如亚洲国家专攻"神秘的东方"概念。
② Craig, C. Samuel, and Susan P. Douglas, "Managing the Transnational Value Chain: Strategies for Firms from Emerging Markets", *Journal of International Marketing*, Vol. 5, No. 3, 1997.

段生产转移至发展中国家。如果发达国家发现了成本更低的发展中国家，会将相应产业进一步转移，被转移产业的发展中国家只能处于被动接受地位而几乎无反制措施，这与发达国家早期的国际化面临的环境截然不同。

达瓦尔（Dawar）和弗罗斯特（Frost）[1]也发现发展中国家企业对外投资主要有三种可以利用的母国优势，分别是：寻求政府支持、成为外国跨国公司子公司和变卖公司。克莱因（Klein）和沃克（Wöcke）[2]也发现新兴市场国家企业会采取进攻性或者防御性策略，这些国家的企业一开始的对外投资策略是利用母国的所有权优势进行对外投资，在积累了一定的自身经验便不再利用母国所有权优势而是利用自身积累的企业所有权优势进行对外投资。这种理论解释尝试对折衷范式进行一定程度的修补，即扩大所有权优势的来源，将原本需要的企业层面所有权优势扩大到国家普遍的所有权优势上来。

母国制度优势也可以是先天被动形成的。康纳（Khanna）和帕勒普（Palepu）[3]认为发展中国家企业比发达国家企业更懂得抓住其他发展中国家的制度空白，因为诞生在同样制度存在空白和漏洞的发展中国家，这些国家的企业早就习惯和适应如何在制度存在空白的行业和国家中生存和发展，因此这种能力也是母国企业天生且集体具备的优势。

奎尔沃-卡苏拉（Cuervo-Cazurra）和詹茨（Genc）[4]认为当投资制度较为完备的发达国家时，发展中国家企业相对于其他发达国家

---

[1] Dawar, Niraj, and Tony Frost, "Competing with Giants: Survival Strategies for Local Companies in Emerging Markets", *Harvard Business Review*, No. March-April, 1999, pp. 119–129.

[2] Klein, Saul, and Albert Wöcke, "Emerging Global Contenders: The South African Experience", *Journal of International Management*, Vol. 13, 2007.

[3] Khanna, Tarun, and Krishna G. Palepu, "Emerging Giants: Building World-Class Companies in Developing Countries", *Harvard Business Review*, Vol. 84, No. 100, 2006.

[4] Cuervo-Cazurra, Alvaro, and Mehmet Genc, "Transforming Disadvantages into Advantages: Developing-Country MNEs in the Least Developed Countries", *Journal of International Business Studies*, Vol. 39, No. 6, 2008.

企业而言不具备垄断优势，但是在投资制度较为不完备的发展中国家时，发展中国家企业则显示出适应制度不完备市场的独特竞争优势。

母国制度劣势论则认为母国相对落后的国内制度对企业的发展造成了阻碍，企业为了规避母国制度上的缺陷和为了获得更快的发展，选择离开母国去制度相对更好的东道国经营，由此带来国际投资。威特（Witt）和勒温（Lewin）[1] 提出部分国家的海外投资是"制度逃逸"的结果。这些发展中国家的制度调整速度赶不上社会变化速度，带来企业制定发展策略上的错位，丧失了高速发展的机遇。故企业选择"用脚投票"而逃离。

李（Lee）和斯拉特（Slater）[2] 发现韩国三星大规模进行战略资产寻求类投资出现的时点比投资发展路径理论预测得要早，并且其出现的原因也不是因为母国经济发展水平提高，而是因为受制于国内市场狭小的禀赋劣势，三星希望通过一些海外战略资产投资（有时候这些投资可能是高风险的）来进一步巩固和发展其能力。这说明在特定情况下，所有权优势可以由国家制度赋予企业，也可以由企业通过自身的转型、变革和学习反哺国家。当然，三星之于韩国经济有其特殊性和不可复制性，但总的来说，制度、要素禀赋方面的国家固有劣势可能是企业对外投资诱因。

综合来看，西方企业国际化理论主要基于对西方经济体中的企业研究得来，这些企业的经历和国际化理论给中国企业带来了很多值得借鉴的经验和教训，给中国企业在海外投资的过程中提供了宝贵的理论基础。

---

[1] Witt, Michael A, and Arie Y Lewin, "Outward Foreign Direct Investment as Escape Response to Home Country Institutional Constraints", *Journal of International Business Studies*, Vol. 38, No. 4, 2007.

[2] Lee, Jaeho, and Jim Slater, "Dynamic Capabilities, Entrepreneurial Rent-Seeking and the Investment Development Path: The Case of Samsung", *Journal of International Management*, Vol. 13, No. 3, 2007.

三 资产开发理论

资产开发理论包括小规模技术理论和技术地方化理论。资产开发理论认为发展中国家对外投资的行为发生在其不具备垄断优势或所有权优势的原因是企业可以通过对外投资行为获得相应的垄断优势和所有权优势。[1]

小规模技术理论始见于刘易斯的《发展中国家企业的国际化》，并在《第三世界跨国企业》中详细解释。[2] 该理论认为发展中国家虽然不具备绝对优势但是具备相对比较优势，相对比较优势促成了发展中国家企业对外投资。发展中国家企业的主要特征是小，这带来三方面的相对比较优势：第一，规模小意味着生产灵活，对于技术的学习改造能力很强，能够针对市场变化迅速做出反应。同时由于规模较小，发展中国家当地市场往往也能够向小企业供应符合标准的原材料，而不需要像大企业一样为了保证产品质量标准统一而被迫选择国际供应商，由此避免了可能的关税费、开模费等一系列费用；第二，主要采取低成本路线，不需要在广告和营销方面花费太高的成本；第三，经常在海外生产民族产品满足特定团体的需要，这些团体的需求一般也不大，不能够吸引大规模企业来为之生产。这些以民族为纽带的投资主要见于中国香港、中国台湾、印度、新加坡、泰国和马来西亚[3]。

---

[1] Dunning, John H, "The Eclectic Paradigm of International Production: A Restatement and Some Possible Extensions", *Journal of International Business Studies*, Vol. 19, No. 1, 1988; Dunning, John H, "Comment on Dragon Multinationals: New Players in 21stcentury Globalization", *Asia Pacific Journal of Management*, Vol. 23, No. 2, 2006; Mathews, John A, "Dragon Multinationals: New Players in 21st Century Globalization", *Asia Pacific Journal of Management*, Vol. 23, No. 1, 2006; Narula, Rajneesh, "Globalization, New Ecologies, New Zoologies, and the Purported Death of the Eclectic Paradigm", *Asia Pacific Journal of Management*, Vol. 23, No. 2, 2006.

[2] 刘易斯·威尔士：《第三世界跨国公司》，叶刚译，上海翻译公司1986年版；里光年：《发展中大国企业跨国并购研究》，博士学位论文，吉林大学，2010年。

[3] 杨林：《我国科技型企业技术创新国际化战略的理论分析》，《科学管理研究》2010年第3期。

技术地方化理论认为发展中国家企业尽管不具有绝对领先的技术，但是在适应东道国市场方面有自己独特的理解，也正是因为相对于发达国家企业弱势，发展中国家企业更愿意做出一定的妥协和牺牲，最终反而更能适应东道国市场[1]。拉尔（Lall）[2]认为由于发展中国家普遍存在相对于发达国家的动态性和异质性，而发达国家企业总体上来说对于发展中国家的这些特殊性问题缺乏了解，从而忽略了发展中国家的这些特殊的需求，这会导致发达国家企业水土不服。反之，发展中国家企业本身就出生在情况比较复杂的发展中国家，其本地化技术、因地制宜地改造技术的能力也显著强于发达国家成熟企业，因此最终更有可能满足东道国的特殊性要求。利柯鲁（Lecraw）[3]通过比较印度尼西亚实现对外投资的企业和没有实现对外投资的企业发现，在对外投资以后，企业的管理专业水平、产品服务质量、成本管理等方面都有了显著的提高。这是发展中国家企业自主选择的结果，企业牺牲短期利润换取被投资国家的技术和资本。此外，企业也可以根据要素成本、东道国实际需求和原材料特征来有针对性地调整产品生产技术，这是其他国家的跨国公司和发展中国家其他内资企业不能做到的[4]。类似理论还包括：跳板理论、追赶论和颠覆论。本质上都属于资产开发理论，只是侧重点与小规模技术理论和技术地方化理论存在细微差别且理论贡献有限，不再赘述。

结合既有文献，早期区位理论、产品周期理论、内部化理论和

---

[1] Lall, Sanjaya, "The Rise of Multinationals from the Third World", *Third World Quarterly*, Vol. 5, No. 3, 1983；陈威如等：《全球化之路：中国企业跨国并购与整合》，中信出版社2017年版。

[2] Lall, Sanjaya, "The Rise of Multinationals from the Third World", *Third World Quarterly*, Vol. 5, No. 3, 1983.

[3] Lecraw, Donald J, "Direct Investment by Firms from Less Developed Countries", *Oxford Economic Papers*, Vol. 29, No. 3, 1977.

[4] Lecraw, Donald J, "Bargaining Power, Ownership, and Profitability of Transnational Corporations in Developing Countries", *Journal of International Business Studies*, Vol. 15, No. 1, 1984；Lecraw, Donald J, "Outward Direct Investment by Indonesian Firms: Motivation and Effects", *Journal of International Business Studies*, Vol. 24, No. 3, 1993.

垄断优势等传统理论诞生之时，发展中国家的对外投资才刚刚起步，这些理论致力于解释发达国家企业的国际化历程，但不完全适用于发展中国家企业。即便是"集大成者"折衷理论和投资发展路径理论也不能很好地解释发展中国家对外投资中的新趋势。另外，部分学者致力于发展专门适用于发展中国家的对外投资理论，资产开发理论、制度逃逸理论、小规模技术理论和技术地方化理论应运而生。然而，为发展中国家企业创立单独的对外投资理论又不能对发达国家企业的国际化理论有效兼容，遭到了原有理论创立者和拥护者的反驳。

综上，从微观层面探索企业国际化能力动态来源及其影响机制的组织创新理论被越来越多地引入国际投资研究中。

第三节 组织创新视角

随着国际投资环境变化加快和全球化进程的加快，企业国际化进程也在加快。跨国公司的所有权优势和内部化优势可能在较短的时间内发生显著的变化，越来越多的文献开始注重采用动态的视角研究企业的国际化行为。

企业作为经济生活中最重要的组织形式之一展现了强大的学习能力，这一能力被称为组织创新能力。它是企业将过去生产经营中好的行事方法保留固化下来形成的制度和规则，作为未来类似事务的参考标准。这种行事准则不会随着个别员工的流动而丧失，因而可以保持长久的生命力。广义组织创新理论最早起源于制造业企业发现的平均单位成本随着总量下降的现象，其原因在于劳动力重复某项工作而提高熟练度且降低犯错误的概率。随后这一理念被用于解释企业国际化行为，即企业的不断海外投资行为也会在内部形成固定的规章制度，这也是一种"熟练度"，也能帮助企业在未来的投资行为中提高效率和降低犯错误的概率。区别在于，制造业中熟练度带来的单位成本下降的渠道清晰——肌肉记忆、工具改进和流程优化等。企业作为法人其经验积累带来的效果和渠道不清晰，特别是不同学者对于企业的组织创新学习进程特点提出了不同的看法，比如这种学习是呈现渐进性、阶段性还是呈现突变性、非阶段性等。

综上，从企业动态能力的来源分析企业的国际化行为成为管理、创新战略学科的主要方法，与国际商务理论互为补充。

一 传统学习曲线理论

动态学习效应首先被发现于解释制造业生产成本上。早期研究者发现，制造业企业的平均生产成本随着企业总产量的上升而下降，这与人类所特有的学习能力相似。在第二次世界大战以前，莱特（Wright）[1]最早发现飞机制造业单位成本与产量呈现负相关的线性关系。飞机的单位平均成本与总产量之间的关系可以大致用下列公式概括：$\bar{y} = a x^b$（其中，$\bar{y}$为平均生产成本，b值约为 -0.322）；当产量翻倍时，单位成本大约固定下降到原来的80%。后来的研究都把产量翻倍时平均单位成本下降的比率称之为"进步率"（Progress Ratio）。赫希（Hirsch）[2]也通过研究美国一家大型机械工具生产商的20种不同产品发现平均单位成本和产量之间存在相关关系。当产量翻倍时，不同产品的总平均成本均呈现不同程度的下降，并且下降的程度存在一定的差异，平均单位成本的下降速率在16.5%—20.8%。在赫希[3]随后基于同一家公司的研究中，发现总体进步率的波动范围变大到16.5%—24.8%之间（见表2-1）。具体来说，组装进步率相较于机

---

[1] Wright, T. P, "Factors Affecting the Cost of Airplanes", *Journal of the Aeronautical Sciences*, Vol. 3, No. 4, 1936.

[2] Hirsch, Werner Z, "Manufacturing Progress Functions", *The Review of Economics and Statistics*, Vol. 34, No. 2, 1952.

[3] Hirsch, Werner Z, "Firm Progress Ratios", *Econometrica*, Vol. 24, No. 2, 1956.

械制造进步率更高，前者的均值为 25.6% 而后者的均值为 14.1%（见表 2-2）。类似地，亚瑟（Asher）[1] 为美国兰德公司撰写的《兰德项目：机身制造业的成本—产量关系》（*Rand Project: Cost-Quantity Relationships in the Airframe Industry*）发现即便同样是飞机制造业，飞机单位成本的下降与总产量之间的关系与莱特存在差异，即这种数量关系仅在一定的产量区间内生效，比如对于某系列的战斗机，当产量大于 300 时，莱特公式就失效了。

随着总产量和平均成本之间的关系被广泛发现，学术界开始使用"进步率"来衡量总产量翻倍时，平均单位成本的下降幅度。[2] 耶勒（Yelle）对于制造业学习曲线和进步率文献进行总结梳理：制造业内，产品的平均累计单位成本与产量的关系大概可以概括为 K-n 关系：$Y = KX^n$。其中，Y 表示企业生产第 X 个产品所需要的直接劳动时间，K 表示生产第 1 个该产品所需要的直接劳动时间，X 表示累计生产数量，$n = \ln?/\ln 2$ 表示学习系数，? 表示学习率，1-? 表示进步率。[3] 比如，莱特[4] 发现飞机制造业的进步率为 80%；赫希[5] 发现工具制造企业的进步率在 75%—85% 之间；麦克唐纳（McDonald）、施拉滕霍尔泽（Schrattenholzer）[6] 发现能源领域产品进步率差异更大，从 1%—37% 均覆盖（水电厂 1.4%，在岸天然气管道 3.7%，燃气轮机 22%，离岸天然气管道 24%，石油采掘 25%，直流变压器 37% 等）；

---

[1] Asher, Harold, *Cost-Quantity Relationships in the Airframe Industry*, Santa Monica, Calif.: The RAND Corporation, 1956.

[2] 用其原来的百分比表示，即 1-下降幅度百分比，然而一些文献则将进步率定义为下降幅度的百分比。

[3] Yelle, Louis E, "The Learning Curve: Historical Review and Comprehensive Survey", *Decision Sciences*, Vol. 10, No. 2, 1979.

[4] Wright, T. P, "Factors Affecting the Cost of Airplanes", *Journal of the Aeronautical Sciences*, Vol. 3, No. 4, 1936.

[5] Hirsch, Werner Z, "Manufacturing Progress Functions", *The Review of Economics and Statistics*, Vol. 34, No. 2, 1952.

[6] McDonald, Alan, and Leo Schrattenholzer, "Learning Rates for Energy Technologies", *Energy Policy*, Vol. 29, No. 4, 2001.

达顿（Dutton）和托马斯（Thomas）[1]也发现类似的结论，不同行业之间的进步率在10%—30%之间（见图2-5）。

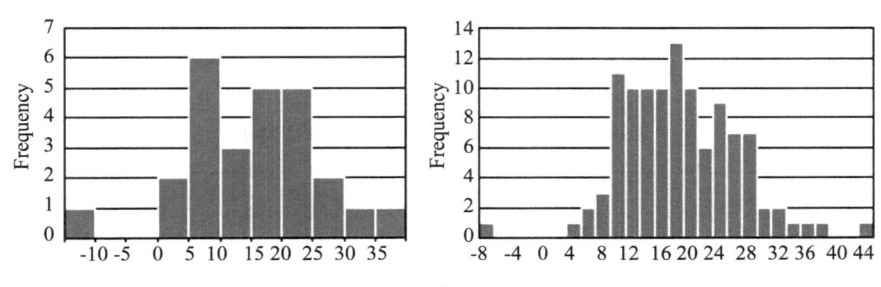

图2-5 不同子行业的进步率

资料来源：左图麦克唐纳、施拉滕霍尔泽[2]，右图达顿、托马斯[3]。

针对不同产品、不同工厂内部出现的总产量与平均单位成本下降数量关系不一致的现象，学者们提出劳动力贡献占比和劳动效率进步率的差异是主要原因[4]。赫希[5]总结了企业进步率改变的五大来源，主要来源是两方面——劳动力方面和机器设备原材料方面，分别是：劳动力由不熟练到熟练的转化（劳动力形成肌肉记忆的过程）、生产流程的进步（生产顺序，人力和机器生产顺序之间的安排）、生产工具和生产环境的改善、设备和原材料供给的改善。由于这五方面的改善可以提高的潜力和速率都不相同，且不同的产品因劳动力成本占比和

---

[1] Dutton, John M., and Annie Thomas, "Treating Progress Functions as a Managerial Opportunity", *Academy of Management Review*, Vol. 9, No. 2, 1984.

[2] McDonald, Alan, and Leo Schrattenholzer, "Learning Rates for Energy Technologies", *Energy Policy*, Vol. 29, No. 4, 2001.

[3] Dutton, John M., and Annie Thomas, "Treating Progress Functions as a Managerial Opportunity", *Academy of Management Review*, Vol. 9, No. 2, 1984.

[4] Wright, T. P, "Factors Affecting the Cost of Airplanes", *Journal of the Aeronautical Sciences*, Vol. 3, No. 4, 1936; Hirsch, Werner Z, "Manufacturing Progress Functions", *The Review of Economics and Statistics*, Vol. 34, No. 2, 1952; McDonald, Alan, and Leo Schrattenholzer, "Learning Rates for Energy Technologies", *Energy Policy*, Vol. 29, No. 4, 2001.

[5] Hirsch, Werner Z, "Manufacturing Progress Functions", *The Review of Economics and Statistics*, Vol. 34, No. 2, 1952.

机器成本占比不一致，最终产品的平均进步率不一致。例如飞机制造业中，当人力工时占整个产品工时的比例越高，进步率就越大。当人力工时占比75％时，进步率为20％，但当人力工时占比只有25％时，进步率为10％（见表2-1和表2-2)[1]。

表2-1　　　　最终产品总体进步率（1946—1951年）

产品	进步弹性	进步率%	调整相关系数
半自动转塔车床#1	-0.2868（15.2）	18.1	0.965
半自动转塔车床#2	-0.4114（42.3）	24.8	0.975
自动机床#1	-0.2996（23.4）	18.8	0.890
自动机床#2	-0.3370（8.0）	20.8	0.915
自动机床#3	-0.2595（4.2）	16.5	0.837
自动机床#4	-0.2868（3.9）	18.1	0.856
纺织机	-0.2774（7.5）	17.5	0.889
多用途建筑机械	-0.3233（5.8）	20.0	0.906
8种机身产品均值		19.3	
机身		20	
船舶		16—22	

注：括号内为T值。
资料来源：赫希[2]。

表2-2　　　　组装进步率和机械进步率（1946—1951年）

产品	组装进步率%	加工进步率%	差异显著性（α=0.05）
半自动转塔车床#1	27.5（8.8）	6.4（3.6）	是
半自动转塔车床#2	30.8（29.2）	20.2（26.3）	是

---

[1] Wright, T. P., "Factors Affecting the Cost of Airplanes", *Journal of the Aeronautical Sciences*, Vol. 3, No. 4, 1936; Hirsch, Werner Z, "Manufacturing Progress Functions", *The Review of Economics and Statistics*, Vol. 34, No. 2, 1952.

[2] Hirsch, Werner Z, "Manufacturing Progress Functions", *The Review of Economics and Statistics*, Vol. 34, No. 2, 1952.

续表

产品	组装进步率%	加工进步率%	差异显著性（α=0.05）
自动机床#1	25.5 (22.9)	13.2 (18.8)	是
自动机床#2	28.6 (7.9)	14.1 (6.7)	是
自动机床#3	23.7 (5.4)	10.4 (2.7)	是
自动机床#4	19.0 (2.3)	20.1 (4.7)	否
7种机身产品均值	25.6	14.1	是

注：括号内为T值。
资料来源：赫希[1]。

此外，某些进步是有极限的而另一些进步没有极限，这也会反映在产品最终的进步率上。劳动力熟练程度的提升往往存在极限，在提升到一定程度以后便不能再提高，呈现出渐进性和极限性；类似的管理效率也存在效率提升的瓶颈；而机器本身的提升则呈现不同的特点，机器效率的提升基本不呈现渐进性而呈现突变性，因为生产线一旦建造完成并投入使用其效率和成本均受到其设计的制约，只有将整个生产线进行升级改造才能获得显著的效率提升，因此不会获得显著的提高，这也是为什么学者们观察到不同的进步率另一大原因，这也与Rand报告中认为的"单位成本随着产量翻倍而下降的速率实际上不是线性的，而是减速的下降速率"保持一致。以莱特的研究为例，其公式意味着当累计产量趋向于无穷时，单位成本也趋向于零。这一推导显然不正确，正如亚瑟等后续学者发现的那样，莱特的公式仅仅在总产量的某一区间内成立，总产量与平均单位成本之间的关系仅仅是在一定关系区间内的近似结果，当生产线发生重大变革时（一般也与飞机制造的总数量有关），生产线的升级

---

[1] Hirsch, Werner Z, "Manufacturing Progress Functions", *The Review of Economics and Statistics*, Vol. 34, No. 2, 1952.

换代会带来全新的学习曲线和进步率。

传统的学习曲线视角过于注重任务被重复完成带来的成本下降和效率提高，却忽视了经验与绩效之间的正相关性是否稳健。首先，经验能够促进生产的效率提高，但是这种关系并不一定是恒定的。如果之前积累的经验不适应新的生产环境，那么旧的经验反而可能制约效率的进一步提高。其次，重复次数（经验）也不一定意味着学习或组织学习，学习应当是在重复的基础上进行一定程度的总结归纳和改进，如果只是机械地重复，则未必会起到学习的效果。最后，传统视角的组织学习过分强调自身经验的学习效果而忽视了向其他企业进行学习的渠道和途径[①]。

二 渐进式企业国际化理论

阶段模型强调企业国际化过程中的阶段性、渐进性。比较有代表性的包括：乌普萨拉进程模型[②]和产品生命周期模型[③]。

乌普萨拉进程模型强调企业对知识的获取和承诺[④]。乌普萨拉阶段模型（Uppsala Stage Model）由瑞典大学管理学大师约翰森（Johanson）和瓦尔内（Vahlne）[⑤]提出。这类模型认为企业的学习主要是对

---

① Barkema, Harry G, and Mario Schijven, "How Do Firms Learn to Make Acquisitions? A Review of Past Research and an Agenda for the Future", *Journal of Management*, Vol. 34, No. 3, 2008.

② Johanson, Jan, and Jan-Erik Vahlne, "The Internationalization Process of the Firm—A Model of Knowledge Development and Increasing Foreign Market Commitments", *Journal of International Business Studies*, Vol. 8, No. 1, 1977; Johanson, Jan, and Jan-Erik Vahlne, "The Mechanisms of Internationalization", *International Marketing Review*, Vol. 7, 1990; Johanson, Jan, and Finn Wiedersheim-Paul, "The Internationalization of the Firm—Four Swedish Cases", *Journal of Management Studies*, Vol. 12, No. 3, 1975; Welch, Lawrence S., and Reijo Luostarinen, "Internationalization: Evolution of a Concept", *Journal of General Management*, Vol. 14, No. 2, 1988.

③ Vernon, Raymond, "International Investment and International Trade in the Product Cycle", *Quarterly Journal of Economics*, Vol. 80, No. 2, 1966.

④ Chetty, Sylvie, and Colin Campbell-Hunt, "Paths to Internationalisation among Small- to Medium-Sized Firms: A Global Versus Regional Approach", *European Journal of Marketing*, Vol. 37, No. 5/6, 2003.

⑤ Johanson, Jan, and Jan-Erik Vahlne, "The Internationalization Process of the Firm—A Model of Knowledge Development and Increasing Foreign Market Commitments", *Journal of International Business Studies*, Vol. 8, No. 1, 1977; Johanson, Jan, and Jan-Erik Vahlne, "The Mechanisms of Internationalization", *International Marketing Review*, Vol. 7, 1990.

东道国文化的熟悉，是企业组织学习的核心，企业认识一个东道国要经历多个认知阶段。在国际化的早期，企业面临大量的不确定性，这些不确定性分布广泛以至于企业只能以缓慢且相对稳定的频率对上述不确定进行学习化解，并且正是由于缺乏应对这些不确定问题的解决方法，企业的管理层会在企业过去类似的经验中寻找灵感[1]。比如基钦（Kitching）[2]指出如果企业懂得如何协调管理风格等方面的差异和冲突，两家企业的合并投资会更加顺畅和成功。比约克曼（Björkmann）[3]发现，在获得第一次投资的反馈之前，企业往往会重复上述投资，这意味着企业经验学习可能主要蕴含于其做决策的过程中而不是其最终的结果。在一些情况下，单纯以成败来决定企业是否能从中获得经验是不准确的。左拉（Zollo）和温特（Winter）[4]将这种"习得、稳定的群体行为模式，通过这种模式，组织在提高效率的过程中系统性地产生和修改其运营路径"定义为"动态能力（Dynamic Capability）"，强调组织的运营路径而非其他路径，以便将其区别于其他比较宽泛的能力，因此这与其他描述能力的词语如竞争力"Competence"等相区别。这是企业从其历史并购投资中发展出一套系统的、相对可预测的项目管理模式就是组织动态能力的一种表现形式。

正是由于采用渐进性的国际化思路，乌普萨拉模型预测企业的国际化进程会序贯性地经历下列四个阶段：第一阶段——没有常规性的出口活动，第二阶段——通过独立机构出口，第三阶段——建立离岸销售中心，第四阶段——建立海外生产机构。由于国际环境的复杂多

---

[1] Johanson, Jan, and Jan-Erik Vahlne, "The Internationalization Process of the Firm—A Model of Knowledge Development and Increasing Foreign Market Commitments", *Journal of International Business Studies*, Vol. 8, No. 1, 1977.

[2] Kitching, John, "Why Do Mergers Miscarry?", *Harvard Business Publishing*, No. 45, 1967.

[3] Björkmann, Ingmar, *Foreign Direct Investments: An Empirical Analysis of Decision Making in Seven Finnish Firms*, Helsingfors: Swedish School of Economics and Business Administration, 1989.

[4] Zollo, Maurizio, and Sidney G. Winter, "Deliberate Learning and the Evolution of Dynamic Capabilities", *Organization Science*, Vol. 13, No. 3, 2002.

变，企业一般会选择逐渐按照这四阶段逐步推进国际化进程而不是跨越早期的对外贸易和建立贸易办公室阶段而直接进行对外投资。

产品生命周期模型一个显著区别于其他企业国际化理论的特征是其从产品的视角而不是企业的视角分析国际化行为。产品生命周期理论学者以弗农（Vernon）[1]为代表，该理论把产品生命周期划分为三个主要阶段，即新产品阶段、成熟产品阶段和标准化产品阶段[2]。在新产品阶段，产品仍然处在研发阶段或者刚刚完成研发，产品以较小的规模面向母国的消费者，在得到第一批消费者的反馈以后，产品可能经历设计上的改进和成本压缩处理。在成熟产品阶段，产品已经得到母国消费者的初步认可，企业开始向同类的高收入国家提供此类产品，由于这部分产品在其他高收入国家出现，竞争者的模仿产品也开始出现，为了应对竞争者的挑战，企业开始在同类发达国家投资设厂加强供应，以便为东道国提供更迅捷的服务以确保自己的相对优势地位；在产品标准化阶段，产品的模仿者和竞争者数量相当，发达国家和次发达国家的市场需求基本已经饱和，此时企业及其竞争者开始进行成本竞争，企业纷纷前往生产成本更低的发展中国家投资生产，母国也不再生产该类产品并向负责生产的发展中国家进口这类产品。有学者认为产品生命周期阶段不止 3 个，最多的可达 10 个阶段。总的来说，这些理论均是按照不同的划分方法对产品周期进行划分，包括经营战略、所有者的控制方式、管理风格、组织结构、销售额、经济增长阶段模型、企业规模、灵活性和可控性，等等[3]。

实证结果也显示，投资经验带来的组织学习确实提高了企业国际

---

[1] Vernon, Raymond, "International Investment and International Trade in the Product Cycle", *Quarterly Journal of Economics*, Vol. 80, No. 2, 1966.

[2] 乔晓楠、张晓宁：《国际产能合作、金融支持与共赢的经济逻辑》，《产业经济评论》2017 年第 2 期。

[3] 魏光兴：《企业生命周期理论综述及简评》，《生产力研究》2005 年第 6 期；赵振宇、刘曦子：《企业四阶动态能力的层级建构及其模型》，《华北电力大学学报》（社会科学版）2014 年第 6 期。

化的质量。卢巴特金（Lubatkin）[1]发现，有历史投资经验的组织在下次投资时能更好地适应市场结构变化并因此避免更多的交易成本，使得未来的经营情况更好。比如，管理风格差异、诉讼威胁、补偿不公和政府干预会显著影响收购企业的绩效，如果管理层有相应的经验则可以降低上述问题带来的交易成本。福勒（Fowler）和施密特（Schmidt）[2]基于42起要约收购的分析也发现有历史并购经验的企业在合并后，外界对于收购企业的发展前景更加乐观，其股价会有显著上涨。布鲁顿（Bruton）等[3]则发现历史并购投资经验在帮助企业收购处于财务困境的企业时能够显著提高并购后的绩效，但若被收购企业并未处于财务困境中，则历史并购经验并不重要。巴克马（Barkema）等[4]也发现如果企业曾经在东道国进行过投资，则下笔并购投资的存活概率会显著提高，主要原因是历史贸易或投资能够帮助企业打破文化制度障碍。

综上所述，企业通过渐进而小幅度的海外扩张行为不断从其中获得东道国的制度知识和文化知识，并一步步摆脱外来者负债，最终实现国际化程度的由低到高。

三 非渐进式企业国际化理论

发展中国家企业高速而广泛的海外投资与乌普萨拉渐进式组织学习预测结果不完全相符，组织学习理论学者开始探讨企业的国际化组织学

---

[1] Lubatkin, Michael H, *A Market Analysis of Diversification Strategies and Administrative Experience on the Performance of Merging Firms*, Ph. D. Dissertation, University of Tennessee, 1982; Lubatkin, Michael H, "Mergers and the Performance of the Acquiring Firm", *The Academy of Management Review*, Vol. 8, No. 2, 1983.

[2] Fowler, Karen L., and Dennis R. Schmidt, "Determinants of Tender Offer Post-Acquisition Financial Performance", *Strategic Management Journal*, Vol. 10, No. 4, 1989.

[3] Bruton, Garry D., Benjamin M. Oviatt, and Margaret A. White, "Performance of Acquisitions of Distressed Firms", *The Academy of Management Journal*, Vol. 37, No. 4, 1994.

[4] Barkema, Harry G, John Bell, and Johannes M Pennings, "Foreign Entry, Cultural Barriers and Learning", *Strategic Management Journal*, Vol. 17, No. 2, 1996.

习是否可以跨越阶段和进程。[1] 首先,发展中国家企业在没有显著对外贸易和设立对外贸易办公室的前提下实现了大量的海外投资;其次,发展中国家很多实现海外投资的企业并没有很长的历史,很多企业可以说天生具备了一定程度的国际化能力,综合而言不太符合渐进式的国际化节奏。

自 20 世纪 80 年代以来如雨后春笋般出现的合资制造工厂就是这一类企业的代表[2]。根据莱尔斯(Lyles)等[3],大约只有 50% 的中国私营企业按照乌普萨拉模型进行渐进式国际化;另外 50% 私营企业选择了风险更高的探索式国际化道路,包括中国在内的一些发展中国家企业愿意在初入东道国时就承诺较高的投资额。这样的做法不仅意味着较高风险头寸,更意味着企业具备强大的知识吸收消化能力、明确的投资动机、熟练的知识应用能力。因此,有人将这一类企业称为"天生国际化企业",而将这种在国际化早期就进行较高投资额的策略冠以"中国国际化模式(Chinese Way of Internationalization)"的称号。

天生国际化企业的诞生有其合理之处。首先,随着九十年代末二十一世纪初人类进入互联网时代,信息沟通更加频繁而高效,企业除了从自身国际化经验获得东道国的知识以跨越制度障碍和文化障碍以外,发展中国家企业从其他渠道获得此类知识的途径也多于当时的发达国家企业。内资企业可以从业务伙伴处获得东道国知识[4]。彭罗斯(Penrose)[5]

---

[1] Cuervo-Cazurra, Alvaro, and Mehmet Genc, "Transforming Disadvantages into Advantages: Developing-Country MNEs in the Least Developed Countries", *Journal of International Business Studies*, Vol. 39, No. 6, 2008; Chetty, Sylvie, and Colin Campbell-Hunt, "Paths to Internationalisation among Small- to Medium-Sized Firms: A Global Versus Regional Approach", *European Journal of Marketing*, Vol. 37, No. 5/6, 2003.

[2] Oviatt, Benjamin M., and Patricia Phillips McDougall, "Toward a Theory of International New Ventures", *Journal of International Business Studies*, Vol. 25, No. 1, 1994.

[3] Lyles, Marjorie, Dan Li, and Haifeng Yan, "Chinese Outward Foreign Direct Investment Performance: The Role of Learning", *Management and Organization Review*, Vol. 10, No. 3, 2014.

[4] Hertz, S, *The Internationalisation Processes of Freight Transport Companies: Towards a Dynamic Network Model of Internationalisation*, Ph. D. Dissertation, Stockholm School of Economics, 1993; Lee, J.-W, *Swedish Firms Entering the Korean Market-Position Development in Distant Industrial Networks*, University, Uppsala, 1991.

[5] Penrose, Edith, *The Theory of the Growth of the Firm*, Oxford: Oxford University Press, 1959.

和马多克（Madhok）[1] 分别发现新知识的发现和整合都呈现增量性特征，互为业务伙伴的两家企业可能会因为业务上的联系而加深对彼此能力的认知并创造出新的知识；同时，两家企业也会积累对方国家同业竞争对手的信息，使双方都更了解对方国家的商业环境。当一方通过其原有的商业伙伴发展出在东道国新的合作伙伴时，原有的商业伙伴就被称为"桥头堡"[2]。有了这样的商业拓展路径，本国企业就可以通过桥头堡企业获得东道国必要的知识而并不一定需要自己亲历投资。

其次，发展中国家引进外资的阶段客观上帮助母国企业跳过了对外贸易等早期国际化组织学习阶段。发展中国家普遍接受了大量的对外投资，在引进外资的阶段，发展中国家一般会对外资提出一定的技术转让条件作为提供优惠政策的条件前提。比如中国大陆早期要求来中国投资的德国大众和美国通用汽车公司与上海汽车分别合资成立公司，让外资在赚取利益的同时帮助和扶持中国企业在技术、管理和营销等多方面都能获得成长。类似地，委内瑞拉的石油开采也同样要求外资公司的持股比例不超过50%，其目的既包括了利益保护，也包含了一定的技术转移。

再次，政策制定者要求外资向内资直接传授技术和知识外，直接投资的间接收益——外溢效应也深刻影响着发展中国家企业的国际化。外溢效应是指外商投资对东道国的经济效率和经济增长或发展能力发生无意识影响的间接作用[3]，不仅包括产业技术外溢[4]，还包括管

---

[1] Madhok, Anoop, "Cost, Value and Foreign Market Entry Mode: The Transaction and the Firm", *Strategic Management Journal*, Vol. 18, No. 1, 1997.

[2] Johanson, Jan, and Lars-Gunnar Mattsson, "Internationalisation in Industrial Systems—A Network Approach", in Mats Forsgren, Ulf Holm, and Jan Johanson, eds., *Knowledge, Networks and Power: The Uppsala School of International Business*, London: Palgrave Macmillan UK, 2015.

[3] 何洁：《外国直接投资对中国工业部门外溢效应的进一步精确量化》，《世界经济》2000年第12期；潘文卿：《外商投资对中国工业部门的外溢效应：基于面板数据的分析》，《世界经济》2003年第6期。

[4] 潘文卿：《外商投资对中国工业部门的外溢效应：基于面板数据的分析》，《世界经济》2003年第6期；Buckley, Peter, Jeremy Clegg, and Chengqi Wang, "Inward FDI and Host Country Productivity: Evidence from China's Electronics Industry", *Transnational Corporations*, Vol. 15, No. 1, 2006.

理经验和理念上的创新，比如布莱洛克（Blalock）和西蒙（Simon）[①]分别从人力资本和研究开发角度研究了中国企业对于溢出效应的吸收能力。在技术外溢方面，外资的引入加剧了发展中国家国内市场的竞争，迫使原本的竞争、垄断格局被打破；先进的外资企业对于产品的高标准要求使上游供应链厂商改用（可能原本不准备采用或准备推迟采用）的新工艺标准和新生产线；而作为外资企业的下游供应商则可能因为采用了质量更高但成本更低的中间品提高了自己的产品生产效率[②]。在人力资源管理方面，发展中国家在承接离岸服务业外包等国际化业务中，发包方通常要对接包企业进行知识培训以满足自身的技术标准、管理与质量要求，这一过程提高了本土员工的技术素质和管理素质，客观上为发展中国家培养了一批懂国际贸易准则的专业技术人员[③]。

最后，还有一些其他理论探讨了发展中国家的非阶段式对外投资。发展中国家的进口贸易业务也在一定程度上弥补了缺少对外出口和设立贸易办公室等阶段的不足。进口贸易是发展中国家在追赶式发展阶段普遍采用的方式。一个处于低技术水平和低收入水平的追赶者会通过引进领先国的技术和资本来缩小其与领先国之间的差距[④]。在弥补企业对东道国制度和文化知识方面，进入信息时代使得企业设立贸易办公室的重要性有所下降。与发达国家同期国际化时期相比，发展中国家早期与东道国进行一定程度的进出口贸易后，保持维系与东

[①] Blalock, Garrick, and Daniel H Simon, "Do All Firms Benefit Equally from Downstream Fdi? The Moderating Effect of Local Suppliers' Capabilities on Productivity Gains", *Journal of International Business Studies*, Vol. 40, No. 7, 2009.

[②] 潘文卿：《外商投资对中国工业部门的外溢效应：基于面板数据的分析》，《世界经济》2003年第6期。

[③] 李雪：《基于服务外包的中国国际分工地位提升》，《商业时代》2013年第13期；屈浩峰：《河南省承接产业转移的模式分析——基于加工贸易和服务外包技术溢出效应的比较》，《河南教育学院学报》（哲学社会科学版）2009年第4期。

[④] Sachs, Jeffrey D, "Globalization and Patterns of Economic Development", *Review of World Economics*, Vol. 136, No. 4, 2000；姚利民、王若君：《中国吸收发达国家R&D跨国外溢的国际化渠道比较》，《国际贸易问题》2011年第12期。

道国出口企业的关系变得更加容易、高效和经济,大大缩短了企业达到能够进行海外投资能力的时间。奥蒂奥(Autio)等认为更早的国际化意味着管理层付出更多的国际化努力。[1] 方(Fang)、托尼(Tony)认为中国文化在传统上就比其他文化包含对不确定性更多的包容使得中国私营企业可以更灵活和更具适应性,故对于风险的容忍度比较高。[2]

然而,非阶段模型的解释同样存在一定的不足。第一,其他企业的经验适用性问题。企业的进出口策略和对外投资策略均是企业结合自身特点最优化得来的结果,特别是一家企业在东道国的某些策略会受到行业特征、法规、习俗的重要影响,因而不一定适用于投资同一个东道国但属于不同行业的另一家中国企业。第二,即便是中国企业与东道国企业之前在业务上有联系和来往,并且对于东道国的合作企业所在行业有所耳闻,但这种零碎、不系统的了解和认知并不能与企业亲力亲为地在海外设立贸易办公室以及海外投资相比。第三,发达国家对发展中国家投资的溢出效应作用效果存在争议[3],实证研究文献发现 FDI 溢出效应为正或者为负的文献数量相差并不多。戈尔格(Gorg)和格里纳韦(Greenaway)研究了 2002 年以前的 FDI 溢出效应 42 篇文献中,得到正面效应和负面效应的文献占比大约各占 50%,[4] 并且外资流入国为发展中国家或发达国家并不影响上述结论的成立。[5] 尤其是 FDI 溢出效应的影响受到东道国吸收能力的影响,

---

[1] Autio, Erkko, Harry J. Sapienza, and James G. Almeida, "Effects of Age at Entry, Knowledge Intensity, and Imitability on International Growth", *Academy of Management Journal*, Vol. 43, No. 5, 2000.

[2] Fang, Tony, "Yin Yang: A New Perspective on Culture", *Management and Organization Review*, Vol. 8, No. 1, 2012.

[3] 蒋殿春、张宇:《经济转型与外商直接投资技术溢出效应》,《经济研究》2008 年第 7 期。

[4] Gorg, Holger, and David Greenaway, "Much Ado About Nothing? Do Domestic Firms Really Benefit from Foreign Direct Investment?", *World Bank Research Observer*, Vol. 19, No. 2, 2004.

[5] 但是对于中国而言,由于制度转型这个重要约束变量的存在,中国企业对于 FDI 溢出效应的实际接收效果显著好于其他发展中国家。另见蒋殿春、张宇《经济转型与外商直接投资技术溢出效应》,《经济研究》2008 年第 7 期。

比如人力资本水平显著影响了东道国对 FDI 技术溢出效应的吸收效果。① 此外，布莱洛克和西蒙实证上检验了企业的吸收能力对于 FDI 外溢效应发挥的重要性，② 这也说明即便存在技术溢出，企业实际的接收效果也取决于其吸收能力。发达国家对发展中国家进行的直接投资主要是劳动密集型产业转移，由于这些细分产业在全球价值链中处于低利润、低附加值链段，因此这些产业的转移对于发展中国家的技术进步溢出有限。跨国公司为了保持其全球竞争力甚至垄断地位，在对外投资中设立 R&D 中心的并不多，即便设立也会严格限制技术溢出，阻碍当地的技术研发。③ 强大外资的进入还会吸引原本在本土企业工作的优秀本土技术人员加入外资企业，这可能会形成负面溢出效应。④

四 组织学习理论

由于阶段模型和非阶段模型都不能同时解释发达国家和发展中国家的国际化行为，学术界开始从企业动态能力产生的机制入手探索统一的国际化理论。⑤ 在上述背景下，学术界引入了企业动态能力的概念，并构建了相应的分析框架。坎杰洛西（Cangelosi）和迪尔（Dill）首次提出组织学习概念，开创了组织学习理论的先河。⑥ 后经过阿吉

---

① Borensztein, Eduardo, Jose De Gregorio, and Jongwha Lee, "How Does Foreign Direct Investment Affect Economic Growth", *Journal of International Economics*, Vol. 45, No. 1, 1998.

② Blalock, Garrick, and Daniel H Simon, "Do All Firms Benefit Equally from Downstream Fdi? The Moderating Effect of Local Suppliers' Capabilities on Productivity Gains", *Journal of International Business Studies*, Vol. 40, No. 7, 2009.

③ 段军山：《跨国公司研发国际化的"溢出效应"及对我国政策分析》，《世界经济研究》2005 年第 8 期。

④ 潘文卿：《外商投资对中国工业部门的外溢效应：基于面板数据的分析》，《世界经济》2003 年第 6 期。

⑤ Helfat, Constance E., and Margaret A. Peteraf, "The Dynamic Resource-Based View: Capability Lifecycles", *Strategic Management Journal*, Vol. 24, No. 10, 2003.

⑥ Cangelosi, Vincent E, and William R Dill, "Organizational Learning: Observations toward a Theory", *Administrative Science Quarterly*, Vol. 10, No. 2, 1965；金宏平等：《国际化中的组织学习：一个范围与方式的二维视角》，《科技管理研究》2015 年第 18 期。

瑞斯（Argyris）和熊恩（Schön）两人于1978年所著《组织学习：行动理论之观点》一书发扬光大。该理论认为"组织学习是为了促进长期效能和生存发展，而在回应环境变化的实践过程之中，对其根本信念、态度行为、结构安排所为的各个调整活动；这些调整活动借由正式和非正式的人际互动来实现"。[①] 野中（Nonaka）从知识转化的角度揭示组织学习的过程并提出SECI模型，他们强调企业知识可以划分为显性知识和隐性知识，前者可以通过语言、书籍、数据库等编码方式进行学习，后者可以通过口头传授、心得等方式传递。组织学习的知识创造其实来源于知识转化，知识转化可以通过潜移默化（Socialization）、外部明示（Externalization）、汇总组合（Combination）、内部升华（Internalization）四个阶段完成，即为SECI模型。[②] 蒂斯、皮萨诺、舒恩（Teece，Pisano and Shuen）提出动态能力是企业为应对外部环境快速变化而构建、整合或重构内外部胜任力的能力。[③] 艾森哈特（Eisenhardt）和马丁（Martin）认为动态能力是一种组织过程或战略惯例，企业通过获取、释放、整合或重组自己的资源来适应或创造市场变化，或者凭借战略惯例不断更新资源配置，以满足环境变化的需要。[④] 扎赫拉（Zahra）和乔治（George）认为动态能力在本质上是一种能使企业通过重新配置和整合自己的资源来应对不断发展的

[①] 黄健等：《工作场所学习：学习型社会的重要基石——第九届国际人力资源开发学会年会（亚洲分会）述评》，《开放教育研究》2011年第1期；张波：《企业战略转型中的组织学习研究》，《魅力中国》2011年第2期。

[②] Nonaka, Ikujiro, "A Dynamic Theory of Organizational Knowledge Creation", *Organization Science*, Vol. 5, No. 1, 1994；陈国权、郑红平：《组织学习影响因素、学习能力与绩效关系的实证研究》，《管理科学学报》2005年第1期；耿新：《知识创造的IDE-SECI模型——对野中郁次郎"自我超越"模型的一个扩展》，《南开管理评论》2003年第5期。

[③] Teece, David J., Gary Pisano, and Amy Shuen, "Dynamic Capabilities and Strategic Management", *Strategic Management Journal*, Vol. 18, No. 7, 1997；杨水利等：《动态能力关系质量与合作绩效实证研究》，《经济管理》2008年第19—20期。

[④] Eisenhardt, Kathleen M, and Jeffrey A Martin, "Dynamic Capabilities: What Are They?", *Strategic Management Journal*, Vol. 21, No. 1011, 2000；王秀江、彭纪生：《企业技术能力：一个新的概念界定与测量模型》，《科学学与科学技术管理》2008年第12期；谢竹云等：《创业行为、动态能力与组织绩效》，《现代管理科学》2009年第2期。

顾客需求和竞争对手的变革导向型能力；① 左拉和温特认为动态能力是一种稳定的集体学习（活动）模式，能使企业通过系统创造或调整运营规则来提升自己的效能。② 企业的动态能力无外乎基于环境的动态变化特征对企业的相应应对措施和办法进行归纳总结。根据这些定义对于企业应变能力的高阶和低阶变化来看，可以分为阶层模型、整合模型、过程模型和学习模型四种主要的模型。③

（一）阶层模型

阶层模型由科里斯（Collis）最初提出。他指出波特的钻石模型过分强调了企业本身拥有的能力和资产以及行业属性，不利于解释为什么在不断变化的环境中企业仍然能够保持竞争力。④ 科里斯提出将企业能力分为三类：开展基本职能活动的能力（生产规划、物流配送和产品营销能力）、动态提升各项业务活动的能力（研发能力、创新能力、柔性制造能力等）、企业认知和开发潜能能力（企业文化、组织惯例、管理能力、企业家精神等）。⑤ 后两类能力属于企业的动态能力。温特基于科里斯的组织能力分类观点提出了新能力分类，分别是：零阶能力、一阶能力、二阶能力，总体而言分类逻辑与科里斯保持一致。⑥ 类似地，塞佩达（Cepeda）和维拉（Vera）就将组织能力分为运营能力和动态能

---

① Zahra, Shaker A, and Gerard George, "The Net-Enabled Business Innovation Cycle and the Evolution of Dynamic Capabilities", *Information Systems Research*, Vol. 13, No. 2, 2002.

② Zollo, Maurizio, and Sidney G. Winter, "Deliberate Learning and the Evolution of Dynamic Capabilities", *Organization Science*, Vol. 13, No. 3, 2002.

③ 孟晓斌等：《企业动态能力理论模型研究综述》，《外国经济与管理》2007年第10期；陈国权、马萌：《组织学习的过程模型研究》，《管理科学学报》2000年第3期；陈国权、马萌：《组织学习现状与展望》，《中国管理科学》2000年第1期；陈国权、马萌：《组织学习的模型、案例与实施方法研究》，《中国管理科学》2001年第4期。

④ Collis, David J, "Research Note: How Valuable Are Organizational Capabilities?", *Strategic Management Journal*, Vol. 15, No. S1, 1994.

⑤ 李京勋、叶晓文：《企业动态能力理论评述》，《生产力研究》2016年第5期。

⑥ Winter, Sidney G, "Understanding Dynamic Capabilities", *Strategic Management Journal*, Vol. 24, No. 10, 2003.

力两种，主要是将温特的一阶能力和二阶能力合并。①

（二）整合模型

战略整合模型由蒂斯（Teece）等提出。② 由于动态能力区别于静态能力的主要特征是其调配企业资源使之实时与环境相匹配的机制，因此可以划分为更有操作性的三个维度：定位、路径和过程。定位是指将企业拥有的各项禀赋进行分类为内部或者外部，内部包括人员、资本和技术等，外部包括行业特征、市场地位等。路径是指企业的历史决策对现在的影响，这些影响往往有固定的表现形式，比如企业的规章制度和惯例。过程是战略整合模型的核心组成部分，又可以细分为三个子部分：整合、学习和再造。首先，企业根据内部资源和外部资源将其禀赋进行分类聚合；其次，通过学习过程使得内部资源不断接触外部资源建立知识分享机制；最后，通过再造改变企业的内部资源配置，实现企业能力与外部竞争环境要求相匹配的一种状态。

（三）双重过程模型

双重过程模型由施赖约格（Schreyögg）和克利施－埃伯尔（Kliesch-Eberl）提出。③ 他们从能力悖论的角度思考动态能力的定义与来源。④ 能力悖论主要说的是一家企业如果可以很好地适应当前的环境，那么它一定有相应的比较优势，企业也会不断重复运用这种比较优势获得更好的市场地位，投入更多的资源来继续保持这种优势。这种资源的投入不仅是资金上的投入，也是心理上的承诺，当外界环境变化时，企业可能会囿于资本和心理上锁定效应而忽视或者轻视应当注意

---

① Cepeda, Gabriel, and Dusya Vera, "Dynamic Capabilities and Operational Capabilities: A Knowledge Management Perspective", *Journal of Business Research*, Vol. 60, No. 5, 2007.

② Teece, David J., Gary Pisano, and Amy Shuen, "Dynamic Capabilities and Strategic Management", *Strategic Management Journal*, Vol. 18, No. 7, 1997.

③ Schreyögg, Georg, and Martina Kliesch-Eberl, "How Dynamic Can Organizational Capabilities Be? Towards a Dual-Process Model of Capability Dynamization", *Strategic Management Journal*, Vol. 28, No. 9, 2007.

④ 黄培伦等：《企业能力：静态能力与动态能力理论界定及关系辨析》，《科学学与科学技术管理》2008 年第 7 期。

的新变化、新形势，最终导致这家有能力的企业变为没有能力的企业。从这个角度出发来理解动态能力，我们就可以发现：能力要求企业的某些规则稳固（形成某种范式），动态则要求企业的这些规则可以因为环境改变的需要而被打破。为了使得企业同时满足能力的要求又满足动态的要求，企业要满足两个过程：能力实践过程和动态调整过程。这两个过程相辅相成又相互依赖，共同构成动态能力框架。[①]施赖约格和克利施 - 埃伯尔将这两个过程进一步提炼为：能力递进过程和柔性监控过程的双重过程模型。[②] 根据图 2 - 6，柔性监控过程通过能力监控机制在路径依赖、结构惰性和心理承诺三方面对企业的能力进行动态监管与干预，实现能力层面在时间上与外界环境的动态匹配。

(四) 学习模型

阿吉瑞斯等则将组织学习的高阶形态分别定义为双环学习 (Double-Loop Learning) 模型和探索性学习 (Explorative Learning) 模型。[③] 所谓单环学习，指的是企业在遇到问题时，通过依靠在现有规则模式下寻找解决方案；当问题难以在现有规则体系下找到答案时，企业则需要调整和改变现有行事准则，试验各种可能的解决方案和措施来适应新的环境，这部分就属于"双环学习"。探索性学习的定义是相对于开发性学习 (Exploitive Learning) 的，在市场完全竞争或者发生结构性巨变时，旧规则下起作用的开发性学习对于企业的提升作用就很小了，企业需要进行突破常规的探索性学习。扎赫拉等进一步认为随着企业的成熟，有准备的学习比例相对于无准备的即兴式学习

[①] 孟晓斌等：《企业动态能力理论模型研究综述》，《外国经济与管理》2007 年第 10 期。

[②] Schreyögg, Georg, and Martina Kliesch-Eberl, "How Dynamic Can Organizational Capabilities Be? Towards a Dual-Process Model of Capability Dynamization", *Strategic Management Journal*, Vol. 28, No. 9, 2007.

[③] Argyris, Chris, and Donald A. Schön, Organizational Learning: A Theory of Action Perspective, Addison-Wesley Publishing Company, 1978; March, James G, "Exploration and Exploitation in Organizational Learning", *Organization Science*, Vol. 2, No. 1, 1991.

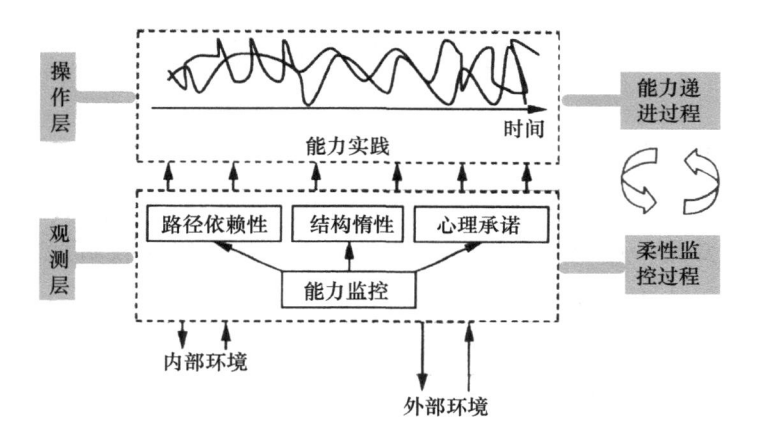

图 2-6　双重过程模型

资料来源：孟晓斌等：《企业动态能力理论模型研究综述》，《外国经济与管理》2007 年第 10 期。

增加，这种有准备的学习机制是企业动态能力演进的关键。[①] 有准备的组织学习主要通过经验积累、知识表达和知识编码等三种机制来推动过程研发、胜任力重构、流程再造和资源整合等动态能力关键因素的形成。其中，经验积累是企业运营规则的历史形成和在原有积累基础上不断演化的过程；知识表达指的是企业内部个体的经验积累能否清晰地表达以便实现知识共享并进一步上升为组织知识。[②] 只有当知识表达不具有模糊性时，个体的经验知识才能被组织内的其他个体所接受并使用，成为组织学习的成果；知识编码是指通过成文方式将个体、群体和组织零散的知识呈现出来，是比知识表达或明晰化更高层次的组织学习机制。[③]

[①] Zahra, Shaker A., Harry J. Sapienza, and Per Davidsson, "Entrepreneurship and Dynamic Capabilities: A Review, Model and Research Agenda", *Journal of Management Studies*, Vol. 43, No. 4, 2006.
[②] 孟晓斌等：《企业动态能力理论模型研究综述》，《外国经济与管理》2007 年第 10 期。
[③] 孟晓斌等：《企业动态能力理论模型研究综述》，《外国经济与管理》2007 年第 10 期。

第四节　相关研究

除了本研究之外，已经有部分研究尝试将投资经验等企业层面异质性因素纳入对外投资区位决定因素模型中进行研究。根据这些研究的主要因变量，可以大致划分为：投资经验如何影响投资成败、投资经验如何影响进入模式和投资经验如何影响投资规模三类。

投资与否、投资是否成功是企业海外投资的第一步。哈莱布利安（Haleblian）等通过事件分析法检验收购或者被收购公司的股价变动情况分析评价该笔交易是否成功，并发现投资经验正向促进了后续投资的概率。[1] 杨丽华以外资商业银行在海外机构资产总额占该行总资产的比例作为内向国际化被解释变量、以中国商业银行海外机构数量作为外向国际化被解释变量研究了中国银行业国际化的学习效应，发现了内向国际化和外向国际化进程中学习效应均为正且内向国际化的效益更好。[2] 路江涌等研究了2002—2009年中国上市公司海外投资经验与海外项目成功与否的关系，鉴于考察企业海外投资决策是否明智暂无明确的标准，该文提出可以通过企业是否进行后续投资来衡量。[3] 他们首先确认了海外投资经验显著提高了企业后续进入该东道国的可能性，但该效应会被母国政府支持和东道国制度保障这两个因素所削弱。路江涌等研究投资经验如何帮助风险资本在跨境投资领域降低制度和文化不确定性带来的障碍，投资经验以过去5年内企业完成过的项目总数作为衡量，而项目成功与否则以被投资企业是否最终IPO或

---

[1] Haleblian, Jerayr, Ji-Yub Kim, and Nandini Rajagopalan, "The Influence of Acquisition Experience and Performance on Acquisition Behavior: Evidence from the U. S. Commercial Banking Industry", *The Academy of Management Journal*, Vol. 49, No. 2, 2006.

[2] 杨丽华：《基于学习效应的中资银行国际化行为研究》，博士学位论文，湖南大学，2013年。

[3] Lu, Jiangyong, Xiaohui Liu, Mike Wright, and Igor Filatotchev, "International Experience and FDI Location Choices of Chinese Firms: The Moderating Effects of Home Country Government Support and Host Country Institutions", *Journal of International Business Studies*, Vol. 45, No. 4, 2014.

者股权转让为标准。① 綦建红、刘慧分析了中国工业企业数据库企业对外投资的区位选择决策时发现自身经验的作用大于同行业其他企业、同市场经验作用大于其他市场经验、同行业经验大于其他行业投资经验。② 还有一些研究考虑到了海外投资经验，但不是其主要研究的对象，因此与本书的相关性不高。比如，陈兆源等在分析中国不同所有制企业对外投资时将企业是否在该东道国有投资作为重要的控制变量（哑变量）。③

投资经验对进入模式的影响也受到广泛关注。斯兰根（Slangen）、埃纳尔（Hennart）通过对高管进行问卷调查获取企业在东道国是否有前期经验，比如许可证协议、销售代理、销售子公司、加工或服务子公司等除了投资以外的国际化行为，发现这些东道国特定投资经验有利于降低文化距离的阻碍作用，并且企业更可能选择难度相对较大的并购投资而不是绿地投资。④ 黄梅波等发现不仅企业自己对于东道国经验越多越可能选择并购投资，而且中国其他企业对东道国的投资也能提高该企业选择并购投资的概率。此外，他们还发现前期投资经验能够对东道国制度起到逆向调节作用。⑤ 张韩晗发现，在独资形式的海外投资中，企业自身失败经验比自身成功经验更能提升投资绩效，而在合资形式的海外投资中，自身成功经验不仅不能提升绩效，

---

① 该研究的被解释变量并不是简单的项目成败，而是被 VC 投资的企业是否最终 IPO 或者其他企业股权收购。详见 Li, Yong, Ilan B. Vertinsky, and Jing Li, "National Distances, International Experience, and Venture Capital Investment Performance", *Journal of Business Venturing*, Vol. 29, No. 4, 2014.

② 綦建红、刘慧:《以往经验会影响 OFDI 企业序贯投资的区位选择吗——来自中国工业企业的证据》，《经济理论与经济管理》2015 年第 10 期。

③ 陈兆源等:《中国不同所有制企业对外直接投资的区位选择——一种交易成本的视角》，《世界经济与政治》2018 年第 6 期。

④ Slangen, Arjen, and Jeanfrancois Hennart, "Do Multinationals Really Prefer to Enter Culturally-Distant Countries through Greenfields Rather Than through Acquisitions? The Role of Parent Experience and Subsidiary Autonomy", *Journal of International Business Studies*, Vol. 39, No. 3, 2008.

⑤ 黄梅波等:《投资经验是否影响了中国异质性企业的 OFDI 模式选择》，《国际贸易问题》2019 年第 7 期。

反而带来负面影响。虽然张韩晗也对投资经验进行了细致分类，但是对于机制探讨还不够深入。①

投资规模方面研究投资经验的文献相对较少。张源采用编码分析法分析了紫金矿业的路径依赖和动态能力，发现该企业投资规模不会随着投资经验而渐进增加、投资路径也未显现变化（重复投资于单一国家）、偏好高风险资源大国，总体而言企业尚不具备动态能力，因此只能简单复制国内投资经验。② 徐沛原等（2020）研究了中国对外投资经验对企业下一笔投资项目的规模都有正向促进作用，且投资经验还对风险因素起到调节作用，经验更多的企业更加风险厌恶。③

尽管上述研究尝试分析了投资经验对投资决策、进入模式和投资规模等方面的影响，但这些解释还存在一些不足。首先，对于投资经验产生作用的机理解释不够。历史投资经验如何通过组织学习转变为企业国际化能力，国际化能力如何最终影响海外投资的成败、进入模式的选择以及投资规模的选择等核心问题仍然尚未被解答。其次，部分文献以企业是否进行后续投资作为项目是否成功的标准。但一些好的投资项目未必会有后续投资项目，同时后发生的项目是否属于后续投资项目存在界定困难。如果仅考虑追加投资，则范围过小，但若无标准扩大范围，则又会造成错误识别。④ 再次，绝大部分文献虽然重视了企业自身的国际化经验，但是对于同行经验、同类型东道国经验、成功/失败经验等差异化的投资经验重视分析不够，只有较少部

---

① 张韩晗：《适合的才是最好的：选择性经验学习与中国企业海外投资绩效》，硕士学位论文，南京财经大学，2019 年。

② 张源：《路径依赖与动态能力：紫金矿业集团国际化案例研究——基于乌普萨拉模型的改进》，《山东财经大学学报》2018 年第 4 期。

③ Xu, Peiyuan, and Yongzhong Wang, "Investment Experience, Bilateral Investment Treaty and China's ODI: A New Angle to Explain Risk Preference", *International Journal of Business and Management*, Vol. 15, No. 1, 2020.

④ Lu, Jiangyong, Xiaohui Liu, Mike Wright, and Igor Filatotchev 在 International Experience and FDI Location Choices of Chinese Firms: The Moderating Effects of Home Country Government Support and Host Country Institutions 一文中的自述样本中有后续投资的比例偏低等情况也证明了笔者的猜测。

分研究对此重视。最后，大部分文献由于受制于数据可得性的原因只分析了 2015 年以前商务部《境外投资企业（机构）备案名录》收录的企业。由于《名录》实行备案制，因此投资备案发生的时间点和投资实际发生的时间点很可能存在不一致，《名录》备案的企业大多为绿地投资企业，①并购投资企业相对较少。然而，2016 年以后我国海外投资流量依然位于全球前列，很多企业仍在高速拓展其国际化版图，丧失对 2016 年以后时间段的分析是遗憾的。

综合来看，既有文献尚不能很好地回答中国企业投资经验在企业国际化进程中的效果和机制。

第五节　小结

本章着重介绍了企业国际投资与国际化的两个主要视角——国际商务视角和组织创新视角。这两种不同的视角都为解释发达经济体和发展中经济体企业的国际化行为及其动机做出了贡献。两类学派对于企业国际化理论都厥功至伟，但各有侧重。国际商务理论更侧重从国家视角分析一国企业整体的国际化行为和能力，而组织创新理论更侧重从企业视角分析个体企业国际化行为的差异。然而，国际商务视角不能很好地解释发展中国家企业国际化策略，组织创新视角对于发展中国家动态能力来源存在分歧，且两者都存在微观实证检验证据不足的缺憾。因此，为了更好地在宏观和微观层面解释企业的国际化进程，有必要将国际商务理论和组织创新理论有机结合，并通过微观数据深入研究投资经验对企业国际化的影响。

---

① 黄梅波等：《投资经验是否影响了中国异质性企业的 OFDI 模式选择》，《国际贸易问题》2019 年第 7 期。

第三章

投资经验积累过程与作用机制

第一节 引论

国际投资经验是企业对海外生产经营的重要副产品，很可能对后续投资行为和投资绩效产生影响。那么，国际投资经验是如何积累的？其对于投资绩效的影响机制是什么？不同类型、不同来源的投资经验对于投资绩效是否有差异化的影响效果？本章将结合组织学习理论对投资经验的积累过程进行尝试性描述；随后结合国际商务理论对投资经验的作用机制及其局限性进行探讨。本章余下的结构安排如下：第二部分介绍投资经验概念；第三部分介绍投资经验主体；第四部分介绍投资经验积累环节；第五部分介绍投资经验的作用机制；第六部分介绍投资经验的局限性；第七部分通过案例说明经验的有限适用性；第八部分是小结。

第二节 投资经验的界定

投资经验是企业对特定市场的认知，既包括企业对目标国家本身政治制度、经济制度、法律制度、文化制度等系统性的认知，也包括这些制度与其他国家是否存在性质上的重大差异的认知。由于这些认知以显性知识（可编码材料，如文本、音频、视频等）或隐性知识

（技巧、缄默法则等）的方式存在于组织内部，其他企业一般不易获得，故符合折衷理论中"所有权优势是企业对无形资产的排他性占有所带来的竞争性优势或者垄断优势"的定义。虽然每一家企业都可以自行积累对外投资经验，并且对于在同一时点对同一国家地区的企业似乎可以积累相同的投资经验，但是不能认为积累的投资经验是同质的。原因在于投资经验并不完全等同于知识。根据组织学习理论，知识需要经过知识获取、知识扩散、知识整合和知识应用等多个步骤才能完成。如果说后续投资行为绩效属于知识应用范畴，前面的知识获取、知识扩散和知识整合步骤均属于投资经验的加工过程，其发生的场地是企业内部，投资经验由外界知识转化的效率完全取决于企业组织学习的能力。企业组织学习能力本身及其产物——投资经验也都是带有企业特定能力特征的无形资产，并且在特定情况下能够影响企业未来投资决策和绩效（投资与否决策、投资成败结果、进入模式选择和投资规模等），符合折衷理论对于企业所有权优势的描述。由于投资经验属于固化在企业内部的无形资产，投资经验可进一步被划分为交易性所有权优势。

第三节 投资经验积累主体

投资经验积累的主体应当是企业，而非国家。首先，投资经验作为企业特定所有权优势的一部分，具有专用性、不可复制性等特点，因此将不同企业的投资经验（哪怕是针对同一个目标国）直接相加并不合适。尽管我们可以将每一年所有对外投资企业的投资经验收集加总，为每一年的对外投资流量匹配一个投资经验存量，但这样做忽略了企业间和行业间的异质性，不利于具体分析企业层面的行为。其次，随着中国对外投资总量的逐年增加，中国企业总体积累的投资经验也在增加，但是投资经验的积累在不同企业之间分布是极为不均匀的。样本中超过一半的对外投资企业是初次对外投资，如果在检验中不进行区分，则实际检验的是其他企业投资经验对初次对外投资企业（也包括少部分非初次对外投资企业）的投资规模的影响。最后，投资经验可以依据来源国别、来源行业、进入模式、项目成败划分为不同类型，由此导致投资经验的异质性。来源于不同国别的投资经验意味着各个企业对各个目标国家专有性认知。

第四节　投资经验积累的主要环节

企业投资经验积累可以按照国际化不同方向划分为内向国际化中的投资经验积累和外向国际化中的投资经验积累。[①] 内向国际化指以国内市场为基地，通过引进产品、技术、管理经验等提升企业的整体技术水平和竞争能力,[②] 获得持续发展的动力，主要包括进口、购买技术专利、"三来一补"[③]、国内合资合营、成为外国公司的子公司或分公司;[④] 外向国际化的形式主要指直接或间接出口、技术转让、国外各种合同安排、国外合资合营、海外子公司和分公司。[⑤] 发达国家和发展中国家在内向国际化和外向国际化的阶段划分上存在一定区别。对于中国来说，内向国际化和外向国际化都有比较明确的政策信号。比如，1978—1990 年是我国"引进来为主"的阶段；1990—2001 年是"引进来"迅速发展而"走出去"开始起步的阶段；2002—2008 年是大规模"引进来"逐步"走出去"阶段；2009 年以

[①] 李江帆、顾乃华：《从内向国际化到外向国际化——CEPA 背景下珠三角国有服务企业国际化路径安排》，《南方经济》2004 年第 3 期。
[②] 余亚军、王强：《知识密集型服务企业国际化决策成本分析》，《中国经贸》2009 年第 18 期。
[③] 三来一补是"来料加工""来件装配""来样加工"和"补偿贸易"的简称。
[④] 闫立罡、吴贵生：《中国企业国际化模式研究》，《科学学与科学技术管理》2006 年第 8 期。
[⑤] 闫立罡、吴贵生：《中国企业国际化模式研究》，《科学学与科学技术管理》2006 年第 8 期；冯德连：《中国制造业大企业外向国际化趋势、问题与应对策略》，《国际贸易》2020 年第 1 期；冯德连、邵海燕：《我国中小企业外向国际化发展的探讨》，《商业经济与管理》2006 年第 4 期；张莹：《世界直接投资对我国企业的启示——基于 2000—2008 年企业国际化内外向联系模型的分析》，《现代商贸工业》2009 年第 16 期。

后则是"引进来"与"走出去"逐渐平衡并且更加追求高质量的"走出去"阶段。[1]

不论是内向国际化中的经验积累，抑或是外向国际化中的经验积累都符合企业组织学习的基本过程，由四个主要部分组成，分别是：知识获取、知识扩散、知识整合和知识应用。[2]

一 知识获取

知识获取是组织学习的起点。没有知识获取，信息传播、信息阐释和组织记忆就失去了对象。[3] 对企业而言，从恰当的途径获取及时、准确、有用的知识，是建设学习型组织的第一步。

在企业国际化投资中，企业既可以从自身的国际化经验获得东道国知识，也可以从其他同行企业等其他外部经济实体处获得东道国知识。企业知识获取的渠道很多，包括上游的供应商、下游的客户、战略联盟组织、新招聘的员工、企业家个人的关系网络，甚至也可以向竞争对手学习。[4] 咨询服务公司也是重要的东道国知识提供方和加工方。中国企业进行海外投资需要不同类型的多家投资公司的协助，包括会计师事务所、律师事务所、投行券商、银行以及专业咨询公司（统称为"第三方服务公司"）。会计师事务所可以为甲方提供汇总工程造价、市场调研、税收税务、分析项目商业模式、可行性论证、盈

---

[1] 张建平、刘桓：《改革开放40年："引进来"与"走出去"》，《先锋》2019年第2期。
[2] 笔者将知识扩散和知识整合合并为一个单独的步骤，理由是企业内部的知识扩散可能发生在员工个人将知识传递共享出去之前，即员工会自主舍弃不合适企业发展的知识，实际上已经部分地完成了知识整合阶段。当然，随着组织学习理论的发展，有更为细致和模型不断出现，包括陈国权、马萌在《组织学习的过程模型研究》一文中提出的改进型"6P-1B"组织学习模型等。尽管上述更细致的模型，但对于企业国际化能力来源和动态来说，三阶段或四阶段模型已经足够。另见 Nevis, Edwin C, Anthony J Dibella, and Janet M Gould, "Understanding Organizations as Learning Systems", *Sloan Management Review*, Vol. 36, No. 2, 1995；徐建中、谢晶《组织学习过程对制造企业国际化成长绩效影响》，《哈尔滨工程大学学报》2013年第11期。
[3] 李文元、梅强：《企业组织学习的知识获取途径研究》，《科技管理研究》2007年第2期。
[4] 胡旺盛：《基于组织学习的动态能力研究》，《财贸研究》2006年第2期。

利模型预测、针对当地复杂条件下各项业务要素的影响开展定量及定性测算、要素敏感性分析、盈亏平衡分析、支撑项目定价和谈判等多种服务。[①] 律师事务所可以提供的服务包括尽职调查（对项目合作的目标、策略和范围进行精确的界定）、及时发现合同/协议中的潜在风险或漏洞并有针对性地进行查漏补缺、拟定保密条款、制定保密条款的违反惩罚措施、预防竞争对手企图破坏项目合作等不正当企图。在尽职调查阶段，律师的一个重要工作是编制尽职调查清单，包括法律地位、产权所属、股东情况、有形财产、知识产权、人事和雇佣情况、存在或潜在的商业纠纷、诉讼仲裁、重大合同、关联关系等事项，同时还需要与项目的其他合作团队（环保评估、税务、财务等协作小组）保持沟通，为上述团队解决他们遇到的法律方面问题以及排除风险隐患。银行、投行和券商主要在项目融资、发债方面提供帮助，特别是为公私合营（PPP，Public Private Partnership）等以项目本身及其未来的收益权作为担保品的投资项目进行债权融资或股权融资提供服务。

二 知识扩散

知识扩散是指企业管理层设计和贯彻执行一套完整的制度来保证个体学习成果能够流动到组织层面。从本质上来说，学习是自然人的个人行为而不是法人可以自发形成的行为，但如果没有知识扩散这一关键步骤，作为私人信息的知识就不能传递到组织中，并被组织内更多的成员所利用。如果是这样，企业就不能从个体的经验学习中获得组织学习的原料，进而也不能积累投资经验。也正是基于这个特性，有研究将知识扩散总结为"信息知识在组织内或组织间进行交易和转

[①] 信永中和会计师事务所：《协助中央企业进行海外投资，为多个海外投资项目提供财务咨询服务》，北京地区注册会计师和资产评估行业国际业务服务推介平台，http://global.bicpa.org.cn/pl/215.html，2019年12月28日。

移的动态过程"。① 知识扩散对于企业理解、传达和总结投资经验至关重要。企业的海外投资行为虽然是企业的法人行为，但是在实际操作层面，是由企业中的个体去实际完成。这些操作步骤包括但不限于：阅读目标国的宏观经济形势、研判目标国市场的竞争合作状态、接洽目标国的招商引资部门相关人员、建立和维持客户关系，等等。

知识扩散包括显性知识的扩散也包括隐性知识的扩散。显性知识的扩散相对简单并且标准化。企业可以将历史上的成功（投资）经验总结为公司的规章制度、汇编为公司员工手册、制作工作规范流程图。然而对于不可编码的隐性知识来说，往往没有明确而固定的方法将这些知识进行扩散，相对比较常用的方法包括：用老员工带新员工的方式、与更有经验的企业进行合作、组成团队或者工作小组、相同区位、共同使用者或供应商网络、反馈机制等。② 对于这些影响投资结果的关键信息与资源，企业并不能完全以文本、音频、视频等可编码形式保留下来。尤其是涉及谈判技巧、人际关系维护等不可编码信息。由于这些不可编码信息难以以标准化模式保存，但又对于投资绩效有显著影响，若个体人员因离职、生病、借调等不同类型的原因离开工作岗位，企业国际化进程以及先期积累的投资经验将遭受重大损失。因此，企业必须以知识扩散的形式将前期借由投资经验积累而来的知识进行内部扩散。

三　知识整合

知识整合要求组织（企业）内部人员对于组织内扩散的知识有足

---

① 徐建中、谢晶：《组织学习过程对制造企业国际化成长绩效影响》，《哈尔滨工程大学学报》2013 年第 11 期；Van Der Bij, Hans, X. Michael Song, and Mathieu Weggeman, "An Empirical Investigation into the Antecedents of Knowledge Dissemination at the Strategic Business Unit Level", *Journal of Product Innovation Management*, Vol. 20, No. 2, 2003。

② V Van Der Bij, Hans, X. Michael Song, and Mathieu Weggeman, "An Empirical Investigation into the Antecedents of Knowledge Dissemination at the Strategic Business Unit Level", *Journal of Product Innovation Management*, Vol. 20, No. 2, 2003; Sirmon, David G., Michael A. Hitt, and R. Duane Ireland, "Managing Firm Resources in Dynamic Environments to Create Value: Looking inside the Black Box", *The Academy of Management Review*, Vol. 32, No. 1, 2007。

够清醒的纠偏能力、扬弃能力，从而做到"去粗取精"、保留精华。由于不同个人的观察角度、认知水平差异，其获得的知识未必正确，即便正确也未必适用于特定时间地点，因此还需要相应的管理人员对这些知识进行整合，只有经过内部筛选流程保留下来的知识（投资经验），才能以显性知识或者隐性知识的形式保留下来。

对于处于国际化起步阶段的企业来说，知识扩散与整合的作用在于将企业国内发展的经验进行适当扩展以使其适用于国际贸易和投资活动中。考虑到母国制度文化与投资目的地国家制度文化一般存在显著差异，由此导致部分国内投资经验并不能很好地适用于其他国家。以中国企业对外投资为例，部分国有企业在国内往往先通过以较低的价格获得竞标，再通过后期与业主反复磋商的形式将合同总价提高至较高水平。倘若该公司一开始就以高报价参加竞标，则无法获得这份合同。然而，上述竞争模式在海外行不通。经济相对发达的欧洲国家和北美洲国家制度相对完善，变更合同需要有非常确凿的证据证明其合理性。如果中国企业因为不能正确预期市场价格波动或者其他属于尽职调查应该包括的事项，当局几乎没有可能会批准变更合同金额。因此，只有经过整合的信息才能被接纳为组织学习的成果，也才能成为所谓的"经验"，并被后续使用。

四 知识应用

知识应用是对已经经过组织制度化总结的知识在实际经营中加以运用，具体表现形式可以是：提高利润、降低风险、简化流程、引发创新等多种形式，并且这些知识随着企业应用次数的增加而更精确和更高效，最终成为组织应对环境的稳定行为模式。[①] 考虑环境的动态性，知识应用强调的并不是企业死板地贯彻适应旧环境的知识，而是需要根据环境的变化对已经经过整合的知识进行再创造以适应新的环

---

① 胡旺盛：《基于组织学习的动态能力研究》，《财贸研究》2006年第2期。

境。由此可见，知识的扩散整合和应用都是一个递进式、螺旋式上升的过程，而不是一个单线程的递进过程。①

在对外投资领域，知识是否被正确应用是投资经验体现其异质性的原因。在企业决定是否要投资的阶段，企业管理层会首先对海外投资的可行性进行调查，结合自身投资经验和其他企业的投资经验初步判断自己的投资是否会成功。如果企业具备相应的所有权优势、可以克服目标国家环境动荡等因素引发的交易成本过高等问题，企业便会选择进行对外投资。在选择进入模式阶段，企业同样面临多样化的投资选择决策，比如合资与全资、新建与并购等。一般而言，全资运营比合资运营要求更高，新建投资比兼并投资要求更高。原因是，在全资运营中，企业需要熟悉被投资企业运行的所有方面，能够在原有管理层退出后，立刻独立接手并处理企业遇到的各种新困难；而新建和兼并的选择中，收购企业由于需要付出额外金额购买被收购企业的商誉（Goodwill），故只有盈利能力高的企业才能进行兼并投资，而只有具有投资经验的企业通常才有更高的盈利能力，才能实现对外投资。在投资规模的决定阶段，企业由于已经拥有了对于目标国家深入的了解，在进行可行性调研时才更能够得到正确的结论，对于盈利的预测也更加准确，从而选择更合适企业自身的投资规模。因此，正确运用经验知识，是企业组织学习成果——投资经验发挥其最大作用的保障。

第五节　投资经验的作用机制

一　学习效应

学习效应是指，企业增进对海外市场了解，对当地特定条件、结

---

① 崔新健等：《基于知识管理的区域创新能力评价研究》，《经济管理》2013 年第 10 期。

构特征的认知加深。① 由于对外投资企业天生具有"外来者劣势",因此企业对外投资时需要克服深浅不一的心理距离障碍,通常这些心理距离障碍与语言差异、教育、商业规则、文化以及工业发展相关。利用性学习和探索性学习是组织学习的两种基本范式。② 对于企业海外投资中克服外来者劣势都能起到重要的正向促进作用。然而,利用性学习和探索性学习有不同的侧重点。前者注重对企业已有能力、资产和优势的再利用,后者注重对企业不具备的能力、资产或优势的开发和探索,也包括对既有优势的变革和更新。国际投资经验作为企业对海外市场探索、国际生产创新的结果,是以探索性学习为主、利用性学习为辅的组织学习成果。

为了实现国际化经营,学者发现企业只能以渐进形式对目标国的各类交易障碍进行先期学习,比如先对目标国进行直接或间接出口,再发放销售许可,最后到建立生产工厂。通过阶段性对外承诺资源的上升,企业会不断积累"市场知识",不断发现进一步降低综合生产成本的方法,进而选择更多的资源承诺。具体来看,有以下几种渠道:避税机制——企业为了扩大国际市场份额,选择在市场国家建立中间产品的组装厂,以此规避目标国的关税或其他税费;贸易保护机制——目标国家为了保护本国产业从而对某一类产品实施反倾销调查、惩罚性关税、配额进口等限制性措施,目的是鼓励出口企业在目标国设立分支机构。因此,学习效应是企业发挥投资经验的主要渠道之一。

二 人才获取与培养效应

投资经验有助于在企业内部培养熟悉目标国制度和市场的人

---

① Johanson, Jan, and Jan-Erik Vahlne, "The Internationalization Process of the Firm—A Model of Knowledge Development and Increasing Foreign Market Commitments", *Journal of International Business Studies*, Vol. 8, No. 1, 1977.

② March, James G, "Exploration and Exploitation in Organizational Learning", *Organization Science*, Vol. 2, No. 1, 1991.

才，还可以通过外部收购直接获得专业化的人才、团队。① 由于目标国市场与国内市场存在显著差异，被投资的企业管理者需要有专业的管理能力来发掘和维护目标国市场。这样的人力资本存量应当不仅是董事长或总经理级别的少数人员，而应该是企业自上而下的一系列人才。当目标国市场出现潜在机遇时，处于底层的公司人员能够及时识别，同时向中层人员汇报；中层管理人员在接收到信息以后，不至于因为缺乏对目标国的深入了解而将转瞬即逝的发展机遇拱手让人。熟悉目标国制度和市场的人才还有助于企业提前识别特定风险。企业在进行生产资料的采购和金融衍生品的操作时，能够及时根据当地要素市场价格变化和金融产品价格变化进行提前操作。例如，建筑行业、基建行业需要使用大量石材、水泥，而这些大宗商品的期货价格在目标国市场可能并不完备或者存在严重的运力不足。为了规避这部分风险，企业可以选择的方法包括提前购买并贮藏、通过期货市场买入项目使用时到期执行的期货以应对现货市场可能的不确定性等。② 因此，国际化经营人力资本存量至关重要。

历史投资经验帮助企业建立这样的专业国际化团队有至少两种渠道。第一，企业可以通过兼并收购的方式直接获得现成的外籍国际化团队。比如五矿收购澳大利亚 OZ 矿业公司、联想收购 IBM 个人电脑业务（ThinkPad）、吉利收购沃尔沃轿车业务等。第二，企业还可以通过绿地投资在目标国家慢慢培养本土懂国际化经营的人才。例如一些跨国公司提倡的海外进修制度、海外轮岗制度和各类培训生制度等。不管何种方式，只要企业有能力保证外部收购团队和内部培养团

---

① Sirmon, David G., Michael A. Hitt, and R. Duane Ireland, "Managing Firm Resources in Dynamic Environments to Create Value: Looking inside the Black Box", *The Academy of Management Review*, Vol. 32, No. 1, 2007.

② 肖慧敏：《中国企业对外直接投资行为与绩效研究：基于异质性与组织学习视角》，东南大学出版社 2019 年版。

队的国际经营专业能力得到锻炼提高,企业就能在后续海外投资中收获回报。

三 关系网络效应

关系网络效应是指,企业在内向国际化阶段与外商建立了包括原材料、引进资金、进出口等方面的联系,在与这些企业的接触过程中,中资企业积累了与外国企业打交道的经验。当未来中国企业决定开始外向国际化时,原来的这些外国供应商、客户、咨询公司都可以成为中国企业外向国际化时的重要帮手。这类企业不仅可以将自身对于东道国(一般是这些企业的母国)的认知直接传递给准备进行外向国际化的中国企业,还可以应中国企业的要求将东道国其他企业信息转交给中国企业,比如中国企业在东道国的同行企业信息、其他上游或者下游企业信息等,以帮助中国企业迅速建立国际竞争力。[1]

四 战略联盟效应

战略联盟的内向与外向联系效应可以按照战略联盟实体所在地进一步被划分为内向型战略联盟和外向型战略联盟。[2] 前者指的是本国企业与跨国公司在本土建立的合资企业或合作企业;后者指的是本国企业与外国企业或跨国公司在对方国家或第三国建立的战略合作形式。在内向型战略联盟阶段,我国从发达国家投资中获得高新科技、管理经验、经营理念、供应链管理等多方面的综合收益。企业在战略联盟中也可进行组织学习。这种组织学习被称为"通过与联盟企业相

---

[1] Penrose, Edith, *The Theory of the Growth of the Firm*, Oxford: Oxford University Press, 1959; Madhok, Anoop, "Cost, Value and Foreign Market Entry Mode: The Transaction and the Firm", *Strategic Management Journal*, Vol. 18, No. 1, 1997.

[2] 赵兰洋、段志蓉:《内向与外向国际化的联系机理及其对中国企业的启示》,《特区经济》2006年第4期。

互作用而获得的企业能力的增加"。① 企业战略联盟能为企业提供多种多样的知识,包括合作伙伴的信息、技术和知识,这些信息的成本效益性价比必然高于企业单独进行信息技术搜寻的性价比。② 战略联盟主要通过两种方式进行知识分享:第一种方法是联盟内分享,联盟企业员工将私有知识带入联盟。③ 在合作项目时,知识通过联盟企业员工之间组成的合作投资团队等学习交流形式带入其他联盟成员企业,从而实现知识在联盟内的共享;第二种方法是企业内部进行知识学习。联盟成员企业的知识首先传递到联盟内部,然后再由成员企业在联盟的边界上进行学习。在此,联盟是一个纯粹意义上的知识转移管道或媒介,通过它的传递作用,私有知识可以很顺利地从一个企业传递给另一个企业,实现共享。④ 在具体知识层面,通常来讲中国企业会作为较弱的一方从外方企业获得知识。如果对方是发达国家高科技企业,则有可能获得先进技术,如果对方是服务类企业或者来自东道国的企业,则更多的是获得当地知识,涵盖人口特征、需求量、司法体系、文化传统,等等。⑤

五 逆向技术溢出效应

技术溢出效应指的是东道国企业重视利用外商直接投资在东道国的生产经营活动产生的副产品——技术和管理经验从而使自身的国际化能力得到提高。技术外溢的途径通常包括:逆向设计、技术工人的

---

① Colombo, Massimo G, "Alliance Form: A Test of the Contractual and Competence Perspectives", *Strategic Management Journal*, Vol. 24, No. 12, 2003;邹勇、周艳榕:《战略联盟中的组织学习、知识分享与知识创造》,《轻工科技》2007 年第 9 期。
② 江旭、高山行:《战略联盟中的知识分享与知识创造》,《情报杂志》2007 年第 7 期。
③ 梁艳欣:《技术联盟的知识共享机制研究》,硕士学位论文,大连理工大学,2008 年。
④ 李钦、陈忠卫:《战略联盟中知识获取的影响因素分析》,《现代管理科学》2009 年第 1 期。
⑤ 陈效林等:《国际联盟中知识获取:知识保护、吸收能力与议价权力》,《科学学与科学技术管理》2010 年第 6 期。

流动、示范效应和供应商—客户关系。[①] 在国际投资中，技术溢出可以不发生在企业来源国而发生在目标国，这样的技术溢出被称为"逆向技术溢出"。由于已经在目标国家实现了投资，在空间距离上与同在一个目标国家的发达国家企业同处一个市场。中国企业在目标国进行经营的时候完全可以向发达国家国际化经验成熟的企业捕捉其逆向技术溢出。比如，中国的滴滴在拉丁美洲提供打车（涵盖快车、专车等多种车型而不仅限于出租车）服务，推出了现金打车的服务，该经验取自在当地已经有经营经验的美国打车公司优步（Uber）。

逆向技术溢出效应的一条重要机制是通过影响全要素生产率来影响投资行为。达米安（Damijan）等借助可索洛增长模型对此进行了解释。[②]

第一步，为每家企业建立产出模型。[③] 其中 Y_{it} 表示企业 i 在 t 期的产出，K，L，M 分别表示企业 i 在 t 期的资本存量、员工数、原材料数量和技术。放松规模报酬不变的假设：$\alpha + \beta + \gamma \neq 1$。模型中加入原材料的考虑是部分企业的资产存量计量精确，较适合解释达米安等所研究的波兰、东欧等早期国有资产占比较高的国家，因而对于中国企业也有一定解释力。[④]

$$Y_{it} = F^i(K_{it}^{\alpha} L_{it}^{\beta} M_{it}^{\gamma} T_{it}) \qquad (3-1)$$

第二步，对 Solow 增长模型的索洛残差（Solow Residual）进行分解，[⑤] 得到全要素生产率（Total Factor Productivity，这里用 T 表示）后。

[①] 张莹：《世界直接投资对我国企业的启示——基于2000—2008年企业国际化内外向联系模型的分析》，《现代商贸工业》2009年第16期。

[②] Damijan, Jože P., Mark Knell, Boris Majcen, and Matija Rojec, "The Role of FDI, R&D Accumulation and Trade in Transferring Technology to Transition Countries: Evidence from Firm Panel Data for Eight Transition Countries", *Economic Systems*, Vol. 27, No. 2, 2003.

[③] Basu, Susanto, and John G. Fernald, "Aggregate Productivity and the Productivity of Aggregates", *National Bureau of Economic Research Working Paper Series*, No. 5382, 1995.

[④] Damijan, Jože P., Mark Knell, Boris Majcen, and Matija Rojec, "The Role of FDI, R&D Accumulation and Trade in Transferring Technology to Transition Countries: Evidence from Firm Panel Data for Eight Transition Countries", *Economic Systems*, Vol. 27, No. 2, 2003.

[⑤] Solow, Robert M, "A Contribution to the Theory of Economic Growth", *The Quarterly Journal of Economics*, Vol. 70, No. 1, 1956.

对（3-1）取微分，得到各要素对产出增长率的贡献式（3-2）。其中 k，l，m，t 分别表示产出、资本、原材料和技术的对数化增长率。

$$y_{it} = \alpha k_{it} + \beta l_{it} + \gamma m_{it} + t_{it} \qquad (3-2)$$

第三步，将全要素生产率 t 进一步分解，得到内部因素带来的效率提升 G_{it} 和外部因素带来的效率提升 Z_{it}，再加上随机扰动项 e_{it}。假设每一家企业的全要素生产率受到内部因素和外部因素的影响存在异质性且相互独立 $f(\cdot)$，见式（3-3）。

$$t_{it} = f^i(G_{it}, Z_{it}) + e_{it} \qquad (3-3)$$

第四步，分解 G_{it} 和 Z_{it}。内部因素带来的效率提升主要是：外资存在 F_i、外资控股 F_i^m 和研发支出 RD_{it}；外部因素带来的效率提升主要是：行业间研发投资溢出效应（HS_{jt}，也叫水平溢出效应）、① 出口倾向性 EX_{it} 和进口倾向性 IM_{it}（3-4）和（3-5）。②

$$(F_i, F_i^m, RD_{it}) \in G_{it} \qquad (3-4)$$

$$(HS_{jt}, EX_{it}, IM_{it}) \in Z_{it} \qquad (3-5)$$

第五步，企业 i 从当期产出 Y_{it} 扣除下一期购买原材料的成本 M_{it+1} 后再减去资本存量折旧 δK_{it} 就得到企业下期投资 I_{it+1}（3-6）。

$$I_{it+1} = Y_{it} - M_{it+1} - \delta K_{it} \qquad (3-6)$$

由于当期产出 Y_{it}、下一期购买原材料的成本 M_{it+1}、资本存量 K_{it} 的选择都取决于企业当前的全要素生产率 T_{it}（3-7），故下期投资额也是全要素生产率 T_{it} 的函数，故也可以表示为式（3-8）。

$$I_{it+1} = g^i(T_{it}, Y_{it}, M_{it+1}, K_{it}, \delta) \qquad (3-7)$$

$$I_{it+1} = g^i(F_i, F_i^m, RD_{it}, HS_{jt}, EX_{it}, IM_{it}, Y_{it}, M_{it+1}, K_{it}, \delta) \qquad (3-8)$$

逆向技术溢出效应可以通过水平行业间的溢出效应来影响企业全要素生产率，进而影响企业的投资行为，其中既包括国内投资也包括国际投资。同时，达米安等的模型由于考虑到了外资参股和外

---

① 根据该行业内同行业企业总销售额和出口中外资企业的金额占比衡量。
② 分别以企业出口/进口额占其销售额的比重衡量。

资控股两个关键因素，因此战略联盟效应也不通过组织学习途径影响投资行为，而是通过影响全要素生产率的渠道影响投资行为（投资多少）。①

六 竞争效应

东道国市场存在品位独特、需求苛刻的消费者，这些消费者的存在使得企业不断改进其海外产品和服务的质量和个性。波特（Porter）认为企业海外经营就是获得其他企业市场份额的过程，面对其他竞争者，企业必须长期保持技术、管理、宣传方面的竞争态势。② 因此，企业只有实际在东道国面对这些苛刻的消费者，向他们直接提供产品或服务才能接收到苛刻用户最真实的反馈。企业才能据此改进自己的产品、服务甚至经营理念，最终影响企业的投资规划。

第六节 投资经验的有限适用性

由于每一个投资项目都是独一无二的，投资经验也存在异质性。投资经验的异质性导致其对投资绩效的影响呈现有限适用性。

外国投资者进入一国市场需要克服很多障碍。母国与东道国两个经济体在政治、经济、金融、法律、文化、宗教、语言等方面的综合异质性，是投资经验异质性的主要来源。差异可以进一步划分为优劣性差异（比如立法是否完善、执法是否严格、政府效率高低等）和多样性差异（文明多样性，比如宗教、语言等）。

---

① Damijan, Jože P., Mark Knell, Boris Majcen, and Matija Rojec, "The Role of FDI, R&D Accumulation and Trade in Transferring Technology to Transition Countries: Evidence from Firm Panel Data for Eight Transition Countries", *Economic Systems*, Vol. 27, No. 2, 2003.

② Krishnan, M. S., C. H. Kriebel, Sunder Kekre, and Tridas Mukhopadhyay, "An Empirical Analysis of Productivity and Quality in Software Products", *Management Science*, Vol. 46, No. 6, 2000；肖慧敏：《中国企业对外直接投资行为与绩效研究：基于异质性与组织学习视角》，东南大学出版社2019年版。

对优劣性差异的认知缺乏会直接导致企业错判投资可行性，从而做出错误的投资决策。例如，一个国家的政府效率得分较低，既可能是因为该国的审批比较仔细、公务员比较负责，导致流程较长（比如中国的土地公有，与西方的土地私有制度形成对比）而效率低；也有可能是该国的腐败严重，不贿赂不办事。假设真实原因为后者。如果企业错误地认为投资目标国效率风险高是因为审批严而不是因为腐败，则企业很可能白白等待很多的时间，从而错过合适的项目。以基建行业为例，基建行业是我国"走出去"战略中相对比较成功的行业，从事该行业的企业普遍具有丰富的施工经验、技术能力和项目管理等多方面的能力。[①] 然而，基建项目大多涉及土地的征用，在中国境内，地方政府不仅有动机也有能力帮助企业征地，因此土地征用不是个难题。然而，在大多数资本主义国家，土地产权私有，企业需要自己与产权方谈判。而谈判本身是一件专业的事，企业在国内的发展经历还没有帮助其建立一套专业、强大的谈判团队，这使得企业在与外国土地产权所有者的谈判中无法获得有利地位。一方面，国内的律师团队大多数不具备掌握东道国语言的能力，在谈判中影响效果与沟通效率，也很难拉近与当地普通老百姓的距离；另一方面，如果完全仰仗海外招募律师团队，企业还需要警惕道德风险，防止征地谈判人员与被谈判对象相互勾结，致使公司利益受损。此外，海外地方政府帮助征地的意愿和能力也受到限制，这主要是出于对当地居民未来选票的顾虑，地方政府并不愿意在征地事务中做到主导地位、承担主要责任，他们更希望是外资来承担这样的角色并提供辅助、调解、仲裁和监督的职能。一般而言，随着企业总体国际化程度的提高，对第一类系统性差异的误判较少。

对多样性差异认知缺乏的企业可能高估投资经验的适用性。制

[①] 陈涛涛等：《拉美基础设施投资环境和中国基建企业的投资能力与挑战》，《拉丁美洲研究》2017年第3期。

度文化差异导致的沟通不畅、不信任、冲突矛盾是阻碍国际投资的重要因素，显著提高了交易成本。① 实证研究发现包括中国企业在内的其他发展中国家企业同样存在错误使用历史投资经验的情况。当母公司对另一个不熟悉的文化圈投资时，被并购的子公司存活率显著低，但如果母公司的投资经验遍布多个文化圈时，子公司存活率会适当提高。② 类似地，如果企业进入一个新的行业，那么一般而言其收购绩效也会相应不佳。③ 那么为了克服种种障碍，企业就必须要对不同的制度文化障碍进行分类整合、分类积累和分类应对。在特定情况下，单做一层分类还不够，需要先进行国别分类，再进行行业分类。对于占对外投资总量比较大的并购投资而言，由制度文化差异带来的东道国的政治风险对于项目成败的影响甚至比企业本身的因素还大。④

投资经验的有限适用性还来源于投资经验的惯性——企业对已进入国家环境的"过于适应"可能带来其对于新环境的"过于不适应"。⑤ 例如，在产品研发领域，左拉、罗尔（Reuer）发现 R&D 投资很可能带来负面的组织学习，企业倾向于过度开发自己已有的研发成

---

① Petersen, Bent, Torben Pedersen, and Marjorie Lyles, "Closing Knowledge Gaps in Foreign Markets", *Journal of International Business Studies*, Vol. 39, No. 7, 2008; Johanson, Jan, and Jan-Erik Vahlne, "The Internationalization Process of the Firm—A Model of Knowledge Development and Increasing Foreign Market Commitments", *Journal of International Business Studies*, Vol. 8, No. 1, 1977.

② Zeng, Yuping, Oded Shenkar, Seung-Hyun Lee, and Sangcheol Song, "Cultural Differences, MNE Learning Abilities, and the Effect of Experience on Subsidiary Mortality in a Dissimilar Culture: Evidence from Korean MNEs", *Journal of International Business Studies*, Vol. 44, No. 1, 2013.

③ Finkelstein, S., and J. Haleblian, "Understanding Acquisition Performance: The Role of Transfer Effects", *Organization Science*, Vol. 13, No. 1, 2002.

④ 张建红、周朝鸿：《中国企业走出去的制度障碍研究——以海外收购为例》，《经济研究》2010年第6期。

⑤ Castellaneta, Francesco, Giovanni Valentini, and Maurizio Zollo, "Learning or Inertia? The Impact of Experience and Knowledge Codification on Post-Acquisition Integration", *Industrial and Corporate Change*, Vol. 27, No. 3, 2017; Hansen, Morten T., and Martine R. Haas, "Competing for Attention in Knowledge Markets: Electronic Document Dissemination in a Management Consulting Company", *Administrative Science Quarterly*, Vol. 46, No. 1, 2001.

果，进而提高了其出现惯性效应和短视行为。① 类似地，埃斯特拉达（Estrada）和董（Dong）也发现合作竞争（Coopetition）经验会降低企业的盈利能力，原因在于企业在有一定经验的基础上因为太过依赖"惯性"而不知道变通，继续采用了不合适的管理操作方法，导致行为不符合企业利润最大化原则，盈利最终下降。② 在国际投资领域，已经实现对世界某一国家进行投资的企业也需要去了解东道国与母国之间是否有显著的制度文化差异、已经投资过的东道国与即将投资的东道国是否存在显著的制度文化差异等，否则也会出现过度依赖不合适的投资经验的问题，导致利润受损。

基于以上分析，笔者绘制了企业国际化能力动态积累图（图3-1）。

第七节 小结

本章主要介绍投资经验的积累过程与作用机制，并举例佐证了投资经验的有限适用性。主要有如下发现：首先，投资经验既包括企业对目标国家本身政治制度、经济制度、法律制度、文化制度等系统性的认知，也包括这些制度与其他国家是否存在性质上的重大差异的认知。这些认知以显性或隐性知识的形式存在于组织内部。也正因如此，投资经验作为企业特定所有权优势，应当在企业层面进行分析。其次，投资经验形成步骤主要包含知识获取、知识扩散、知识整理和知识应用四个基本步骤。其中知识获取是显性信息和隐性信息收集的第一步，收集完信息后，企业内个体将信息向组织（企业）内部相关

---

① Zollo, Maurizio, and Jeffrey J Reuer, "Experience Spillovers across Corporate Development Activities", *Organization Science*, Vol. 21, No. 6, 2010.
② Estrada, Isabel, and John Qi Dong, "Learning from Experience? Technological Investments and the Impact of Coopetition Experience on Firm Profitability", *Long Range Planning*, Vol. 53, No. 1, 2020.

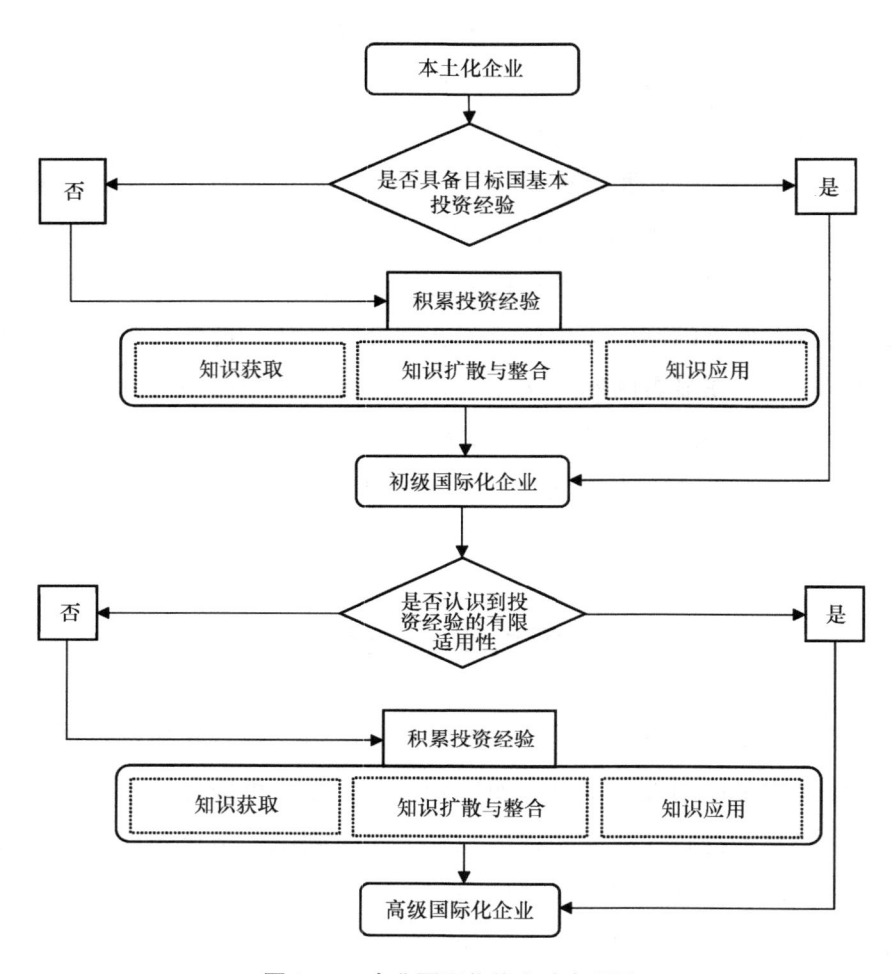

图 3-1　企业国际化能力动态积累

人员扩散为第二步，组织（企业）内的信息接收方（领导、同事、学徒等）对其他个体带来的信息进行甄别、筛选、整理、汇编、学习领悟（针对隐性知识）等"扬弃"步骤并形成新的知识为第三步，企业未来的投资行为具体执行人受到上述投资经验的影响、做出相应的投资决策为第四步。这是投资经验由特定市场知识转变的主要步骤。再次，投资经验通过人才培养效应、关系网络效应、学习效应、战略联盟效应、技术溢出效应和竞争效应等多种渠道影响对外投资绩效。最后,投资经验来源地的系统性差异导致了投资经验对投资绩效的适用范围也存在异质性,企业在利用投资经验时需要考虑其适用范围。

第四章

中国企业对外投资经验衡量与现状

第一节 引论

投资经验是本书关注的主要自变量,本章先介绍投资经验的衡量方法及分类必要性;再对微观层面投资经验积累存量现状及特征事实进行分析。本章余下的结构安排如下:第二部分介绍投资经验测算方法;第三部分介绍中国企业对外投资经验积累现状与趋势;第四部分是小结。

第二节 投资经验测算方法

一 数据来源

本研究对于投资经验的计算源于多个样本,包括:fDi intelligence 绿地投资数据库、商务部境外投资企业(机构)备案结果公开名录、Bvd-Zephyr 全球并购投资数据库、Dealogic 并购投资数据和中国对外投资追踪等。上述数据库覆盖面存在一定差异,因此笔者在后续实证章节选用了不同的数据库计算投资经验,但是笔者计算投资经验时采用的测算方法保持一致,确保不同章节中提到的投资经验的概念统一。

fDi intelligence 是《金融时报》的下属机构,定期发布中国对外投资的绿地投资数据，内容涵盖：项目日期、投资公司名称、投资公司母公司名称、来源国（均为中国）、来源省/市、目标国/地区、投资额、是否为预计投资。时间跨度为 1998 年到 2017 年。

中国境外投资企业（机构）名录（以下简称"名录"）是商务部公布的对外投资企业备案信息。根据中国法律规定，中国对外投资企业需要在商务部登记备案。① 也有学者认为，主要是绿地投资需要向商务部进行投资备案。② 内容涵盖：项目编码、目标国/地区、投资公司名称、被投资公司名称、投资公司所在省市、主营业务、日期。时间跨度自 1988—2015 年。2015 年以后，商务部仅公布目标国/地区、投资公司名称、被投资公司名称三项指标，时间节点不再公布。由于该数据库相对更加权威，经常被用来与中国工业企业数据库进行匹配，以获得公司财务和经营数据。③

Bvd-Zephyr 全球并购投资数据库是穆迪集团旗下子公司 Bureau Van Dijk 发布并提供的全球并购&兼并数据库。Zephyr 数据库每小时进行更新，更新内容包括兼并与收购（M&A）、首次公开募股（IPO）、私募股权（PE）、风险投资（VC）等多种投资形式的数据。其中包括中国对外投资数据。

Dealogic 全球并购投资数据库由英国 Dealogic 公司于 1986 年发布，内容涵盖：80 万笔合并、收购、分拆、资本调整和回购项目信息。本研究使用的样本包含：投资公司名称、被投资公司名称、日期（宣布日期、完成日期等多种日期）、投资和被投资公司所属行业、项目金额、被收购企业所在国家/地区。时间跨度为 1989—2017 年。

---

① 葛顺奇、罗伟：《中国制造业企业对外直接投资和母公司竞争优势》，《管理世界》2013 年第 6 期。
② 黄梅波等：《投资经验是否影响了中国异质性企业的 OFDI 模式选择》，《国际贸易问题》2019 年第 7 期。
③ 黄梅波等：《投资经验是否影响了中国异质性企业的 OFDI 模式选择》，《国际贸易问题》2019 年第 7 期；葛顺奇、罗伟：《中国制造业企业对外直接投资和母公司竞争优势》，《管理世界》2013 年第 6 期；周茂等：《企业生产率与企业对外直接投资进入模式选择——来自中国企业的证据》，《管理世界》2015 年第 11 期。

中国对外投资追踪数据库（China Global Investment Tracker）是由美国传统基金会（Heritage Foundation）整理发布，是专门覆盖中国大型对外投资和大型工程承包项目的数据库，覆盖能源、交通、金融等部门的成功和受阻项目信息。涵盖变量包括：投资方名称、被投资方名称、投资金额、所属行业、股权出让方（如果是兼并）、目标国家/地区、进入模式（绿地/褐地）、是否为"一带一路"国家，以及交易状态。该样本只包含1亿美元以上的投资项目，故不包含金额较少的投资项目。样本时间跨度为2005—2020年。

二 经验分类与计算

投资经验可以按多种分类标准划分。不同分类方法计算的投资经验分别反映了企业积累的不同知识。通过检验不同分类标准下的投资经验对投资绩效的影响，可以区分出投资经验有哪些异质性，并且这些异质性是否会对投资绩效产生影响。因此，有必要对投资经验的分类方法及其逻辑进行说明。

（一）国别投资经验

将样本先按照企业名称排序、再按照目标国所在区域排序、最后按照项目时间排序，得到反映企业在目标国区域内所掌握的投资经验存量 ExpCN 和 ExpCV。ExpCN 表示在这笔投资之前，企业在该目标国共进行过多少笔投资；ExpCV 表示在这笔投资之前，企业在该目标国共进行过多少金额的境外投资。

国别投资经验（也称"特定国家投资经验"）主要反映企业对该国的认知经验存量，一般用于考察投资经验地理层面异质性对于投资绩效的影响（与 ExpRn 和 ExpWn 对比）。

（二）区域投资经验

将样本先按照企业名称排序，再按照目标国所在区域排序，最后按照项目时间排序，得到反映企业在目标国区域内所掌握的投经验存量 ExpRN 和 ExpRV。ExpRN 表示在这笔投资之前，企业在该目标国所处大洲共进行过多少笔投资；ExpRV 表示在这笔投资之前，企业在该目标国所处大洲共进行过多少金额的境外投资。区域的划分参考世界银行，分别是亚洲、欧洲、撒哈拉以南非洲、西亚北非、北美洲和拉丁美洲六个地区。在后面的实际操作中，ExpRV 经常取自然对数以避免异方差问题。此外，企业在同区域的投资自然也包含了企业在当前项目目标国的投资（如有），因此区域经验很可能与国别经验存在共线性。在后面的检验中，区域经验是重要的控制变量，如果不处理此问题，将造成实证结果的不可靠。为了避免区域投资经验与国别投资经验的共线性问题，笔者从区域经验中剔除了国别投资经验，即 $ExpRN = ExpRN_0 - ExpCN$、$ExpRV = ExpRV_0 - ExpCV$，其中 $ExpRN_0$ 表示原始的区域投资经验，在 ExpCN 不作为控制变量时可以使用。

区域投资经验主要反映企业对该区域的认知存量，一般用于考察投资经验地理层面异质性对于投资绩效的影响（与 ExpCn 和 ExpWn 对比）。

（三）全球投资经验

将样本先按照企业名称排序、再按照时间排序，得到反映企业整体国际化进度的投资经验变量 ExpWN 和 ExpWV。ExpWN 表示在这笔投资之前，企业总共进行过多少笔境外投资；ExpWV 表示在这笔投资之前，企业总共进行过多少金额的境外投资。其中由于部分投资金额数值较大，容易引起变量间的异方差问题，在后面的实际操作中 ExpWV 实际上采用了自然对数的形式。

由于企业整体投资经验将所有经验汇总，因此不同经验间的异质性被平均，更多地反映企业整体国际化进程。国别、区域和世界投资经验示例如表 4-1 所示。

表4-1　　　　　　　　国别、区域、世界投资经验示例

Acquirer	Country	Year	ExpCN	ExpCV	ExpRN	ExpRV	ExpWN	ExpWV
China Unicom	Hong Kong	2004	0	0	0	0	0	0
China Unicom	Russian Federation	2004	0	0	0	0	1	48.4
China Unicom	Macao	2005	0	0	1	4.764	2	53.164
China Unicom	Liberia	2008	0	0	0	0	3	160.164
China Unicom	Viet Nam	2010	0	0	2	111.764	4	2760.164
China Unicom	Singapore	2010	0	0	3	120.564	5	2768.964
China Unicom	Canada	2011	0	0	0	0	6	2777.764
China Unicom	USA	2011	0	0	1	48.4	7	2856.464
China Unicom	Singapore	2011	1	8.8	4	129.364	8	2980.264
China Unicom	USA	2011	0	0	1	78.7	9	3046.364
China Unicom	USA	2011	0	0	2	172.2	10	3129.964
China Unicom	Sweden	2011	1	78.7	2	162.3	11	3195.764
China Unicom	France	2011	2	157.4	3	241	12	3274.464
China Unicom	Hong Kong	2014	1	4.764	5	195.464	13	3279.864
China Unicom	Cameroon	2015	0	0	1	2600	14	3666.964
China Unicom	Brazil	2015	0	0	0	0	15	3816.964

资料来源：笔者基于fDi intelligence和Dealogic数据库计算。

（四）进入模式投资经验

将样本先按照企业名称排序、再按照时间排序、再按照进入模式排序，得到反映企业分别在绿地投资数量经验ExpGN和绿地投资金额经验ExpGV。同时，由于样本仅包含绿地投资和褐地投资，故褐地投资数量经验和褐地投资金额经验分别可以通过ExpBN = ExpN − ExpGN和ExpBV = ExpV − ExpGV得到。同样地，涉及金额的经验一般会取对数值以减轻异方差问题。进入模式经验主要用于反映企业在进入模式上的选择与时间的关系，检验企业是否对于特定的进入模式存在"惯性"。

（五）特定行业投资经验

将样本先按照企业名称排序，再按照时间排序，最后按照行业大

类排序，得到反映企业分别同行业投资数量经验 ExpInN 和同行业投资金额经验 ExpInV（见表 4-2）。行业大类的划分遵循北美产业分类体系（2017 年版）的分类原则，将同属同一行业门类（即 NAICS 六位代码的前两位或前三位）。其中，有几个行业存在特例，需要说明。（1）由于资源行业门类（NAICS 前二位代码为"21"）投资项目较多，故笔者仅将此行业的投资经验进一步细化为"非金属矿石开采开发"（NAICS 前二位代码为"211"）和"金属矿石开采开发"（NAICS 前二位代码为"212"）；（2）由于制造业企业分布较为分散（其门类代码从"31—33"），部分细分行业观察值很少，不利于后面的分行业检验并控制哑变量。因此笔者将所有制造业企业合并为一类行业，不再做细分。零售业（门类代码"44—45"）也存在相同观察值较少的情况，故不再细分。

表 4-2　　　　　　　　进入模式经验与行业经验示例

Acquirer	Country	Year	ExpGN	ExpGV	ExpInN	ExpInV
East China Mineral Exploration & Development Bureau	Australia	2009	0	0	0	0
East China Mineral Exploration & Development Bureau	Australia	2009	1	1.86501	1	1.86501
East China Mineral Exploration & Development Bureau	Australia	2010	2	2.760706	2	2.760706
East China Mineral Exploration & Development Bureau	Brazil	2010	3	4.143627	3	4.143627
East China Mineral Exploration & Development Bureau	Australia	2011	4	7.156981	4	7.156981
East China Mineral Exploration & Development Bureau	Australia	2012	5	7.168161	5	7.168161

资料来源：笔者基于 fDi intelligence 和 Dealogic 数据库计算。

同行业投资经验主要反映企业在全球国际化中的产业联动、行业协同。在部分章节，笔者还计算了同行业同国别投资数量经验ExpCInN和同行业同国别投资金额经验ExpCInV，进一步检验前后投资间的产业协同和联动如何影响投资绩效。

（六）成功经验与失败经验

样本先按照企业排序、再按照时间排序、最后按照项目状态排序（完成与未完成），得到企业所有成功的投资数量经验ExpSN、企业所有成功的投资金额经验ExpSV。同样地，由于已经掌握企业全球投资经验ExpWN和ExpWV，企业所有失败的投资数量经验ExpFN、企业所有失败的投资金额经验ExpFV都可以用全球经验减去成功经验的方法获得（见表4-3）。

表4-3　　　　　　成败经验与制度成败经验示例

Acquirer	TgCy	Year	ExpSN	ExpFN	ExpCSN	ExpRSN	ExpHN	ExpLN
ZIJIN MINING	Cayman Islands	2005	3	0	0	0	0	3
ZIJIN MINING	Australia	2006	7	0	0	0	0	7
ZIJIN MINING	Canada	2009	13	0	0	0	1	12
ZIJIN MINING	Canada	2010	14	0	1	1	2	12
ZIJIN MINING	Kyrgyz Republic	2011	15	0	0	11	3	12
ZIJIN MINING	Australia	2011	17	0	1	1	3	14
ZIJIN MINING	Hong Kong SAR, China	2011	18	0	0	13	4	14
ZIJIN MINING	Papua New Guinea	2015	21	0	0	2	5	16
ZIJIN MINING	Canada	2015	22	0	2	2	5	17
ZIJIN MINING	Canada	2016	25	0	3	3	6	19

注：（1）在本样本中，笔者没有剔除企业对中国境内的并购投资，因此ExpSN、ExpLN相对比较大。在样本观察期间内，中国平均制度得分低于平均值，故被算作低制度质量国家；（2）数据来源：笔者基于fDi intelligence和Dealogic数据库自行绘制。

研究失败经验有重要意义。既有文献主要发现成功的经验对于投资绩效有显著影响，①而失败项目的经验是否对投资行为产生影响以及如何产生影响较少被探讨。项目失败，必然意味着企业在至少一方面没有做成功，不能使得交易顺利完成。失败经验的异质性导致其因果推断也更加难以显性知识或隐性知识的形式保存流传。②然而，并不意味着失败的经验完全没有可取之处。根据学习曲线理论，只要企业在不断重复某项工作，其投资行为必然会伴随熟练度的提升，未来企业把短板补齐后，这些失败经验很可能成为投资成功与否的关键因素。

（七）制度投资经验

样本首先按照企业排序，其次按照时间排序，再次按照目标国制度质量排序（高制度质量和低制度质量），最后按照项目成败排序，分别得到企业在高制度质量国家投资数量经验 ExpHN 和在低制度质量国家投资数量经验 ExpLN。

计算这一类经验的目的主要在于验证中国企业对于不同类型制度的适应性。

（八）其他中企同国别投资经验

样本先按照目标国排序、再按照时间排序，得到在同一目标市场，企业投资前其他中国企业在该市场的投资数量经验 ExpPCN 和其他中国企业在该市场的投资金额经验 ExpPCV。相应地，笔者又进一步将样本先按照目标国排序、再按照时间排序、最后按照行业排序，得到在同市场、同行业的企业投资数量经验 ExpPCInN 和金额经验 Ex-

---

① Levitt, Barbara, and James G. March, "Organizational Learning", *Annual Review of Sociology*, Vol. 14, 1988；范黎波等：《中国企业跨国并购学习效应的实证研究——经验学习和替代学习的视角》，《财贸经济》2016 年第 10 期。
② Madsen, Peter M., and Vinit Desai, "Failing to Learn? The Effects of Failure and Success on Organizational Learning in the Global Orbital Launch Vehicle Industry", *The Academy of Management Journal*, Vol. 53, No. 3, 2010; Sitkin, Sim B., and Amy L. Pablo, "Reconceptualizing the Determinants of Risk Behavior", *The Academy of Management Review*, Vol. 17, No. 1, 1992.

pPCInV（见表4-4）。

计算在同市场（且同行业）的其他中资企业投资经验有重要意义。一般而言，企业自己积累的投资经验被称为"经验学习"——即企业从自身经营投资中获得的组织学习成果；[1] 但是较少有文献考察"替代学习"——即企业观察和模仿其他企业的行为和绩效得到关于目标市场的信息。[2] 理论上，替代学习有可能比经验学习对应更低的成本，因为替代学习不需要付出相应的交易和经营成本。[3] 进一步区分考察同行经验是否属于同行业投资，以考察同行经验内可能存在的产业协同。

表4-4　　　　　　替代学习投资经验积累示例

Acquirer	Country	Year	ExpPCN	ExpPCV	ExpPCInN	ExpPCInV
China Unicom Ltd	Hong Kong	2004	127	9.260517	12	8.038953
China Unicom Ltd	Russian Federation	2004	6	6.504288	0	0
China Unicom Ltd	Macao	2005	3	4.478983	1	2.772589
China Unicom Ltd	Liberia	2008	0	0	0	0
China Unicom Ltd	Canada	2011	100	9.920426	7	5.485175
China Unicom Ltd	France	2011	58	8.622373	14	5.298317
China Unicom Ltd	Singapore	2011	111	9.515135	13	5.249484
China Unicom Ltd	Sweden	2011	21	7.905511	6	4.74232
China Unicom Ltd	United States of America	2011	274	10.21782	32	7.410385
China Unicom Ltd	United States of America	2011	292	10.24283	35	7.436628
China Unicom Ltd	United States of America	2011	292	10.24283	35	7.436628

数据来源：笔者基于fDi intelligence 和 Dealogic 数据库自行绘制。

---

[1] Johanson, Jan, and Jan-Erik Vahlne, "The Internationalization Process of the Firm—A Model of Knowledge Development and Increasing Foreign Market Commitments", *Journal of International Business Studies*, Vol. 8, No. 1, 1977.

[2] 范黎波等：《中国企业跨国并购学习效应的实证研究——经验学习和替代学习的视角》，《财贸经济》2016年第10期。

[3] Miner, A. S., and P. R. Haunschild, "Population Level Learning", in B. M. Staw and L. L. Cummings, eds., *Advances in Organizational Behavior*, Greenwich: JAI Press, 1995.

第三节 中国企业对外投资经验积累现状与趋势

中国企业大规模进行对外投资经验积累始于2000年以后的"走出去"战略。在此前，中国企业在海外的国际经营主要以海外援助、帮扶为主，较少涉及企业自主对外投资行为，企业内部也尚未形成严格的经验积累制度，因此投资经验积累较为缓慢。随着改革开放不断深化，企业经营权被进一步扩大，国有企业的海外生产积极性被调动，此时国有企业是海外投资经验积累的主力。2008年国际金融危机以后，中国企业投资经验积累呈现新态势，随着海外资产价格泡沫破裂、优质资产价格大幅缩水，民营企业开始作为海外投资经验积累的主力军，中国海外投资的行业分布也呈现出多样化的趋势。到了2017年，随着《中央企业境外投资监督管理办法》和《关于进一步引导和规范境外投资方向的指导意见》两份重要文件的下发，部分行业的海外投资经验积累和国际化进程受到影响，趋势放缓。因此，中国企业投资经验的积累乃至国际化进程的快慢都与中国宏观对外投资政策息息相关。本章结合中国对外投资相关政策的演变对企业投资经验进行现状分析。

一 中国对外投资政策演变

中国对外投资政策是影响中国对外投资动机的基石。

新中国成立以后到1978年以前，我国的主要任务是社会主义改造，有记录的国际经营活动几乎没有。[①] 1978年改革开放开启了我国对外投资的历史。1978年以后，参考韩师光的划分方法，我国对外直接投资经历了四个主要阶段，分别是探索起步阶段（1979—1991

---

① 赵中源：《新时代社会主要矛盾的本质属性与形态特征》，《政治学研究》2018年第2期。

年)、稳步调整阶段(1992—2002 年)、迅速发展阶段(2003—2016年)、回归理性阶段(2017 年—　)。① 与韩师光不同之处在于,对 2017 年及以后的划分,主要的原因是 2017 年国家发改委、商务部、人民银行、外交部联合发布的《关于进一步引导和规范境外投资方向的指导意见》中提出"坚持防范风险",并对部分行业的境外投资提出限制或禁止。②

自 1979 年以来,中国企业对外投资的目的地东道国覆盖面和行业覆盖面都有了显著的增长和进步。2004 年年末,中国对外直接投资分布在 149 个国家和地区,国家覆盖率 71%(2004 年《公报》),2018 年年末,中国对外直接投资分布在 188 个国家和地区,国家覆盖率 90%(2018 年《公报》)。行业分布也从 2004 年年末的主要集中在石油和天然气开采(占比 32.7%)变为 2018 年年末主要集中在制造业(13.4%)。③

(一) 探索起步阶段

探索起步阶段的时间跨度是 1979 年到 1992 年。这一阶段始于党的十一届三中全会终于邓小平南方谈话。④ 1978 年党的十一届三中全会将全党的工作重心放到经济发展上来,这为我国企业尝试性进行国际经营提供了宽松的环境。政府制定了相应的政策鼓励企业去海外创办企业。当时我国社会的主要企业是国有企业,传统的国企是政府垄断企业的经营权和产品的支配权以及收益处置权,国有企业更像是政府的派出机构,故长期处于低效率的运行状态。

---

① 韩师光:《中国企业境外直接投资风险问题研究》,博士学位论文,吉林大学,2014 年。
② 国务院办公厅:《国务院办公厅转发国家发展改革委商务部人民银行外交部关于〈进一步引导和规范境外投资方向指导意见〉的通知》,2017 年。
③ 由于 2006 年以前的对外投资仅包含非金融部分,因此我们剔除 2018 年排名前两位的"租赁和商务服务"和"金融业",上述两个行业当年吸引中国对外投资流量分别占比 35.5%和 15.6%。
④ 即 1992 年 1 月 18 日—2 月 21 日,当时已正式告别中央领导岗位的改革开放的总设计师邓小平,以党员的身份,凭着对党和人民伟大事业的深切期待,先后赴武昌、深圳、珠海和上海视察,沿途发表了重要谈话。

1979年4月，政府颁布《关于扩大国营工业企业经营管理自主权的若干规定》等五个管理体制改革文件。虽然继续要求企业完成国家下达的各项经济计划任务，但提出改变按工资总额提取企业基金的做法，实行企业利润留成制度，企业还可以将闲置、多余的固定资产进行有偿转让和出租。这一系列措施提高了企业的经营自主性，也降低了国家对于企业剩余利润的控制和索取，调动了国有企业的积极性。[①] 1979年，京和股份有限公司成立，成为我国首家境外合资企业，也使中国的企业踏出了境外直接投资的第一步。1985年7月，《关于海外开办非贸易性合资企业的审批程序和管理办法》正式颁布，简化企业对外投资的审批程序，拉开了促进对外投资的帷幕。1987年到1992年，随着经营权下放改革进入深水区，国企改革面临两种思路，一种是承包租赁制，另一种是股份制。但由于承包租赁制使政府和企业处于不完全契约中，实际上还是没有解决软约束的问题；而股份制当时因为非公有制介入主体不明确，社会各界认识不深等问题，也发展不良。1989年国家外汇管理局颁布了《境外投资外汇管理办法》指出："境内企业收入中来源于境外投资的利润和其他收益，可以在境外投资企业最初设立的五年内全部留存，自境外投资企业设立五年以后需要按照国家规定进行计算留成。"[②] 此举进一步促进了企业努力做好境外投资经营活动。截至1984年年末，我国共有海外企业108家，同年我国企业完成第一笔海外收购。到1991年年末，我国企业累计在海外创办1053家企业，累计海外直接投资金额达到14.3亿美元。在当时民营经济还比较薄弱的大背景下，国有企业是对外投资的主要力量。涉及的行业主要是中餐馆和工程承包（见表4-5）。

---

① 宋养琰：《国企改革30年历程回顾》，《中国经贸导刊》2008年第19期；宋养琰：《国企改革30年》，《经济研究导刊》2008年第12期。
② 陶士贵：《从外汇管理方面看"返投资"的弊处》，《国际经贸探索》1991年第3期。

表4-5　　1984—1991年中国对外直接投资存量与企业累计数

年份	年末企业累计数（家）	年末累计海外直接投资额（万美元）	增长率（累计投资额；%）
1979—1984	108	12673	39.9
1986	185	17724	42.6
1987	277	25275	139.5
1988	401	60275	25.4
1989	689	98575	30.4
1990	846	106045	7.5
1991	1053	142745	34.6

资料来源：《中国贸易外经统计年鉴》；韩师光：《中国企业境外直接投资风险问题研究》，博士学位论文，吉林大学，2014年。

（二）稳步调整阶段

稳步调整阶段的时间跨度是1992年到2002年，这一阶段始于邓小平南方谈话，终于中国加入世贸组织。据《对外经贸财会》报道："1993年十四届三中全会通过的《关于建立社会主义市场经济体制的若干问题的决定》中，明确提出了国企建立现代企业制度的目标和步骤，目标是产权清晰，权责明确，政企分开，管理科学的现代企业，这就使得国有企业在经营领域有更大的自主权。"[1] 由于早期海外投资企业缺乏经验，部分企业引进人才、技术、资源方面取得了阶段性成果，但也出现了首钢在秘鲁遭遇挫折的案例。[2] 基于上述情况，国家计委针对我国企业境外直接投资的实际情况于1991年3月向国务院递交了《关于加强海外投资项目管理意见》，该管理意见认为中国还不具备大规模向海外进行直接投资的条件，提出中国企业在进行境外投资时应该重点利用国外的先进技术及其丰富的资源和广大的市

---

[1] 吴仪：《认真贯彻党的十四届五中全会精神努力完成1996年对外经贸任务——吴仪部长在全国对外经贸工作会议上的报告（摘登）》，《对外经贸财会》1996年第3期；于樱雪：《浅论国有企业混合所有制改革中存在的问题及建议》，《财讯》2017年第4期。

[2] 郭洁：《首钢秘鲁铁矿项目的历史与变迁》，《国际政治研究》2015年第1期。

场。该管理意见指出：中国企业在境外直接投资之前，要提供境外投资的可行性研究报告，并且需经过经贸部和国家计委会同相关部门的调查研究，审批通过方可进行投资。其中的三条对外投资目的也明确预示了我国企业在其后延续至今的投资动机：技术寻求、市场寻求和资源获取。1993—1995 年，我国境外直接投资增长率一直在 5%—7% 左右徘徊，这与 1996 年以后动辄 15% 以上的增长率相比有较大差距。1996 年，我国企业在对外投资的同时还需要辅助援外事业的发展，同年发布的《认真贯彻党的十四届五中全会精神努力完成 1996 年对外经贸任务——吴仪部长在全国对外经贸工作会议上的报告（摘登）》指出："进一步推动我国企业与受援国企业就我援外项目开展合资合作，将对外援助与投资、贸易和其他形式的互利合作结合起来，调动政府和企业两个方面的积极性，扩大资金来源和项目规模，提高援助效益。"[①] 1998 年，吴仪部长再次在全国外贸工作会议上指出，中国企业要发展对外承包工程以及劳务合作，从而促进对外投资。结合表 4-6 我们可以发现，1996 年的对外投资增长率迅速上升到 17.8%，是 1995 年的 3 倍。1999 年 3 月，朱镕基总理在九届全国人大二次会议的《政府工作报告》中提到，要"促进有能力的中国企业到境外有发展潜力的地区开展加工贸易，从而加快中国的出口发展"。2000 年 10 月，江泽民总书记在九届全国人大三次会议上将"走出去"战略提高到国家战略层面，这是中国首次公开提出要促进中国境外直接投资的快速发展。[②] 2001 年，"走出去"战略被写入《国民经济和社会发展第十个五年计划纲要》，目的是"鼓励能够发挥我国比较优势的对外投资，扩大国际经济技术合作的领域、途径和

---

① 吴仪：《实现两个根本性转变 努力完成对外经贸新任务》，《经济学动态》1996 年第 3 期；阎克庆、聂高民：《迈向二十一世纪的中国综合商社：理论·实践·借鉴》，经济管理出版社 1998 年版；吴树青：《邓小平理论与当代中国经济学》，北京大学出版社、黑龙江教育出版社 2002 年版。

② 余敏友：《论 21 世纪以来中国国际法的新发展与新挑战》，《理论月刊》2012 年第 4 期。

方式",同年12月,中国加入世贸组织,我国的对外开放走入新阶段。[①] 由表4-6可以发现,从2000年开始,我国对外投资开始以20%左右的增速在发展。

表4-6　　1992—2002年中国对外直接投资存量与企业累计数

年份	年末企业累计数 (家)	年末累计海外直接投资额 (万美元)	增长率 (累计投资额;%)
1992	1408	162245	13.7
1993	1703	171845	5.9
1994	1809	184045	7.1
1995	1928	194645	5.8
1996	2134	229245	17.8
1997	2445	263145	14.8
1998	2754	289845	10.1
1999	3064	351045	21.1
2000	3384	413245	17.7
2001	3696	491745	19.0
2002	4046	590045	20.0

资料来源:《中国贸易外经统计年鉴》;韩师光:《中国企业境外直接投资风险问题研究》,博士学位论文,吉林大学,2014年。

(三) 迅速发展阶段

迅速发展阶段的时间跨度是自2003年起到2016年年末。这是我国对外直接投资历史上最重要的一个阶段。随着我国对外直接投资的迅猛发展,政府为了科学、有效地组织全国的对外直接投资统计工作,客观真实地反映我国对外直接投资的实际情况,2002年12月原外经贸部(现商务部)、国家统计局共同制定了《对外直接投资统计

[①] 黄晓玲主编:《中国对外贸易概论》(第二版),对外经济贸易大学出版社2009年版。

制度》（外经贸合发〔2002〕549号），规范我国对外直接投资报告制度，并以经济合作与发展组织（OECD）《关于外国直接投资的基准定义》（第三版）及国际货币基金组织（IMF）国际收支手册（第五版）对对外直接投资的定义、统计原则及计算方法等进行规范，保证数据国际可比。此后，每年定期由商务部、统计局和外管局发布。2004年7月，我国正式颁布《国务院关于投资体制改革的决定》，本着"谁投资、谁决策、谁收益、谁承担风险"等原则确立企业在投资活动中的主体地位，这是"代建制"在我国开始推行的标志。[①] 同年10月，公布《关于对国家鼓励的境外投资重点项目给予信贷支持政策的通知》，明确发改委与进出口银行共同建立境外投资信贷支持机制，保障中国企业"走出去"。商务部于2014年9月出台了新的《境外投资管理办法》（商务部令2014年第3号），实行"备案为主、核准为辅"的管理模式，并引入了负面清单的管理理念，除在敏感国家和地区、敏感行业的投资实行核准管理外，其余均实行备案（图4-1）。此外，商务部会同有关部门印发了《中国境外企业文化建设若干意见》《境外中资企业（机构）员工管理指引》《对外投资合作环境保护指南》《境外中资企业商（协）会建设指引》等文件，引导境外企业守法合规经营、强化道德规范、履行社会责任、加强与当地利益文化融合，实现互利共赢。[②] 在这一阶段，我国对外直接投资保持了极为高速的发展。可以看到（见表4-7），2003年累计投资存量增速为20%，到2008年国际金融危机，存量增速也一直保持在27%以上；即便放宽到2016年，投资存量增速也从未下跌到20%以下。2015年，我国对外直接投资存量历史性突破1万亿美元，流量首次位列全球国家（地区）排名的第2位。从2003年到2016年短短十几年

[①] 付清海：《完善我国代建制项目管理模式探讨》，《现代商贸工业》2009年第5期；国务院办公厅：《国务院关于投资体制改革的决定》，2004年。

[②] 张弛、程君佳：《关于中国对外直接投资管理模式的思考》，《西南金融》2018年第443卷第6期。

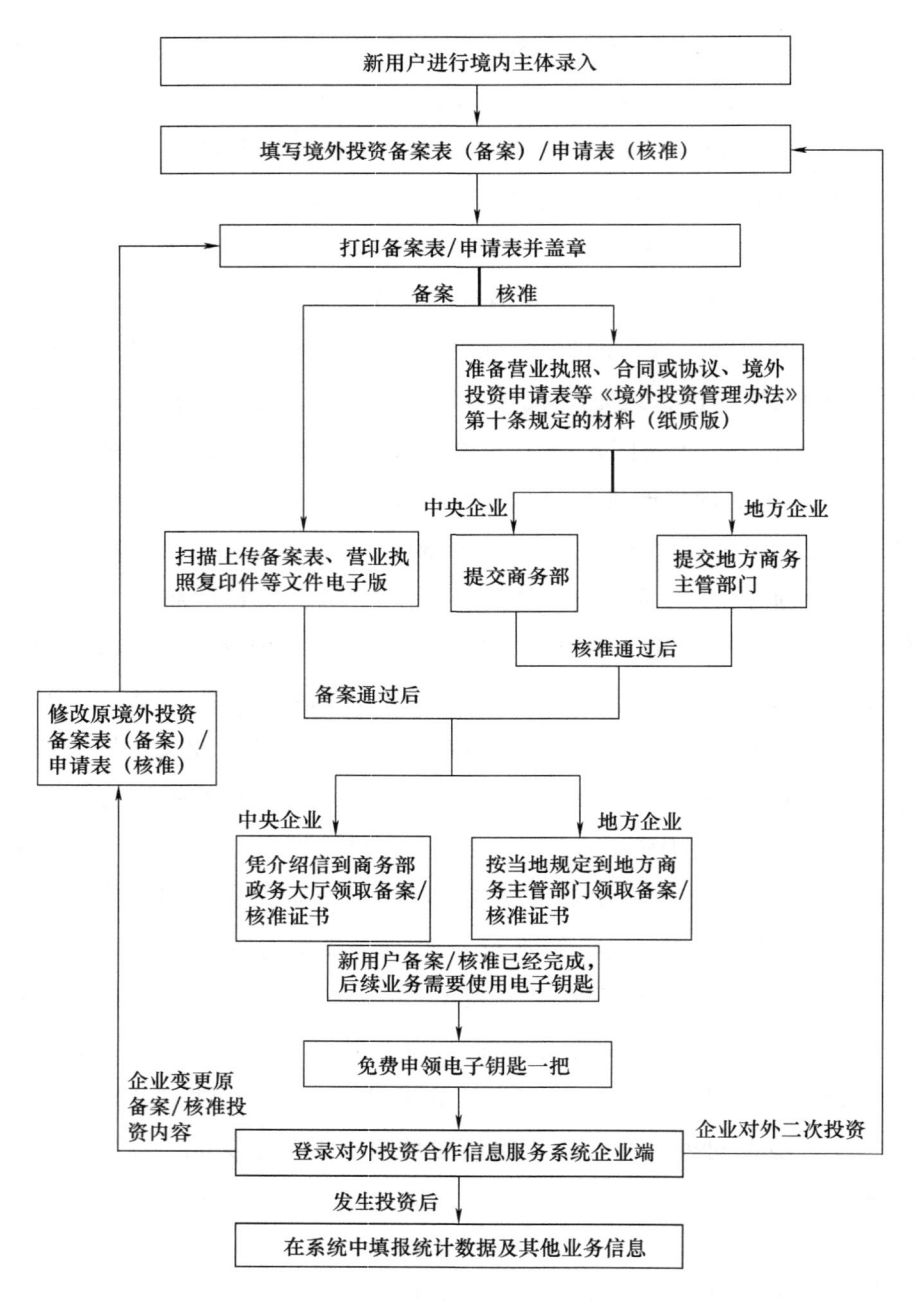

图 4-1 境外投资备案与核准流程

资料来源：中国商务部。

时间里，我国对外投资存量从世界的第 25 位上升到了世界第 6 位。

表 4-7　　　　　2003—2016 年海外直接投资存量与企业累计数

年份	当年对外投资企业数（家）	年末累计海外直接投资额（亿美元）	增长率（累计投资额；%）
2003	3439	332	20.0
2004	5163	448	34.9
2005	6426	572	27.7
2006	5000 多	906.3	58.4
2007	近 7000	1179.1	30.1
2008	8500	1839.7	56.0
2009	12000	2457.5	33.6
2010	13000	3172.1	29.1
2011	13500	4247.8	33.9
2012	16000	5319.4	25.2
2013	15300	6604.8	24.2
2014	18500	8826.4	33.7
2015	20200	10978.6	24.4
2016	24400	13573.9	23.6

注：从 2006 年开始，《公报》公布的对外企业数量不再精确到个位，并且我们并不知道这些企业是否与《中国对外经济贸易统计年鉴》已经汇报过的累计企业数量相同，因此，这里仅汇报当年进行投资的企业数量。

资料来源：《中国对外直接投资统计公报》；韩师光：《中国企业境外直接投资风险问题研究》，博士学位论文，吉林大学，2014 年。

（四）回归理性阶段

回归理性阶段的时间跨度是 2017 年以后。这一阶段的主要变化背景是民营企业对外投资大幅增加，而国家相关的监管规范还没有相应配套。根据《经济观察报》的报道，截至 2019 年年末，非公有经济控股主体的对外投资已经超过公有经济控股主体的对外投资，前者比重超过一半，达到 50.3%（流量，存量口径为 50.9%）。然而，非公有经济控股投资主体还存在一些不专业之处，给股东和利益相关者带来了一定风险和损失。部分行业（房地产、体育俱乐部等）企业的非理性投资问题比较突出，部分行业企业不重视投资目的国环保、能耗、安全等标准和要求，引发矛盾和纠纷，等等。① 因此，有必要对民营企业的境外投资经营行为进行指导，提高"走出去"的质量和水平。② 出于这个目的，自 2016 年年末到 2017 年年初起，商务部开展境外投资的真实性、合规性的审查。2017 年 1 月，国资委修订发布《中央企业境外投资监督管理办法》规范中央企业境外投资；8 月，国务院办公厅转发国家发展改革委、商务部、人民银行、外交部《关于进一步引导和规范境外投资方向的指导意见》限制房地产、酒店、影城、娱乐业、体育俱乐部等境外投资，重点推进有利于"一带一路"建设和周边基础设施互联互通的基础设施境外投资；③ 11 月，国家发展改革委发布《企业境外投资管理办法》（征求意见稿）；12 月，国家发展改革委、商务部、人民银行、外交部、全国工商联 5 部门联合发布了《民营企业境外投资经营行为规范》强调民营企业"不得以虚假境外投资非法获取外汇、转移资产和进行洗钱等活动"。④ 根据《国际商报》报道："2018 年 12 月，商务部发言人在介绍商务部会同相关部门出台的《民营企业的境外投资经营行为规范》时表示，'《规范》的目的是进一步引导和规范民营企业境外投资的方向，促进民营企业理性、合规、有序地开展境外投资活动，防范和应对境外投资的风险，推动境外投资健康、持续发展，实现与东道国互利共

---

① 冯其予：《全面开放新格局加快形成》，《经济日报》2018 年 3 月 4 日；张宁：《商务部遏制民企非理性境外投资：地产、体育和娱乐无新增项目》，《澎湃新闻》2017 年 12 月 21 日。

② 张文扬：《商务部解读：民企境外投资经营规范》，《经济观察报》2017 年 12 月 21 日。

③ 根据新浪财经报道，国务院办公厅正式转发《关于进一步引导和规范境外投资方向的指导意见》（以下简称《指导意见》），再次明确限制包括房地产、酒店、体育俱乐部等境外投资。网址：http://finance.sina.com.cn/china/2017-08-21/doc-ifykcirz3420879.shtml。另见国务院办公厅《国务院办公厅转发国家发展改革委商务部人民银行外交部关于进一步引导和规范境外投资方向指导意见的通知》，2017 年。

④ 发改委办公厅：《关于发布〈民营企业境外投资经营行为规范〉的通知》，2017 年。

赢、共同发展'"。① 在这样的强监管体系下，2017 年在房地产业、体育和娱乐业没有新增项目，同时 2017 年也是中国对外直接投资流量首次负增长年份，降幅达到 19.3%，2018 年继续下降，降幅 9.6%。中国对外直接投资存量也出现增速下滑（见表 4-8）。

表 4-8　2017—2019 年中国对外直接投资存量与企业累计数

年份	当年对外投资企业数（家）	年末累计海外直接投资额（亿美元）	增长率（累计投资额；%）
2017	2.55 万	18090.4	33.3
2018	2.70 万	19822.7	9.6
2019	2.75 万	21988.8	10.9

资料来源：《中国对外直接投资统计公报》。

二　中国企业投资经验积累的特征事实

（一）投资经验存量不足但增速较快

自 2003 年开始，我国对外投资进入高速发展阶段，不仅中国对外投资单笔金额迅速增加，而且中国境内有实力实现对外投资的企业也迅速增加，并且后者的增加更加迅猛。1995—2002 年，中国对外投资项目平均金额为 9200 万美元；2003—2008 年，平均项目金额为 1.66 亿美元；2009—2016 年，平均项目金额为 1.86 亿美元；2017 年以后为 1.57 亿美元，项目平均投资额较 2002 年以前水平翻倍。实现对外投资企业的数量增长则极为迅速，1995 年样本中只有 3 家企业实现了对外投资，而 2003 年则增加到了 82 家，2009 年更是达到了 355 家，2016 年达到了 771 家，与 1993 年相比增加了 256 倍（如图 4-2 和图 4-3 所示）。

（二）企业间投资经验存量差距较大

尽管中国对外投资在项目规模和参与企业数量上都取得了长足进步，但企业之间差距却十分明显。

---

① 吴力：《商务部将会同有关部门制定境外投资条例》，《国际商报》2017 年。

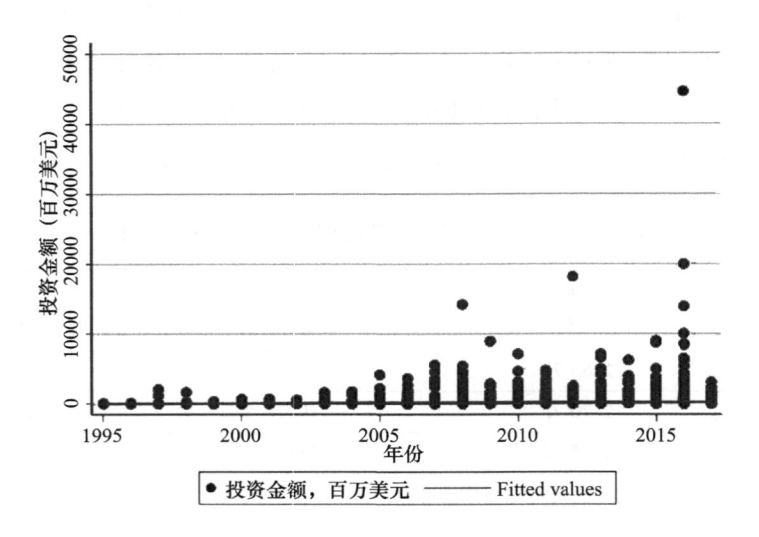

图4-2　中国对外投资项目金额走势

资料来源：笔者基于 fDi Intelligence 绿地投资和 Dealogic 并购投资数据库绘制。

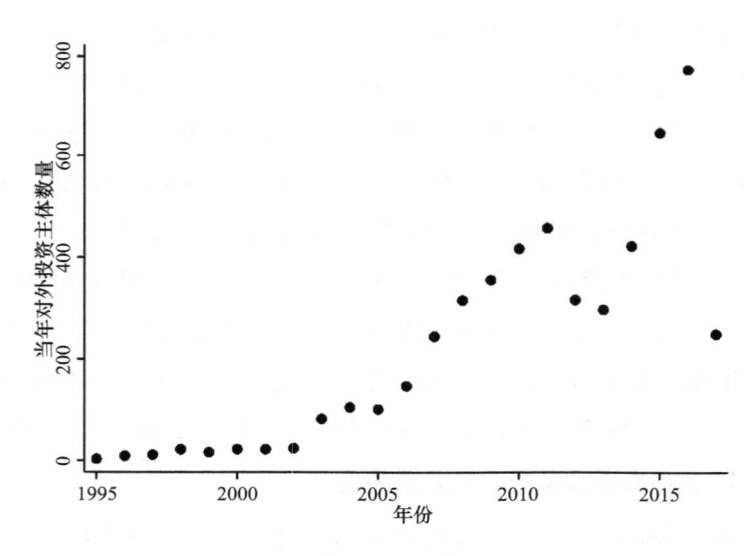

图4-3　中国对外投资企业数量

资料来源：笔者基于 fDi Intelligence 绿地投资和 Dealogic 并购投资数据库绘制。

一方面，中国企业国际化水平个体差异较大，绝大多数企业几乎没有国际化经验，极少数企业有很丰富的国际化经验。样本中绝大多数企业的海外投资项目为企业的第1次海外投资，也就是这些企业的国际化战略起步阶段，而只有少部分企业是第2次海外投资甚至第3次及以上。2349家企业仅仅实现了1次对外投资，占企业总数的69.9%；494家企业实现两次对外投资，占企业总数的14.7%；191家企业实现3次对外投资，占企业总数的5.7%；100家企业实现4次对外投资，占企业总数的3.0%；49家企业实现5次对外投资，占企业总数的1.5%；176家企业实现6次及以上对外投资，占企业总数的5.2%。在本样本中，对外投资次数最多的企业是华为，共对外投资190次，分布在63个国家或地区；对外投资金额最多的企业是中石化，共计对外投资73.5亿美元；接受中国投资项目最多的国家是美国，共计919笔（详见图4-4和图4-5）。

另一方面，境外投资相邻时间间隔越来越短。对于全样本来说，任意相邻两笔投资平均间隔为358天。具体来看，第2次海外投资与第1次海外投资的平均间隔为583天，第3次海外投资与第2次海外投资的平均间隔为502天，第4次海外投资与第3次海外投资的平均间隔为402天，第5次海外投资和第4次海外投资的平均间隔为306天，第6次（及以上）海外投资和第5次海外投资的平均间隔为167天。综合来看，投资间隔的缩短既显示出企业资金方面的雄厚，也显示出企业对于海外投资这件事情的熟练度越来越高，这也是中国企业国际化能力不断提高的一个重要证据。

（三）投资经验的广度与深度

从开拓市场的角度看，中国企业仍然在不断进入新的东道国和区域。样本中不到一半的项目是企业初次境外投资（47.8%），这一比例不仅低于企业初次对一个新大洲投资（61.5%），更低于企业初次对新东道国投资（76.1%）。从趋势上来看，首先，很显然中国企业对外投资主要目的依然是寻求市场。企业也希望进入更多的东道国进

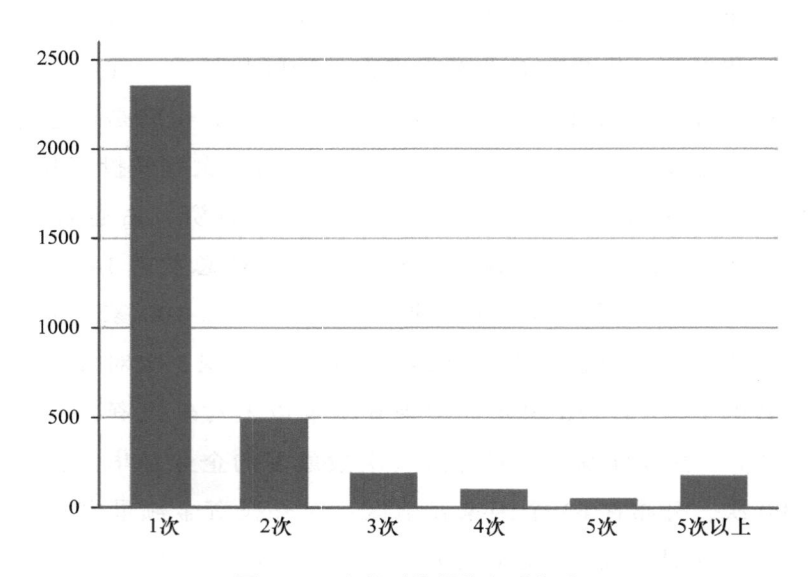

图 4-4　企业对外投资经验频次

资料来源：笔者基于 fDi Intelligence 绿地投资和 Dealogic 并购投资数据库绘制。

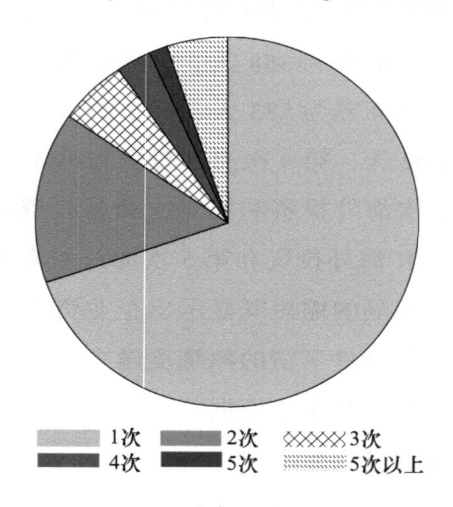

图 4-5　企业对外投资经验

资料来源：笔者基于 fDi Intelligence 绿地投资和 Dealogic 并购投资数据库绘制。

行深入市场开发，而不仅仅局限于服务极个别国家的市场。其次，从投资次数的角度看，越是深入的投资其规模越大（即作为第 5 次或以上进入某国、某区域)。这说明投资经验反映出企业资金实力日益雄厚，也反映出企业日益受到东道国认可。最后，投资经验分布呈现"较肥的尾部"，少数企业有极为丰富的海外投资经验，能够实现很多笔海外投资项目。这些投资能力特别强的企业不管是投资的总金额还是国际运营分布地域都远超其他企业。另外大部分企业仍然处于起步阶段，处于中间国际化程度的企业数量和项目数量还不够多（见表4-9）。

表4-9　　　　　　　　　　投资经验描述性统计

	对全球				
	第1次	第2次	第3次	第4次	第5次及以上
项目数（个）	3359	1010	516	325	1,821
项目占比（%）	47.8	14.4	7.3	4.6	25.9
总投资	328173.6	128822.9	101368.0	76156.8	621566.9
平均投资额（百万美元）	97.7	127.5	196.4	234.3	341.3
	对某大洲				
	第1次	第2次	第3次	第4次	第5次及以上
项目数（个）	4327	1060	461	274	909
项目占比（%）	61.5	15.1	6.6	3.9	12.9
总投资	555833.1	194499.5	103316.5	82422.6	320016.5
平均投资额（百万美元）	128.5	183.5	224.1	300.8	352.1
	对某东道国				
	第1次	第2次	第3次	第4次	第5次及以上
项目数（个）	5348	942	342	173	226
项目占比（%）	76.1	13.4	4.9	2.5	3.2
总投资	827661.5	187056.1	101651.2	64171.8	75547.6
平均投资额（百万美元）	154.8	198.6	297.2	370.9	334.3

注：平均投资额的单位是百万美元。
资料来源：fDi Intelligence、Dealogic。

从行业选择的角度看，初次投资的行业选择和非初次投资的选择基本不存在差异，行业多样性由新近国际化企业导致。在剔除了大量投往离岸金融中心的投资数据后，笔者比对了2009年前后不同投资阶段企业的行业选择差异。结果显示，不管项目是初次投资还是非初次投资，企业的行业选择不会有显著变化，整体而言行业选择非常稳定，不会因为是第2次或者第3次投资就选择跨界投资，并且在国际金融危机后，行业选择稳定性依然存在（如图4-6到图4-9所示）。

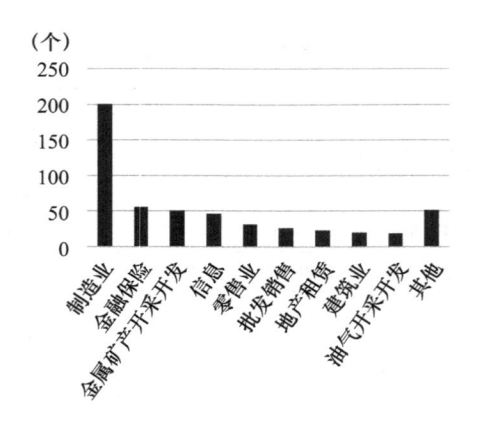

图4-6 初次投资项目行业分布（2003—2008年）

资料来源：笔者基于fDi Intelligence绿地投资和Dealogic并购投资数据库绘制。

（四）投资经验与区位风险关系复杂

目标国制度质量是企业海外投资中需要重点考察的区位因素。除了分布在制度质量普遍较高的发达国家和地区外，中国海外投资的八成到九成分布在发展中国家或地区，这些地区制度质量参差不齐，并且随着时间推移有较大程度的变化，进而影响中国企业的投资行为和结果。投资经验作为企业拥有的专有性、独占性无形资产，拥有不同投资经验的企业理应拥有更强的克服各类困难的能力，在目标国家的生存概率也大大提高。在面对不同水平的风险时，不同投资经验存量的企业理应表现出差异化的选择。

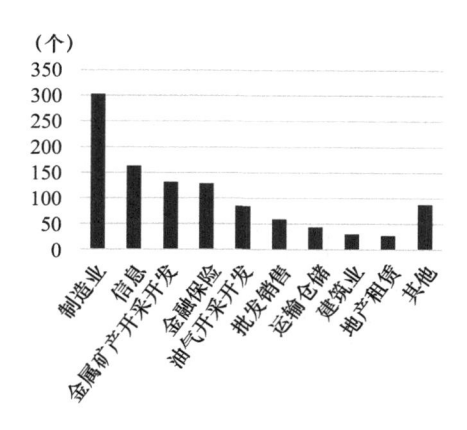

图 4-7 非初次投资项目行业分布（2003—2008 年）

资料来源：笔者基于 fDi Intelligence 绿地投资和 Dealogic 并购投资数据库绘制。

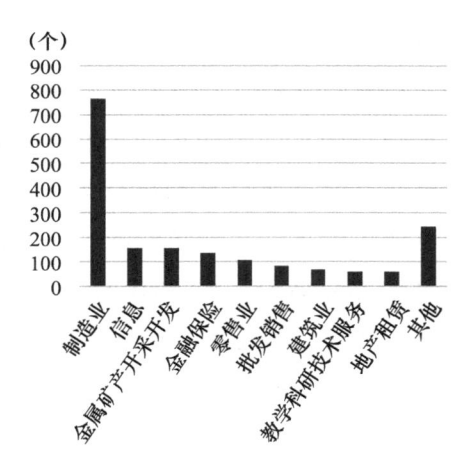

图 4-8 初次投资项目行业分布（2009—2017 年）

资料来源：笔者基于 fDi Intelligence 绿地投资和 Dealogic 并购投资数据库绘制。

由于任何投资项目都可以视作是某企业某次对外投资，我们可以对企业第 N 次投资所选择的东道国的风险进行比较分析，获得如下发现：一方面，随着企业对全球投资经验的增加或对区域（大洲）投资经验的增加，企业进入的东道国逐渐由低风险经济体转向高风险经济

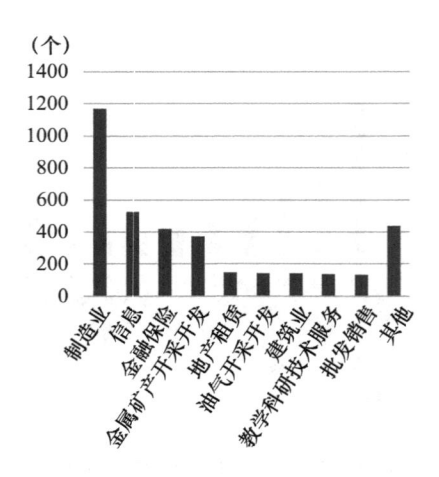

图 4-9 非初次投资项目行业分布（2009—2017 年）

资料来源：笔者基于 fDi Intelligence 绿地投资和 Dealogic 并购投资数据库绘制。

体。以世界治理指数六大指标的算术平均值衡量的风险来看，如果一笔投资是中国企业的初次国际投资，那么其选择的目标经济体风险会较低（制度质量平均得分较高，为 0.93），如果是初次进入某个新大洲，风险也会相对较低（制度质量平均得分为 0.90）。若一笔投资是中国企业的第 8 次或第 9 次及以上国际投资，其选择的目标经济体风险较高（制度质量平均得分降为 0.77 和 0.58）。若是企业第 8 次或第 9 次及以上进入同一个大洲，其选择的目标经济体风险也会相应升高（制度质量平均得分降为 0.71 和 0.53）。

另一方面，如果目标国风险逐渐降低，企业选择再次投资的概率上升。如果这笔投资是中国企业对该国的初次投资，那么企业似乎可以容忍被投资国家的平均风险水平略高（制度质量平均得分相对于前面的 0.93 和 0.90 而言较低，为 0.82）。如果这笔投资是中国企业第 8 次或第 9 次及以上对该国投资，企业对区位风险也越来越厌恶。换句话说，如果要追加投资，必然是在制度质量相对高的国家而不是在制度质量相对低的国家追加投资（制度质量平均得分是 1.28，显著高于前面的 0.77、0.71、0.58 和 0.53）。如果该东道国的风险在不断升高，那么中企很可能就不会在该国进行第 3 次或第 4 次及以上的投资了（见图 4-10）。

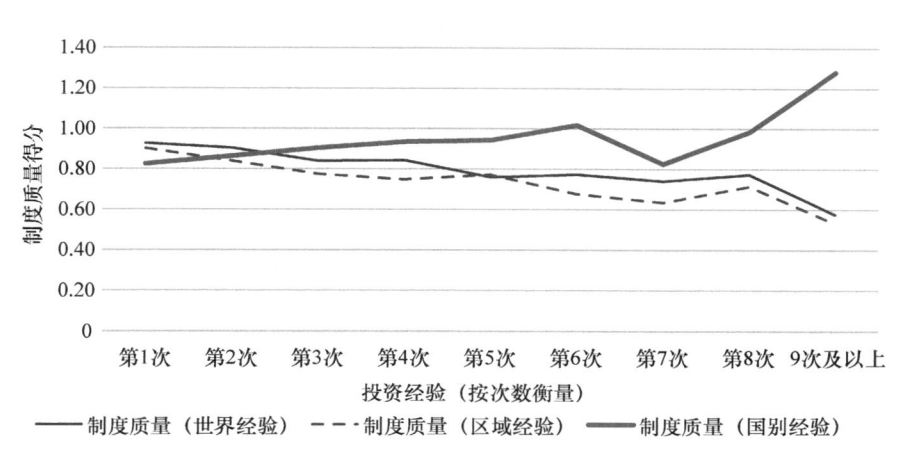

图 4-10 投资风险程度与投资经验关系

资料来源：笔者基于 fDi Intelligence 绿地投资和 Dealogic 并购投资数据库绘制。

为什么投资项目对风险的反应会呈现两种截然不同的态势呢？为什么企业世界投资经验或区域投资经验越丰富就对风险更加不敏感，而越是有更丰富的国别投资经验就会对风险更加敏感呢？笔者结合主要被投资目的地情况提出了一种可能的解释（见表 4-10）。一方面，企业最早进入的经济体一般都是制度质量好、风险低的经济体，包括：美国、英国、中国香港、澳大利亚、新加坡和德国等，随后企业才开始向发展中经济体拓展，因此进入的国家总体而言风险评分上会略高于发达国家，这是中国企业深化国际化进程的必然结果。另一方面，对于单个企业来说，认识东道国必然有一个经验积累的过程，需要企业通过真金白银的投资才能逐渐认识一个东道国的风险和收益，因此必然每一个企业都要积极尝试进入不同的东道国，哪怕这些东道国的风险比发达国家略高。如果企业投资以后发现部分高风险的东道国没有带来足够回报，那么企业必然不再投资该东道国，进而考察新的东道国。表现为，企业选择的区位风险随着世界经验/区域经验的增加而增加，但随着国别经验的增加而降低。

表4-10 企业历次国际化进程中最受欢迎的目的地（单位：项目数；个）

排名	第1次	第2次	第3次	第4次	第5次及以上
1	中国香港 592	美国 152	美国 73	美国 43	美国 178
2	美国 473	中国香港 147	中国香港 54	澳大利亚 28	中国香港 130
3	德国 349	澳大利亚 79	澳大利亚 37	中国香港 24	澳大利亚 128
4	澳大利亚 206	德国 53	英国 24	英国 17	印度 85
5	英国 142	英国 44	新加坡 23	新加坡 15	德国 80
6	新加坡 129	新加坡 37	德国 22	加拿大 14	英国 77

资料来源：fDi Intelligence、Dealogic。

（五）国有和民营企业的投资经验积累特征

中国国有企业是对外投资的主力。在国家相关部门开始对外公布对外投资流量和存量数据的2003年，国有企业的投资存量占比超过90%，随后逐年下降至低于50%（见图4-11）。与此同时，中国对外投资存量的八成至九成积累于发展中经济体，而这些经济体是通常意义上的高风险国家或地区。因此，有部分研究发现中国对外投资"偏好风险地区"、对制度质量欠缺的国家进行"资源掠夺"行为。[1]

巴克利等认为中国国有企业的预算软约束是造成投资与风险正相关的主要原因。[2] 这些预算软约束包括：较低的资金成本、较弱的经理人监管体系、较强的风险承受能力等。然而，自1994年国企改革至今，中国的国有企业改革已经进入"深水区"。国有企业早已是自

---

[1] Buckley, Peter J., L. Jeremy Clegg, Adam R. Cross, Xin Liu, Hinrich Voss, and Ping Zheng, "The Determinants of Chinese Outward Foreign Direct Investment", *Journal of International Business Studies*, Vol. 38, No. 4, 2007.

[2] Buckley, Peter J., L. Jeremy Clegg, Adam R. Cross, Xin Liu, Hinrich Voss, and Ping Zheng, "The Determinants of Chinese Outward Foreign Direct Investment", *Journal of International Business Studies*, Vol. 38, No. 4, 2007.

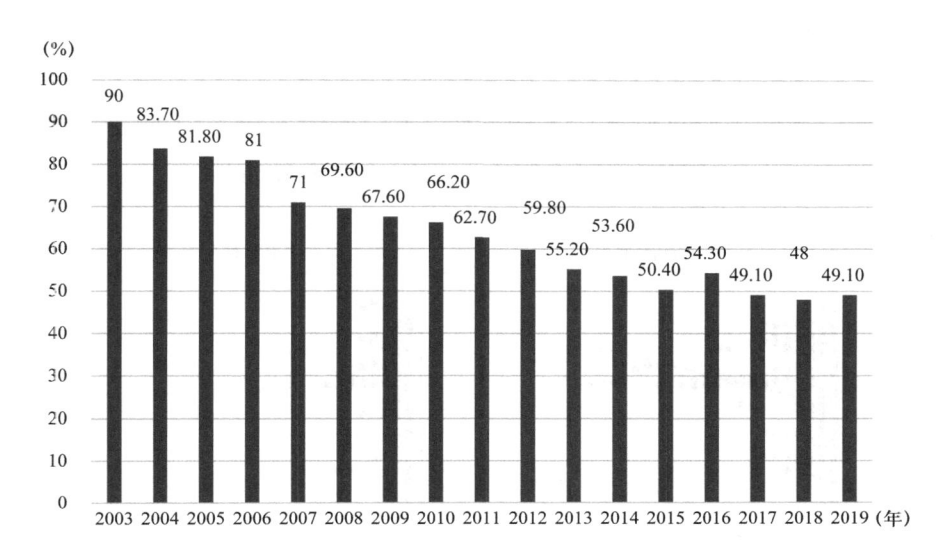

图 4-11 中国国有企业对外投资存量占比

资料来源：《中国对外直接投资统计公报》（2003—2019 年）。

负盈亏的实体，同样以利益最大化为其主要目标。国有企业虽然依然需要进入一些风险相对较高的国家，但是随着投资经验的增加，国有企业的区位选择和投资规模也必然会有变化。

第一看投资区位选择。不同类型的投资经验对于区位风险有不一样的影响。随着国别投资经验（ExpCn）的增加，不管是国有企业还是非国有企业都更加偏好政局风险更低的国家（PVE 数值越高，风险越小，见图 4-12）；然而随着区域投资经验的增加，国有企业依然会寻求风险更低的国家，但非国有企业则对于区位风险无显著偏好（见图 4-13）。随着世界总投资经验的增加，除了国有企业继续保持风险厌恶以外，非国有企业则更偏好制度质量不高的国家，符合既有文献中所谓的"风险偏好"异象（见图 4-14）。笔者推测，民营企业的异象之所以出现在全球投资经验而非国别投资经验上，很可能源于民营企业拓展市场的需求。因为发达国家市场竞争过于激烈，民营企业很难像国有企业一样通过雄厚的资金实力或研发实力打入，却可以像"小规模技术理论"预测的那样通过提供有特色、低成本的产品打入这些风险相对高的市场,由此造成区位风险与世界经验正相关、与国别经验负相关的现象。综合来看,投资经验对于企业的区位选择存在影响,并且对于不同所有制企业的影响存在异质性。

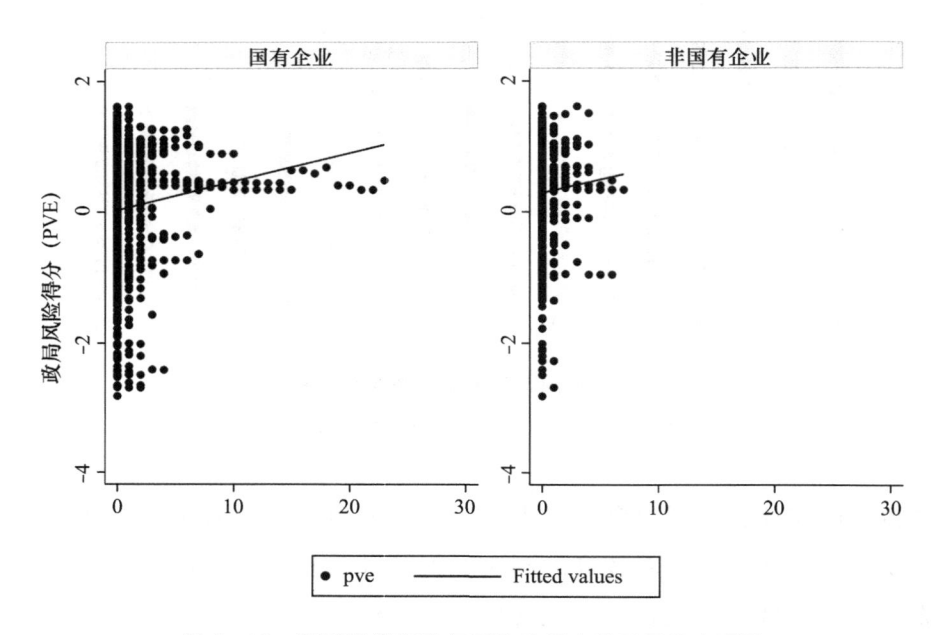

图 4-12 国别投资经验与区位选择中的政局稳定风险

资料来源:China Global Investment Tracker。

第二看投资规模选择。随着投资经验的增加,国有企业和非国有企业的投资规模都相应增加;从趋势上看,非国有企业投资规模的增长速度比国有企业的增长速度要快(见图 4-15、图 4-16 与图 4-17)。这可能说明民营企业在海外投资规模的选择上比国有企业更激进。一方面,民营企业规模普遍相对较小,能够实现海外投资已经实属不易,如果能够实现多次对外投资,那么一定是其领域内的头部企业,其盈利能力和生产效率都在其领域内位居顶尖;而国有企业可能确实在国内享受一定的政策优势,且投资效率没有民营企业高,因此在投资规模的选择上会相对保守。另一方面,民营企业受到的监管更

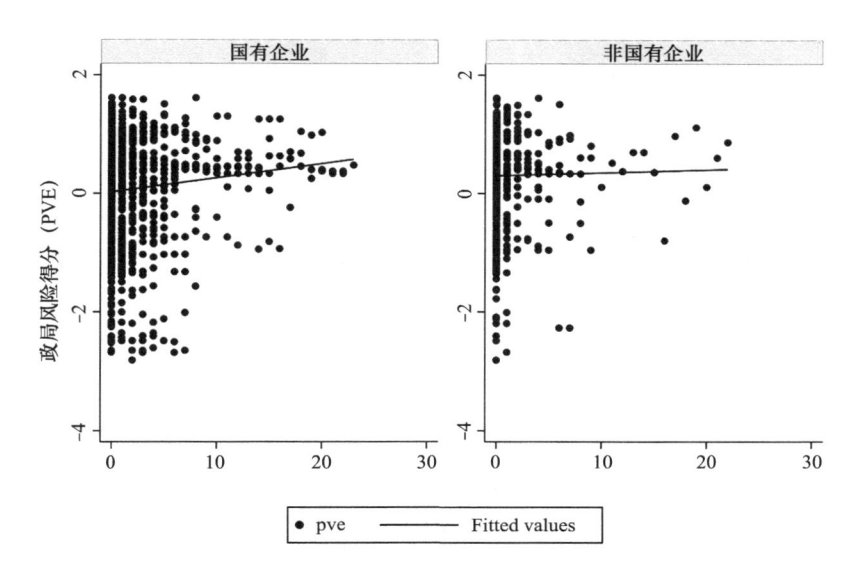

图 4-13　区域投资经验与区位选择中的政局稳定风险

资料来源：China Global Investment Tracker。

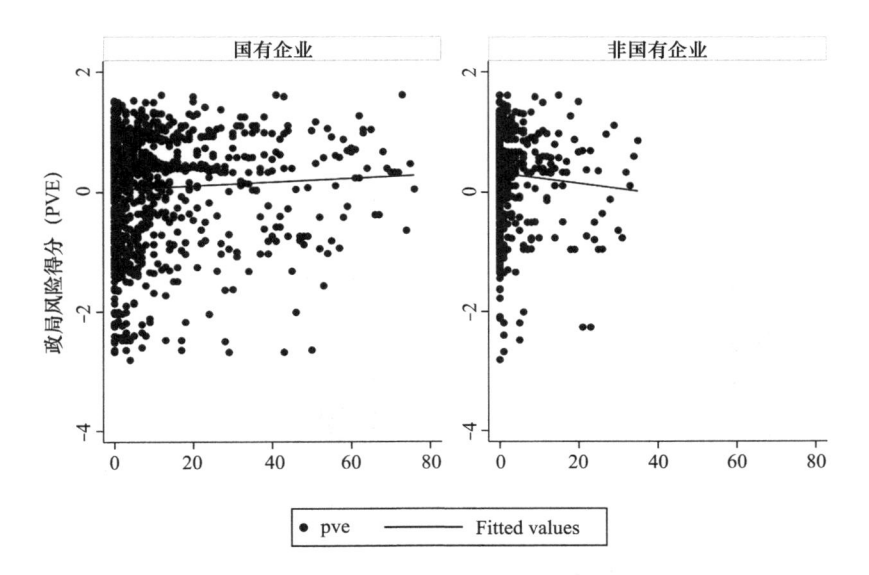

图 4-14　世界投资经验与区位选择中的政局稳定风险

资料来源：China Global Investment Tracker。

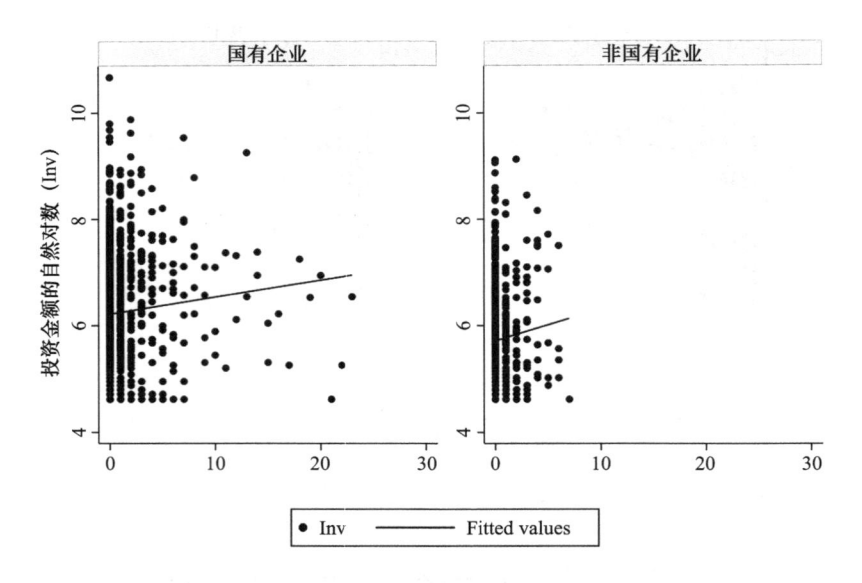

图 4-15 国别投资经验与投资规模

资料来源：China Global Investment Tracker。

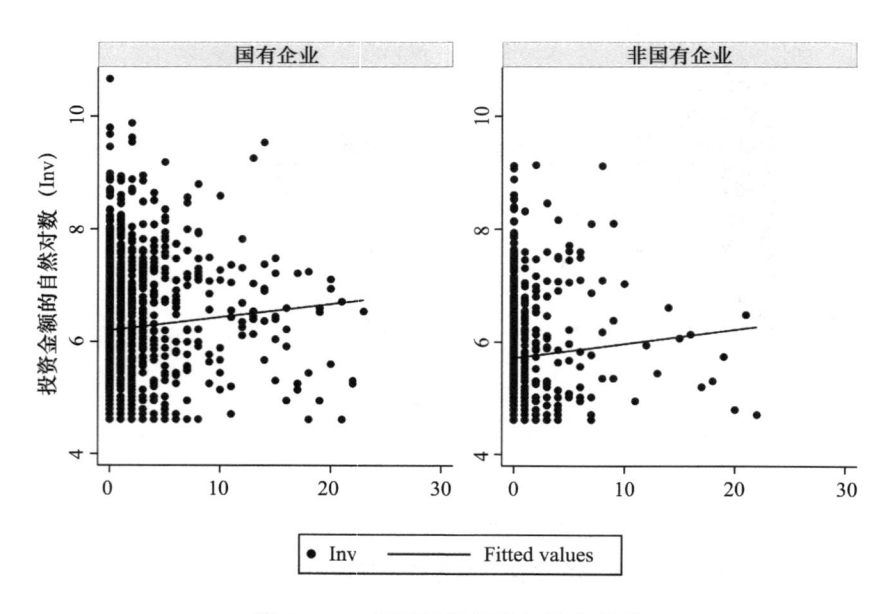

图 4-16 区域投资经验与投资规模

资料来源：China Global Investment Tracker。

第四章 中国企业对外投资经验衡量与现状

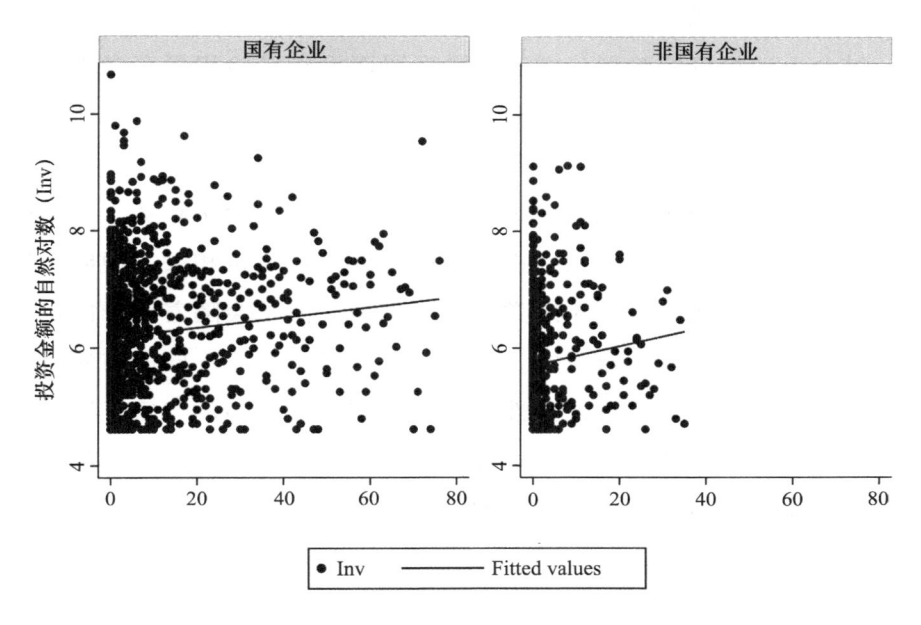

图 4-17 世界投资经验与投资规模

资料来源：China Global Investment Tracker。

少，国有企业受到监管更严格，即便投资经验增加，企业对东道国增加投资的信心更强，但国有企业的增量不如民营企业，体现出国有企业海外资产保值为主、增值为辅的理念。

第四节 小结

本章介绍了投资经验的衡量方法及其必要性，提出了六类主要投资经验划分方法。（1）按照来源地划分为：国别投资经验、区域投资经验、全球投资经验；（2）按进入模式划分为：绿地投资经验、褐地投资经验；（3）按行业关联划分为：相关行业投资经验、不相关行业投资经验；（4）按照项目成败划分为：成功投资经验、失败投资经验；（5）按照制度质量高低划分为：高制度质量国家投资经验、低制度质量国家投资经验；（6）按照替代学习划分为：同国别其他企业经验、同国别同市场其他企业经验。共计六大类十三种。

　　结合上述投资经验划分方法对微观层面投资经验积累存量现状及特征事实作了分析。有如下发现：第一，中国企业投资经验总体存量不足但是增速较快。第二，企业间投资经验存量差距大。第三，反映企业对国际投资通用认知的全球投资经验与区位风险正相关，但反映企业对特定东道国认知的国别投资经验与区位风险负相关。说明中国企业仍然在积极进入不同制度类型的东道国，但是会随着认知的加深更多地选择在安全的国家投资。第四，投资经验对于不同所有制企业的区位选择和投资规模有差异性影响。随着投资经验的丰富，国有企业持续保持风险厌恶，但是非国有企业可能出于拓展市场的目的在总投资经验增加以后呈现一定程度的投资激进行为。

第五章

投资经验对并购成败的影响

第一节 引论

本章基于倾向性得分匹配法检验投资经验对于投资成败的影响,并讨论不同类型的投资经验带来学习效应的异质性。学习曲线理论表明,一项任务越是被重复完成越容易被完成。并购投资作为企业国际化的一项重要商业活动,理应符合学习曲线理论的预测——随着企业国际化进程的加快和国际化水平的提高,企业越来越懂得规避并购投资中的各种障碍、降低各种交易成本、尊重交易各方的利益,最终并购完成的比例也越来越高。然而,针对这个假设,不同的研究有差异化的结论。比如,巴克马等人的研究发现国际并购带来学习效应;[1]而常(Chang)、罗森茨魏希(Rosenzweig)则发现决定企业初次对外投资的因素与企业后续对外投资的因素并不完全相同,这导致早期经验的借鉴性下降,这表明投资经验不具备学习效应。[2] 因此,需要较为严谨的实证研究来确定并购经验是否与并购结果存在因果关系。此

---

[1] Barkema, Harry G., Oded Shenkar, Freek Vermeulen, and H. J. Bell John, "Working Abroad, Working with Others: How Firms Learn to Operate International Joint Ventures", *The Academy of Management Journal*, Vol. 40, No. 2, 1997.

[2] Chang, Sea-Jin, and Philip M. Rosenzweig, "The Choice of Entry Mode in Sequential Foreign Direct Investment", *Strategic Management Journal*, Vol. 22, No. 8, 2001.

外，针对并购经验在国别、区域、制度层面的异质性是否引起学习效应差异还不曾得到完善回答，本章也对上述问题进行了分析。本章余下的结构如下：第二部分是文献分析和假设；第三部分是模型和数据；第四部分是实证结果；第五部分是稳健性分析；第六部分是小结。

第二节 文献分析与假设

一 并购经验的成败差异

组织学习是一个基于历史、目标导向和路径依赖的过程。[1] 企业从曾经的案例中将可能带来成功的惯例编码、融入企业的规章制度中，使得具体行为的操作者无论是否经历过之前的项目，都可以有相应的行为模式指导，从而避免以前已经犯过的错误，提高项目的成功率。从这个角度上来说，并购经验不论成败，都应该给予企业一定的启示，规避特定的错误，提高下次的并购成功率，即具备学习效应。成功的经验是已经被证明有效行为的总结，毫无疑问对于未来的并购有指导作用。柯林斯（Collins）等发现不管是国内经验还是国际经验都能显著提高下次并购成功率；[2] 迪科瓦（Dikova）等发现过去并购完成的经验与未来并购完成率正相关；[3] 范黎波等发现企业从自身经验学习的成效收益是线性的。[4]

然而，成功经验和失败经验带来的学习效应存在机制上的差异，

---

[1] Levitt, Barbara, and James G. March, "Organizational Learning", *Annual Review of Sociology*, Vol. 14, 1988.

[2] Collins, Jamie D., Tim R. Holcomb, S. Trevis Certo, Michael A. Hitt, and Richard H. Lester, "Learning by Doing: Cross-Border Mergers and Acquisitions", *Journal of Business Research*, Vol. 62, No. 12, 2009.

[3] Dikova, Desislava, Padma Rao Sahib, and Arjen van Witteloostuijn, "Cross-Border Acquisition Abandonment and Completion: The Effect of Institutional Differences and Organizational Learning in the International Business Service Industry, 1981–2001", *Journal of International Business Studies*, Vol. 41, No. 2, 2010.

[4] 范黎波等：《中国企业跨国并购学习效应的实证研究——经验学习和替代学习的视角》，《财贸经济》2016年第10期。

第五章　投资经验对并购成败的影响

差异体现在经验学习的潜力和企业决策过程中，最终导致两类经验的学习效应结果不同。从组织行为学的角度来说，组织决策者在遭遇成功和失败时的反应是存在显著差异的。对于成功，决策者们倾向于认为组织内部的知识是足够的，不需要进一步学习的；而对于失败，决策者们倾向于认为组织内部关于世界的认识是不足的，需要反思探讨出一个新的理解世界的模型来适应现在的需要。[1] 再比如，早期海外投资企业认识不到承担社会责任的要求，但部分企业在履行社区义务（关注弱势群体、保护当地民族多样性）以后，不仅使当前项目的运营得到保障，还增强了下次投资的信心。

失败的经验是已经被证明无效行为的集合，部分研究认为失败的经验同样可以帮助企业规避一些障碍。[2] 对于成功的经验，企业只需要简单地将之前的行为记录总结并在下次遇到类似情况时使用即可，但是对于那些没有达到预期目标的行为，企业更应采取一种更加谨慎的态度进行反思，会激发企业更努力地寻找问题的解决方法。[3] 除了能够激发深入思考，失败经验所包含的信息也比成功经验更多，更能够为企业理解上一个项目为什么失败提供线索。[4] 比如，鲍姆（Baum）、达林（Dahlin）研究了加拿大安大略护理院如何从命名决策

---

[1] March, James, and Herbert Simon, *Organizations*, Oxford: Wiley Organizations, 1958; Morris, Michael W., and Paul C. Moore, "The Lessons We (Don't) Learn: Counterfactual Thinking and Organizational Accountability after a Close Call", *Administrative Science Quarterly*, Vol. 45, No. 4, 2000.

[2] Chuang, You-Ta, and A. C. Baum Joel, "It's All in the Name: Failure-Induced Learning by Multiunit Chains", *Administrative Science Quarterly*, Vol. 48, No. 1, 2003.

[3] Chuang, You-Ta, and A. C. Baum Joel, "It's All in the Name: Failure-Induced Learning by Multiunit Chains", *Administrative Science Quarterly*, Vol. 48, No. 1, 2003; Lant, Theresa K., and Stephen J. Mezias, "An Organizational Learning Model of Convergence and Reorientation", *Organization Science*, Vol. 3, No. 1, 1992; Levitt, Barbara, and James G. March, "Organizational Learning", *Annual Review of Sociology*, Vol. 14, 1988.

[4] Madsen, Peter M., and Vinit Desai, "Failing to Learn? The Effects of Failure and Success on Organizational Learning in the Global Orbital Launch Vehicle Industry", *The Academy of Management Journal*, Vol. 53, No. 3, 2010; Sitkin, Sim B., and Amy L. Pablo, "Reconceptualizing the Determinants of Risk Behavior", *The Academy of Management Review*, Vol. 17, No. 1, 1992.

中进行失败经验的学习;[1] 麦德森（Madsen）和德赛（Desai）的结论也支持失败经验比成功经验带来更多学习效应，并且发现失败经验所蕴含的知识比成功经验所蕴含的知识边际收益下降得更慢。[2] 不可否认的是，不同于成功经验，失败经验内部的异质性更大。特别是早期的失败经验可能更能反映企业存在不足之处较多而不能反映企业学习成果的正向积累。因此在失败经验积累的早期，失败经验反映企业知识的"赤字"；而当这种异质性的失败经验积累足够多时，失败经验才能反映企业知识的"盈余"（此时与成功经验一致）。故提出：

假设5-1　成功并购经验提高并购完成率
假设5-2　失败并购经验降低并购完成率

二　并购经验的国别地区差异

同一区域的国家在制度文化上存在相似性，因此企业在同区域其他国家积累的并购经验可能带来学习效应。企业在并购一个新的东道国企业时，并购方是否拥有同区域其他国家的并购经验、经营经验会对当下并购交易产生影响。由于新东道国制度、文化、语言等影响并购成败的重要环境要素与母国（中国）存在较大差异，而文化制度差异是影响投资的重要影响因素。通常而言，制度、文化距离越大，并购完成率越低。[3] 因此，如果并购方企业拥有类似的制度文化知识，

---

[1] Baum, Joel A. C., and Kristina B. Dahlin, "Aspiration Performance and Railroads' Patterns of Learning from Train Wrecks and Crashes", *Organization Science*, Vol. 18, No. 3, 2007.

[2] Madsen, Peter M., and Vinit Desai, "Failing to Learn? The Effects of Failure and Success on Organizational Learning in the Global Orbital Launch Vehicle Industry", *The Academy of Management Journal*, Vol. 53, No. 3, 2010.

[3] 刘鼷、孟勇：《制度距离与我国企业海外并购效率》，《经济管理》2019年第12期；殷华方、鲁明泓：《文化距离和国际直接投资流向：S型曲线假说》，《南方经济》2011年第1期；綦建红、杨丽：《文化距离与我国企业OFDI的进入模式选择——基于大型企业的微观数据检验》，《世界经济研究》2014年第6期；潘镇：《制度距离与外商直接投资——一项基于中国的经验研究》，《财贸经济》2006年第6期；阎大颖：《制度距离、国际经验与中国企业海外并购的成败问题研究》，《南开经济研究》2011年第5期。

则可以显著增强自身在新东道国的竞争能力，提高并购完成率。马永远、江旭发现文化相似性有利于联盟中的企业传递和获取知识。[①] 张紫璇等也发现企业若增加与拥有文化相似性的企业交流，则会增强自身的竞争偏执。[②] 尽管上述研究的主要因变量是联盟管理实践，与本章主要因变量并购成败似乎无直接关系，但是可以将企业之前的并购看作一种特殊的"企业联盟"，并购方经历过这样的联盟后，从目标方处获得在该地区进行经营和投资的制度和文化知识，提高并购方"举一反三"的能力，从而提高在同区域其他国家的并购完成率。

由于并购经验包含的国别区域知识可能存在异质性，并购经验带来的学习效应也可能因经验性质（即经验来源）的不同而不同。左拉研究了美国银行业并购投资结果与经理人并购经验之间的关系，发现经理人事前的感觉与实际并购的结果呈现相反的关系。[③] 即经理人越是感觉成功，那么并购后的绩效越差。然而，如果将经理人的并购经验进行异质性区分，这种负向关系将会显著减弱。因此，并购经验包含了多维度的信息，不同维度上的信息会对并购结果产生影响，并影响并购经验的适用性。假设并购经验既包含国别维度信息，也包含区域维度信息，那么企业在特定国别的投资经验虽然能有效促进该企业在该国的并购投资完成率，但是不一定能给同区域别国的并购带来学习效应。故提出：

假设5-3 同区域其他国家并购经验无显著学习效应

[①] 马永远、江旭：《战略联盟伙伴间特征与联盟管理实践转移》，《管理科学》2014年第5期。

[②] 集群企业竞争偏执是指产业集群中的企业对市场上的竞争总是采取怀疑和警惕的态度。详见张紫璇等《文化相似性对集群企业竞争偏执的影响——网络中心性的调节和知识整合能力的中介作用》，《软科学》2020年第34卷第10期。

[③] Zollo, Maurizio, "Superstitious Learning with Rare Strategic Decisions: Theory and Evidence from Corporate Acquisitions", *Organization Science*, Vol. 20, No. 5, 2009.

三 并购经验与制度文化差异

除了地理位置带来的投资经验适用性扩大外,制度质量上的相似性也可能带来投资经验适用性扩大可能。

一方面,企业对外并购会遇到各类问题,其中有一些问题会在高制度质量的国家集中出现,而另一些问题则在低制度质量国家共同出现。高制度质量国家通常立法完善、执法机构健全,这虽然为并购投资创造了良好的产权保护体系,但可能矫枉过正,政府和相关机构对于并购双方的合法性审查标准高、时间长。如果审查或者调查的时间过长,那么并购成功的其他关键条件可能发生变化(比如原材料价格的大幅度上涨、并购方现金流断裂、并购或目标方所在国出台政策禁止某一行业的并购,等等),最终导致并购无法完成。在这种情况下,虽然目标所在国的政府和执法机构的审查不是并购失败的直接原因,但却负有不可推卸的责任。由于高制度质量国家存在这样的共性问题,那么如果企业在某个国家经历过类似的问题后,在另外一个国家就能更好地预防和处理这个风险。类似地,低制度质量国家也存在共性问题。

另一方面,制度质量与意识形态国家的分布存在相关性。制度质量较好的国家以西方资本主义国家为主,这些国家给予市场经济、私有企业更重要的资源配置地位,并且倾向于认为政府和国有企业无法实现最优的资源配置,也无法实现帕累托最优。故提出:

假设5-4:企业在高(低)制度质量国家积累的投资经验正向促进未来在高(低)制度质量国家的并购完成率

第三节 模型与数据

一 模型

由于不同交易细节、并购企业自身条件、当时的经济环境等重要因素存在固有差异，直接比较有经验企业（组）和无经验企业（组）平均并购完成率是否存在显著差异并不严谨。因此，本章采用倾向性得分匹配法（Propensity Score Matching，下文简称"PSM"）构建反事实框架进行分析，[1] 主要分为如下步骤：

第一步：确定处理变量 T。如果企业有成功并购经验，则 T = 1，否则 T = 0。y_{1i} 和 y_{0i} 分别表示个体 i 在有经验和无经验情况下的并购成败结果 (5-1)。很显然，对于样本（项目）而言，我们只能观察到一种状态，要么有经验、要么无经验。我们需要分析一项举措、政策（比如历史投资经验）对于并购是否有影响，应该比较"期望处理效应"（Average Treatment Effect，ATE）(5-2)。然而，在实际政策处理的过程中，企业是否参加某项政策、是否进行某种活动不是随机的，因此企业是否选择 T 与 i 有关，这样就导致 ATE 的结果不一定最适用。另一种方法是比较"参与者平均处理效应"（Average Treatment Effect on the Treated，ATT）(5-3)，因此一项政策最终能否使参与者获益取决于参与者 i 实际的毛收益。可以证明，在不存在选择偏差的情况下，ATE = ATT。类似地，可以定义"非参与者平均处理效应"（Average Treatment Effect on the Untreated，ATU）(5-4)。

第二步：确定协变量 X。协变量的选择标准是尽可能地包含最多的影响结果 y 和处理效应 T 的变量，由此保证可忽略性假定（Ignorability）的满足，否则将引起偏差。[2] 在本章中，笔者选择了微观、中观和宏观三个层面的协变量，具体见下一小节的变量展示。

第三步：估计倾向得分 p。一般而言，如果变量较多而观察值较少，意味着信息维度较高，精确匹配比较困难。此时可以选择将高维

---

[1] 匹配的方式有多种，包括：随机分组、依可测变量分组、匹配估计量和倾向得分匹配。其中，前三种方法均不可行，理由分别是：经验有无与企业是否被观察到相关；不能确保不存在遗漏变量问题；变量较多，无法精确匹配。

[2] 可忽略性假定的定义是：给定 x_i，则（$y_{0,i}, y_{1,i}$）对于 T_i 的影响基本可以忽略。可忽略性也可称为"无混淆性"（Unconfoundedness）。

信息压缩到一维，这样匹配的结果较好。罗森鲍姆（Rosenbaum）和鲁宾（Rubin）提出可以使用倾向得分（Propensity Score）的方法匹配处理组和对照组。① 这种方法为每一个观察值计算其进入处理组的概率 $P(T_i = 1 \mid x)$，简记 $p(x)$ 然后根据 $p(x)$ 进行匹配。本章采用 Probit 模型估计倾向性得分 $p(x)$。

第四步：进行倾向得分匹配并检验数据匹配效果。匹配后，处理组与对照组 X 均值分布应该比较均匀（数据平衡）。为了平衡 X 各分量之间单位差距，一般需要将两组差异进行标准化处理后比较，以分量 x_m 为例，该分量的标准化差距如（5-5）所示，一般这个标准化差距不超过 10%。②

第五步：根据匹配后的结果计算处理效应 $\widehat{ATT}$、$\widehat{ATU}$、$\widehat{ATE}$。在本案例中，由于样本观察值之间的倾向性得分差距较大，因此更适合采用近邻匹配的方法，而不宜采用马氏距离的匹配方法。故 $\widehat{ATT}$、$\widehat{ATU}$、$\widehat{ATE}$ 的计算以近邻匹配为例。

$$y_i = \begin{cases} y_{1i}, & \text{若} T_i = 1 \\ y_{0i}, & \text{若} T_i = 0 \end{cases} \qquad (5-1)$$

$$ATE \equiv E(y_{1i} - y_{0i}) \qquad (5-2)$$

$$ATT \equiv E(y_{1i} - y_{0i} \mid T_i = 1) \qquad (5-3)$$

$$ATU \equiv E(y_{1i} - y_{0i} \mid T_i = 0) \qquad (5-4)$$

$$\frac{[\overline{X_{treated}} - \overline{X_{control}}]}{\sqrt{S_{x,treated}^2 - S_{x,control}^2}/2} \qquad (5-5)$$

$$\widehat{ATT} \equiv \frac{1}{N} \sum_{i:T_i=1} (y_{1i} - \widehat{y_{0i}}) \qquad (5-6)$$

---

① Rosenbaum, Paul R., and Donald B. Rubin, "Constructing a Control Group Using Multivariate Matched Sampling Methods that Incorporate the Propensity Score", *The American Statistician*, Vol. 39, No. 1, 1985.

② 陈强：《高级计量经济学及 Stata 应用》（第二版），高等教育出版社 2014 年版。

$$\widehat{ATU} \equiv \frac{1}{N} \sum_{i;T_i=0} (\widehat{y_{1i}} - \widehat{y_{0i}}) \qquad (5-7)$$

$$\widehat{ATE} \equiv \frac{1}{N} \sum_{i=1}^{N} (\widehat{y_{1i}} - \widehat{y_{0i}}) \qquad (5-8)$$

二 变量

因变量 Result：哑变量，并购完成或不完成。并购完成的标准是是否完成股权交割，该变量根据 Zephyr 提供的交易状态得到。严格来讲，对于特定时间点的观察，并购并没有严格的成功或者不成功。并购交易比较复杂，涉及财务工具、利益相关方的谈判、法律法规适用、股权交割方法等一系列问题，因此从项目宣布到项目最终结果产生经历的时间跨度很长。因此在 A 时间节点进行观察与在 B 时间节点观察可能会得到不一样的结果。从严谨的角度来说，笔者剔除了待定项目，保留了大量的确定完成项目和比较确定不能完成的项目。

处理变量 ExpT：哑变量，企业是否有在该国的成功并购经验 ExpCSN。如果有则为 1，否则为 0。除了国别成功并购经验外，笔者还将其他经验变量作为替代性指标来进行稳健性检验。具体包括：国别失败经验 ExpCFN、区域成功经验 ExpRSN、区域失败经验 ExpRFN、低制度质量国家经验 ExpLN、高制度质量国家经验 ExpHN。

协变量包括企业层面、行业层面和国家层面等。

a）国家层面协变量：

制度 wgi：采用世界银行世界治理指标（World Governance Indicators）衡量。世界治理指标为其数据库中每一个国家和地区提供六大制度质量衡量指标，分别是腐败控制（Control of Corruption，cce）、政府效率（Government Effectiveness，gee）、政局稳定（Political Stability and Absence of Violence，pve）、监管质量差异（Regulatory Quality，rqe）、法治程度差异（Rule of Law，rle）以及话语和问责程度差异（Voice and Accountability，vae）。这六大制度质量指标被广泛用来衡

量国别制度水平和国别间相对制度差异,① 并且腐败控制这一重要制度指标常常被用作风险指标的替代变量,另一个常被用来作为风险替代的子指标是"政局稳定"。除了世界治理指标可以作为东道国风险的衡量以外,其他可以衡量一国风险的指标还包括：国际国别风险评级指南机构的国别风险（ICRG, International Country Risk Guide）、经济学人信息社（EIU, Economist Intelligence Unit）的国别风险指标、环球透视（GI, IHS Global Insight）以及中国社会科学院世界经济与政治研究所发布的《中国海外投资国家风险评级》等。但上述数据库存在的主要问题是国家和地区覆盖不全,而这些国家或地区的缺失可能不是随机的,这会导致结果有偏差。

东道国经济总量 LnHgdp 衡量东道国市场规模,是常用的控制变量。②

年份哑变量 year：控制全球宏观经济趋势。

b) 行业层面协变量：

行业匹配度 IndMat2：衡量收购企业和被收购企业的行业类别是否相同。变量根据目标企业与并购企业的主营业务北美行业分类标准（NAICS 2017）六位码前两位比较得来。如果相同则变量为 1,否则为 0。

行业分类变量 Indcd,控制行业大类,是北美行业分类标准六位码的前两位。

c) 企业层面协变量：

国内并购经验 ExpD：企业在国内是否有并购,如有则为 1,否则为 0。

---

① 蒋冠宏、蒋殿春：《中国对外投资的区位选择：基于投资引力模型的面板数据检验》,《世界经济》2012 年第 9 期。

② 蒋冠宏、蒋殿春：《中国对外投资的区位选择：基于投资引力模型的面板数据检验》,《世界经济》2012 年第 9 期；王永中：《"一带一路"沿线国家投资风险分析及政策建议》,《中国财政》2017 年第 16 期；周经、刘厚俊：《制度环境、公司战略导向与中国 OFDI 模式选择——基于中国微观企业数据的研究》,《世界经济与政治论坛》2017 年第 6 期；Buckley, Peter J., L. Jeremy Clegg, Adam R. Cross, Xin Liu, Hinrich Voss, and Ping Zheng, "The Determinants of Chinese Outward Foreign Direct Investment", Journal of International Business Studies, Vol. 38, No. 4, 2007。

项目金额 LnInv：并购项目金额的自然对数。

收购股权比例 Share：收购股份占被收购企业股份的比例，0—1之间。

收购企业总资产 LnAqTolAst：收购企业最接近收购日期的总资产的自然对数。

收购企业上市与否 AqLst 和被收购企业上市与否 TgLst：均为哑变量。如果上市则为1，否则为0。

三 数据

并购数据来源：Zephyr 全球并购交易分析库。由以下几个子部分组成：并购交易基本信息、项目法律和行业信息、合作机构信息/咨询公司等、项目被报道的情况、收购和被收购公司财务信息、项目日期数据。由于原始数据记录的绝大部分是境内并购项目，剔除了国内并购观察值后，样本数量为1363个（见表5-1）。共线性检验结果显示（见表5-2），各变量之间不存在严重的共线性问题，相关系数最大值是国内并购经验及其二次项的相关系数（0.99）；然后是国内并购经验及其二次项（0.836）。综上，在检验过程中，上述存在共线性的变量不会同时进入方程。

表5-1 描述性统计

Variable	Obs	Mean	Std. Dev.	Min	Max
Result	1363	0.947	0.224	0	1
ExpCSN	1363	0.348	1.212	0	15
ExpCFN	1363	0.011	0.104	0	1
ExpRSN	1363	1.504	3.482	0	34
ExpRFN	1363	0.032	0.200	0	3
ExpHN	1363	0.494	1.276	0	11
ExpLN	1363	0.544	1.526	0	15

续表

Variable	Obs	Mean	Std. Dev.	Min	Max
ExpD	1363	0.612	0.487	0	1
ExpDN	1363	0.931	0.934	0	3.829
LnInv	1363	16.837	3.110	0	22.958
Share	1363	0.585	0.394	0	1
IndMat2	1363	0.481	0.499	0	1
LnAqTolAst	1363	2.089	0.408	0	2.805
AqLst	1363	0.583	0.493	0	1
TgLst	1363	0.227	0.419	0	1
LnHgdp	1363	13.054	2.289	6.690	16.841
cce	1363	1.125	0.924	-1.383	2.391
gee	1363	1.229	0.754	-1.626	2.437
pve	1363	0.567	0.696	-2.603	1.615
rle	1363	1.117	0.810	-1.539	2.046
rqe	1363	1.233	0.796	-1.623	2.261
vae	1363	0.714	0.704	-2.103	1.692
wgi	1363	0.997	0.710	-1.500	1.862

第四节 实证结果

一 描述性统计

样本平均完成率为94.72%，其中有国别成功并购经验的企业并购完成率为96.12%，无国际并购经验的企业并购完成率为94.43%。有经验的企业国际并购完成率略高于无经验的企业约1.69%（见表5-3）。T检验的结果也显示，有经验的企业并购完成率比没有经验的企业并购完成率高2.84%，但不显著。因此T检验的结果无法回答并购经验的有无是否影响了并购完成率（见表5-4）。需要注意的

第五章 投资经验对并购成败的影响

表 5-2 共线性检验

	Result	ExpCSN	ExpCFN	ExpRSN	ExpRFN	ExpHN	ExpLN	ExpD	ExpDN	LnInv	Share	LnInv	LnAqToIAst	AqLst	TgLst	LnHgdp	wgi
Result	1																
ExpCSN	0.038	1															
ExpCFN	-0.132	-0.013	1														
ExpRSN	-0.024	0.330	0.011	1													
ExpRFN	-0.126	-0.037	0.545	0.160	1												
ExpHN	-0.009	0.331	0.036	0.199	0.041	1											
ExpLN	0.000	0.661	0.096	0.292	0.132	0.272	1										
ExpD	-0.047	-0.010	0.012	0.236	0.061	0.112	0.050	1									
ExpDN	-0.059	-0.023	0.022	0.413	0.107	0.124	0.108	0.795	1								
LnInv	-0.142	0.072	0.100	0.072	0.111	0.162	0.213	0.107	0.170	1							
Share	-0.016	-0.195	-0.015	-0.005	-0.009	-0.109	-0.175	0.020	-0.016	-0.105	1						
LnInv	-0.142	0.072	0.100	0.072	0.111	0.162	0.213	0.107	0.170	1.000	-0.105	1					
LnAqToIAst	-0.038	0.201	0.075	0.169	0.087	0.273	0.305	0.202	0.257	0.458	-0.207	0.458	1				
AqLst	0.013	-0.161	-0.011	0.083	0.010	-0.091	-0.201	0.257	0.287	-0.171	0.161	-0.171	-0.042	1			
TgLst	-0.052	0.155	0.027	-0.001	0.000	0.094	0.149	-0.058	-0.014	0.137	-0.550	0.137	0.164	-0.181	1		
LnHgdp	0.004	-0.025	0.003	-0.020	0.017	0.069	-0.022	-0.001	0.021	-0.055	0.095	-0.055	-0.105	0.082	-0.164	1	
wgi	0.023	-0.021	-0.010	-0.051	-0.024	0.015	-0.152	0.024	0.002	0.014	-0.142	0.014	-0.013	0.001	0.074	0.213	1

是，T 检验并不能控制企业其他异质性因素的影响，而其他因素很可能影响了企业是否有投资经验，也同时影响了该笔并购是否成功，因此 T 检验结果无法给出决定性结论，不能回答投资经验对于并购完成与否的净影响。

表 5 - 3   项目成败情况

	完成项目	未完成项目	有经验的项目		无经验的项目	
			完成项目	未完成项目	完成项目	未完成项目
数量（个）	1291	72	223	9	1068	63
占比（%）	94.72	5.28	96.12	3.88	94.43	5.57

表 5 - 4   T 检验

Group	Obs	Mean	Std. Err.	Std. Dev.	[95% Conf. Interval]	
0	1131	0.9443	0.0068	0.2394	0.9309	0.9577
1	232	0.9612	0.0127	0.1935	0.9362	0.9862
Combined	1363	0.9472	0.0060	0.2238	0.9353	0.9591
Diff		-0.0284	0.0139		-0.0453	-0.0114
diff = mean（0）- mean（1）					t = -1.1726	
Ho: diff = 0		Satterthwaite's degrees of freedom = 377.027				
Pr（T < t）= 0.1209		Pr（|T| > |t|）= 0.2417			Pr（T > t）= 0.8791	

二 匹配效果检验

本章采用卡尺内匹配法对处理组和对照组数据进行匹配。卡尺距离为倾向性得分（Pscore）标准差的四分之一，约等于 0.036。图 5 - 1 显示了匹配前后偏差绝对值的分布特征。可以看到，所有变量的偏差值在匹配后均大幅减小（见表 5 - 5）。处理组和对照组的匹配变量差异绝对值均在 10% 以内，多数变量在匹配前后的差异由显著变为不显著。

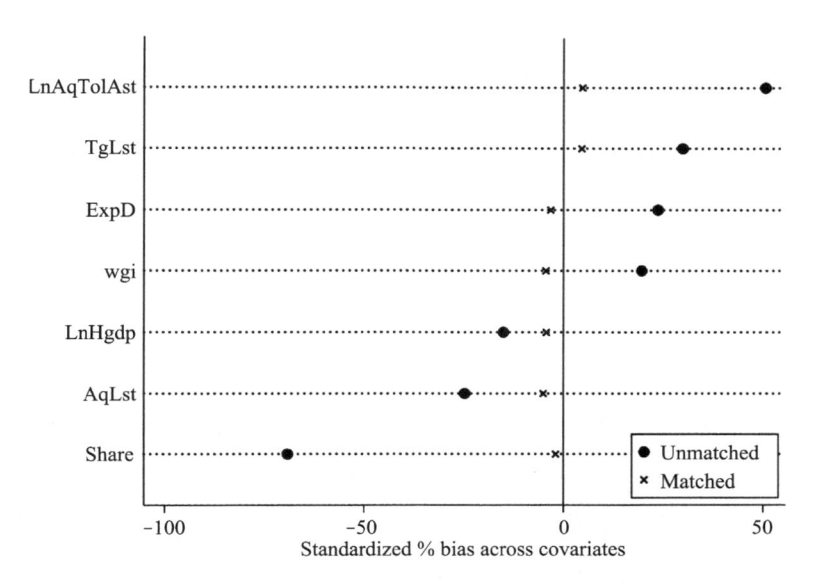

图 5-1　匹配变量标准化偏差

表 5-5　　　　　　　　　数据平衡检验

Variable	Unmatched Matched	Mean Treated	Mean Control	% bias	% reduct bias	t-test t	t-test p>t	V(T)/V(C)
ExpD	U	0.7069	0.5945	23.7		3.20	0.001	
	M	0.7069	0.7222	-3.2	86.4	-0.36	0.716	
Share	U	0.3637	0.6265	-69.2		-9.51	0.000	0.96
	M	0.3637	0.3711	-2	97.2	-0.22	0.826	1.15
LnAqTolAst	U	2.2501	2.0558	50.6		6.64	0.000	0.71*
	M	2.2501	2.232	4.7	90.7	0.58	0.565	1.14
AqLst	U	0.4784	0.6009	-24.7		-3.44	0.001	.
	M	0.4784	0.5035	-5.1	79.5	-0.54	0.590	.
TgLst	U	0.3405	0.2082	29.9		4.36	0.000	.
	M	0.3405	0.3204	4.5	84.9	0.46	0.647	.

续表

Variable	Unmatched	Mean		% reduct		t - test		V(T)/
	Matched	Treated	Control	% bias	bias	t	p > t	V(C)
LnHgdp	U	12.756	13.106	-15		-2.11	0.035	1.11
	M	12.756	12.855	-4.3	71.6	-0.45	0.651	1.03
wgi	U	1.1042	0.9750	19.6		2.53	0.012	0.63*
	M	1.1042	1.1333	-4.4	77.5	-0.54	0.593	0.96

注：*表示方差比在［0.86；1.17］（匹配前）或［0.86；1.17］（匹配后）之外。

三 处理效应分析

企业全球成功并购经验（ExpSN）带来显著正向学习效应（表5-6 Panel A 右侧"匹配后"一列）。有成功并购经验的企业更可能在下一次并购投资中获得成功，完成率相对高42.5%（对应采用平均制度质量的匹配结果），这一数值远远大于 T 检验得到的并购完成率之差（-2.1%），说明如果不剔除其他因素的影响，我们会大大低估成功经验对并购完成率的影响。并购能否成功受到东道国制度的影响较大，但是制度的不同方面对于并购投资的影响是不一样的，因此在匹配中采用不同的制度质量指标进行一定程度的稳健性检验。[1] 具体来看，采用政局稳定匹配得到的 ATT 为43.2%，T 值为7.01，在1%水平下显著；采用民主言论匹配得到的 ATT 为40.9%，T 值为6.73，同样在1%水平下显著；采用其他制度质量匹配得到的 ATT 结果介于两者之间，且总体而言差异不大。

---

[1] 以世界治理指数提供的六大制度质量衡量指标——腐败控制来说，腐败控制得越好，负责处理企业并购事务的官员在股权转移方面就越遵守法律，倘若并购过程存在纠纷，利益相关方都可以向政府及其附属机构申请调解和仲裁，而不是选择贿赂相关政府官员。再以政府效率为例，政府效率能大大缩短企业并购各项手续需要的时间，能够极大地降低买卖双方的风险头寸。再比如，政局稳定对于大型并购项目的稳步推进至关重要。如果东道国政府发生政变使得"左右翼"势力权力交接，那么并购会遭遇审批的推迟和意料之外的变数。

表 5-6　　　　　　　　　　成功和失败经验的学习效应

Panel A 处理组进入标准：企业国际投资中成功经验大于等于 1 次									
制度质量类别	匹配前				匹配后			
	处理组	对照组	差值	T 值	处理组	对照组	ATT	T 值
腐败控制	0.941	0.961	-0.021	-1.52	0.948	0.520	0.428***	7.05
政府效率					0.945	0.528	0.418***	6.79
政局稳定					0.952	0.520	0.432***	7.01
监管质量					0.947	0.518	0.429***	6.68
法治程度					0.942	0.531	0.411***	6.77
民主言论					0.946	0.538	0.409***	6.73
平均制度质量					0.952	0.527	0.425***	6.91

Panel B 处理组进入标准：企业国际投资中失败经验大于等于 1 次									
制度质量类别	匹配前				匹配后			
	处理组	对照组	差值	T 值	处理组	对照组	ATT	T 值
腐败控制	0.866	0.954	-0.088***	-3.92	0.850	0.907	-0.057	-1.36
政府效率					0.848	0.899	-0.050	-1.17
政局稳定					0.851	0.902	-0.050	-1.16
监管质量					0.848	0.914	-0.066	-1.51
法治程度					0.848	0.916	-0.067	-1.56
民主言论					0.848	0.911	-0.062	-1.39
平均制度质量					0.850	0.902	-0.052	-1.23

注：*** 表示 1% 显著性水平。

企业全球失败经验不带来学习效应（见表 5-6 Panel B 右侧 "匹配后" 一列），全球失败并购经验对于下一次并购成败影响不显著，ATT 为 -5.2%（对应采用平均制度质量的匹配结果），但无法通过 T 检验。具体来看，采用政局稳定匹配得到的 ATT 为 -6.7%，T 值为 -1.56，不显著，是 T 值绝对值最大的情形。这个结果与庄（Chuang）和乔尔（Joel）的 "失败经验也能够带来学习效应" 的结论不符，也与贾镜渝、孟妍 "只有失败经验能够带来学习效应" 的结论不符，但可能与范黎波等发现的 "跨国并购失败经验的学习曲线为正 U 形"的结论一致。① 为了验证失败经验的学习效应是否符合 U 形曲线，笔者建立二值选择模型将国别失败经验的二次项放入回归方程中检验。结果显示，失败经验二次项的系数虽然为正，但是系数均不显著，无法通过检验。为节约篇幅，暂不汇报。

综上所述，成功的并购经验带来正向的学习效应，但失败的并购经验无法带来学习效应。假设 5-1 成功并购经验提高并购完成率得到验证，假设 5-2 失败并购经验降低并购完成率得到验证。

四 稳健性检验

（一）同国别成功和失败并购经验

为了验证并购投资成功经验的稳健性，笔者将进入处理组的衡量标准替换为：企业是否在同国家（非目标公司所在国）有过成功的并购投资（ExpCSN）或失败的并购投资（ExpCFN），如果有，则为 1；否则为 0。

结果显示，国别成功经验显著提高了并购完成率，ATT 为 3.5%（对应采用平均制度质量的匹配结果），在 5% 水平下显著（见表 5-7 右侧"匹配后"一列）。国别失败经验对于并购完成率无显著影响，ATT 在 -24.3% 到 -14.3% 之间波动，除了采用监管质量匹配的结果勉强在 10% 水平下通过 T 检验外，其余结果均不能通过检验。综上，特定国别的失败并购经验不能带来学习效应，与企业总失败经验的结果保持一致。

此结果也说明，国别成功经验中蕴含的针对东道国的特定知识是企业克服交易障碍的一大推动因素。

---

① Chuang, You-Ta, and A. C. Baum Joel, "It's All in the Name: Failure-Induced Learning by Multiunit Chains", *Administrative Science Quarterly*, Vol. 48, No. 1, 2003；贾镜渝、孟妍：《经验学习、制度质量与国有企业海外并购》，《南开管理评论》2022 年第 3 期；范黎波等：《中国企业跨国并购学习效应的实证研究——经验学习和替代学习的视角》，《财贸经济》2016 年第 10 期。

表 5-7　　　　　　　　　同国别经验的学习效应

Panel A 处理组进入标准：企业国际投资中成功经验大于等于 1 次								
制度质量类别	匹配前				匹配后			
	处理组	对照组	差值	T 值	处理组	对照组	ATT	T 值
腐败控制	0.961	0.943	0.018	1.12	0.961	0.926	0.035**	2.07
政府效率					0.961	0.925	0.036**	2.12
政局稳定					0.961	0.929	0.032*	1.89
监管质量					0.961	0.927	0.034**	2.02
法治程度					0.961	0.925	0.037**	2.19
民主言论					0.961	0.927	0.034**	2.04
平均制度质量					0.961	0.926	0.035**	2.09

PanelB 处理组进入标准：企业同国别投资中失败经验大于等于 1 次								
制度质量类别	匹配前				匹配后			
	处理组	对照组	差值	T 值	处理组	对照组	ATT	T 值
腐败控制	0.667	0.940	-0.274***	-4.29	0.667	0.852	-0.186	-1.40
政府效率					0.667	0.857	-0.190	-1.44
政局稳定					0.667	0.818	-0.151	-1.12
监管质量					0.667	0.910	-0.243*	-1.81
法治程度					0.667	0.852	-0.185	-1.39
民主言论					0.667	0.810	-0.143	-1.07
平均制度质量					0.667	0.848	-0.181	-1.36

注：*，**，*** 分别表示 10%，5% 和 1% 显著性水平。

(二) 区域内其他国家成功和失败并购经验

为了验证并购投资成功经验的稳健性，笔者将进入处理组的衡量标准替换为：企业是否在同区域其他国家（非目标公司所在国）有过成功的并购投资，如果有，则为 1；否则为 0。

结果显示，区域并购成功经验对于并购完成率无显著影响（见表 5-8 右侧"匹配后"一列）。ATT 在 1.5% 到 2.3% 之间波动（根据所选用东道国制度控制变量的不同而不同）。区域失败经验的 ATT 在 -15.0% 到 -17.3% 之间，全部在 5% 水平下通过 T 检验。综上，失败并购经验由于本身不能带来学习效应。失败经验中包含的信息与成功经验中包含的信息存在差异，失败经验可能更多反映了企业在某些非国别属性知识方面的"赤字"——比如国际商务经验不足、自身技术实力不足等。因此，假设5-3同区域其他国家并购经验无显著学习效应得到验证。

表5-8　　　　　　　　　区域经验的学习效应

Panel A 处理组进入标准：企业同区域投资中成功经验大于等于1次									
制度质量类别	匹配前				匹配后			
	处理组	对照组	差值	T值	处理组	对照组	ATT	T值
腐败控制	0.948	0.947	0.001	0.07	0.947	0.931	0.016	1.07
政府效率					0.947	0.928	0.019	1.26
政局稳定					0.947	0.930	0.017	1.19
监管质量					0.947	0.928	0.019	1.29
法治程度					0.947	0.932	0.015	1.03
民主言论					0.948	0.924	0.023	1.45
平均制度质量					0.947	0.931	0.016	1.10

PanelB 处理组进入标准：企业同区域投资中失败经验大于等于1次									
制度质量类别	匹配前				匹配后			
	处理组	对照组	差值	T值	处理组	对照组	ATT	T值
腐败控制	0.769	0.935	0.178	-4.59	0.784	0.935	-0.152**	-2.13
政府效率					0.763	0.933	-0.169**	-2.30
政局稳定					0.784	0.934	-0.150**	-2.11
监管质量					0.763	0.935	-0.171**	-2.32
法治程度					0.763	0.936	-0.173**	-2.34
民主言论					0.784	0.937	-0.154**	-2.17
平均制度质量					0.763	0.936	-0.172**	-2.34

注：** 表示5%显著性水平。

第五节　机制探讨

一　行业关联与规模效应机制

收购企业和目标企业是否属于同一行业也可能显著影响经验的学

习效应。对于同一行业的并购，企业是否拥有该国的成功并购经验可能影响不大，因为同一行业基本属于统一市场，收购企业和目标企业相互了解一般较深，往往历史上还存在进出口、合作或者其他形式的国际合作。如果企业进一步拥有同行业成功的并购经验，说明企业有能力在不同国家经营同行业的业务，被收购方企业股东会、董事会和管理层都会更加信任中国公司的经营，股东因而也更愿意出售股权，利益相关方也不会无端反对。

而对于跨行业并购，企业需要跨越业务差异壁垒。收购企业对于目标企业本身以及对于目标企业所处行业的了解必然没有同行业并购深，此时企业过去成功的经验虽然重要，但是带来的学习效果不如在同行业中效果好。原因在于，对于不同的行业知识进行组织学习有一定的"门槛"，这个门槛很可能是企业人员要对主营业务熟悉，否则企业人员都不知道该如何进行组织学习的扩散和整合。综上，笔者提出：

假设 5-5　同行业并购相对于跨行业并购，成功并购经验对并购完成率的提高效果更显著

为了验证猜想，笔者将并购经验根据该笔并购交易中的收购方和目标方行业是否匹配来分组检验投资经验的作用。行业是否匹配的标准是：若收购企业与目标企业的主营业务行业代码（NAICS 2017 年版）前 2 位相同，则认为属于同行业收购。结果显示（见表 5-9），在同行业并购中，企业全球成功经验显著提高并购成功率，ATT 值为 23.7%，在 1% 水平下通过 T 检验；在跨行业并购中，企业全球成功并购经验也显著提高并购成功率，ATT 为 19.7%，在 1% 显著性下通过 T 检验。因此，虽然成功经验在同行业并购和非同行业并购中均提高了并购成功率，但同行业并购由于存在行业匹配效应故其效果更显著。假设 5-5 得到验证。

表5-9　　　　投资经验的学习效应对跨行业与否的敏感性检验

行业匹配情况	匹配前				匹配后			
	处理组	对照组	差值	T值	处理组	对照组	ATT	T值
同行业	0.974	0.977	-0.003	-1.24	0.975	0.737	0.237***	7.82
跨行业	0.971	0.974	-0.003	-1.41	0.971	0.774	0.197***	6.32

注：*** 表示1%显著性水平。

二　国际化人才培养效应机制

跨国并购中，高效、专业化的团队是并购顺利完成的关键保障。制度质量高的国家一般而言法治建设更健全、执法更严格，潜在竞争者也更强悍。如果企业能够在这些国家成功并购，说明在招投标准备、可信性分析、竞争者分析、法律法规解读方面实力过硬，国际化团队的专业实力既得到了检验，又得到了培养，故并购投资的成功率提高。

为了验证并购经验的制度异质性，本章为每一个并购投资观察值计算了观察值中企业曾经在高制度质量国家并购成功经验和在低制度质量国家并购成功经验。高制度质量国家和低制度质量国家的区分按照制度质量得分的均值高低计算。高制度质量国家和低制度质量国家的区分是按照国家制度质量综合得分的中位数来计算的（样本中所有国家的综合制度质量平均得分为1.2501，处于相对较高的水平），这个中位数是样本所有国别—年份观察值综合制度质量得分的中位数，不是根据每年的制度得分重新排序。同时，鉴于前文已经发现成功的经验更可能带来学习效应，故仅考察高制度质量国家并购成功经验和低制度质量国家并购成功经验的效应，而不考察相应的失败经验。

结果显示，高制度质量国家的并购经验（ExpHN）总体而言能带来学习效应，ATT值为1.5%，在1%水平下显著（表5-10，Panel A右侧"匹配后"一列）。从国家类型来看，ExpHN带来的学习效应收益主要体现在对低制度质量国家并购上，ATT值为1.4%，在5%水平下显著；而对其他高制度质量国家并购无显著学习效应。可能的原因是，一方面，高制度质量国家的投资环境、立法、司法、竞争者都比较强，中国企业如果能成功并购这些国家的企业，则中国企业在应对复杂环境下的并购能力得到全面提升；另一方面，由于高制度质量国家各方面投资环境都比较完善，甚至过于完善，使得中国企业与这些国家的成熟国际化企业相比并没有显著的优势。此外，部分高制度质量国家还专门对意识形态有差异的国家企业设置更严格的审查门槛。以上原因综合造成 ExpHN 的部分有效。

低制度质量国家并购经验不能带来显著的学习效应，且不论在高制度质量国家和低制度质量国家均不显著（见表 5-10，Panel B 右侧"匹配后"一列）。可能的原因是，在低制度质量国家总体而言完成并购的难度低于在高制度质量国家完成并购的难度，企业从这些国家获得的学习效应较低、人才培养效应、关系网络等效应的收益小；同时也说明即便是同属低制度质量国家，但投资经验存在跨制度使用的局限性。例如企业在非洲的并购成功不能利用到东南亚的并购。综合来看，假设 5-4 未得到验证。

表 5-10　　　　经验的学习效应在制度层面的异质性

	Panel A：处理变量=1 如果企业有在高制度质量国家成功的并购经验								
目标企业国别	匹配前				匹配后			
	处理组	对照组	差值	T值	处理组	对照组	ATT	T值
所有国家	0.971	0.973	-0.002	-0.46	0.971	0.956	0.015***	2.58
高制度质量国家	0.940	0.954	-0.014	-0.76	0.949	0.931	0.017	0.77
低制度质量国家	0.976	0.973	0.002	0.56	0.976	0.961	0.014**	2.39

	Panel B：处理变量=1 如果企业有在低制度质量国家成功的并购经验								
目标企业国别	匹配前				匹配后			
	处理组	对照组	差值	T值	处理组	对照组	ATT	T值
所有国家	0.971	0.98	-0.007***	-3.970	0.971	0.97	-0.004	-1.580
高制度质量国家	0.938	0.97	-0.033*	-1.910	0.935	0.94	-0.004	-0.190
低制度质量国家	0.971	0.98	-0.007***	-3.680	0.971	0.98	-0.004	-1.640

注：*，**，*** 分别表示 10%，5% 和 1% 显著性水平。

三　国际化人才培养效应机制案例——五矿和矿产与采矿集团

中国五矿集团收购澳大利亚 OZ 公司并在此基础上组建矿产与采矿集团，再通过后者并购非洲和美洲矿产公司的案例充分证明了"企业在发达国家并购获得的人力资本是后续成功并购发展中国家企业"的关键因素之一。

（一）背景

自 2005 年起，中国就取代美国成为全球第一大铜消费国，但是在世界第一大铜生产国智利，中国的投资却远远落后于日本。日本的三菱、三井不仅与智利国家铜业公司（Codelco）或英美资源等国际资源巨头有深度合作，富士财团的丸红（综合商社）还与智利地方矿业企业安托法加斯塔集团结为战略合作伙伴。中国五矿集团（下文简称"五矿"或"五矿集团"）作为由中央直接管理的矿产国有骨干企业，肩负着保证国内铜矿资源稳定供给的使命，扩大铜矿（石）资源权益迫在眉睫。

五矿曾在智利铜业并购遭遇重大挫折。2006 年 2 月，五矿集团、国家开发银行和智利国家铜业公司签订《联合开发智利铜资源项目协议》，协议的主要内容是五矿与智利国家铜业公司组建合资公司，智利国家铜业公司在今后的 15 年内向五矿供应 85 万吨电解铜，同时还允许五矿获得新组建公司 25%—49% 股权的期权，行权期在 2009 年前后。[①] 然而由于智利国家铜业公司两名劳工代表的激烈反对，五矿与其心仪的矿产"失之交臂"。与之形成鲜明对比的是，截至 2020 年，全球十大矿山中，日本财阀参股 5 座，而中国无上榜（见表 5-11）。

[①] 徐虞利：《周中枢：高位接盘 如履薄冰》，《上海证券报》2007 年 7 月 24 日第 6 版；王志乐主编：《2007 走向世界的中国跨国公司》，中国经济出版社 2007 年版；何敏：《矿产外交的企业实践：以五矿海外收购铜矿战略为例》，《中国矿业》2016 年第 25 卷第 1 期。

表5-11　　日本财阀在全球十大矿山参股情况（截至2020年末）

矿山世界排名	矿山名称	日本财阀参股额
1	埃斯孔迪达（Escondida）铜矿	12.5%
2	科亚瓦西（Collahuasi）铜矿	12%
3	莫伦奇（Morenci）铜矿	不详
8	安塔米纳（Antamina）铜矿	10%
9	赛罗佛得（Cerro Verde）铜矿	21%

资料来源：矿业汇[1]。

（二）并购发达国家企业——澳大利亚OZ公司

为了积极响应国家提出的"由贸易型企业向资源型企业"转型的号召，完成"走出去"战略赋予矿业企业的历史使命，五矿并没有停下国际化的脚步。2008年国际金融危机爆发，以重资本、高负债率为特征的矿业企业遭遇了严重的流动性危机，多家企业公开寻求增发股票、外源融资以及资产抛售的纾困方案。其中就包括澳大利亚的OZ矿业公司。[2] OZ公司由奥克夏纳（Oxiana）和锌尼费克（Zinifec）两家企业于2008年合并而来，掌握澳大利亚、亚洲和北美多处发展项目。由于前期了解充分，当OZ陷入债务危机寻求融资时，五矿集团层面迅速决策，并于2009年2月与OZ董事会和管理层达成初步意向。尽管随后收购遭受了澳政府的安全审查，但在中国团队与OZ公司、澳政府、澳反对党等多方势力的耐心沟通下，澳财政部最终于2009年4月批准五矿收购OZ。后者重组后更名为矿产与采矿集团（Minerals and Mining Group，即MMG）。

五矿积极留用原有的国际矿业团队，努力整合OZ公司的国际化

---

[1] 矿业汇：《2020年全球十大铜矿，日本财阀参股五家，中国五矿落榜！》，https://baijiahao.baidu.com/s?id=1694733163779372292&wfr=spider&for=pc，2021年3月20日。

[2] 何敏：《矿产外交的企业实践：以五矿海外收购铜矿战略为例》，《中国矿业》2016年第25卷第1期。

能力。五矿集团不向新公司派遣一名中国劳工；缩小并购范围以使得靠近军事禁区的普罗米纳特山（Prominent Hill）铜金矿不在收购之列。① 最为重要的是，五矿为了将人才留在新公司矿产与采矿集团，做了很多努力。第一，在并购完成后，五矿向所有原 OZ 员工发送《致并购对象全体员工的信》，介绍五矿的发展愿景、薪酬体系、福利待遇，希望他们留在新公司工作。第二，五矿遵照国际惯例建立了董事会控制下的职业经理人制度，给予原有团队一定的经营自主权，调动积极性。第三，积极招聘具有国际背景的留学生加入新公司，发挥中西文化纽带桥梁的作用。②

五矿还通过内向国际化手段提高原有员工的国际化能力。2010 年开始五矿启动"管理培训生计划"，将业绩突出、专业对口、素质过硬的员工送至矿产与采矿集团，与外籍员工一对一交流半年。既是将五矿集团和中国文化带给矿产与采矿集团，更是将矿产与采矿集团的先进管理理念带回总部。其次，还启动了"M – CUBE"与"熔合制胜"两个项目，主要目的是将矿产与采矿集团的"STEP"领导力培训模式进行中国化改造并引入中国。③ 综上，五矿并购 OZ，除了有对其本身资源的需求以外，获取和培养国际化人才是另一个更长远的目标。

（三）并购发展中国家企业——艾基诺克斯和安维尔

五矿并购 OZ 组建矿产与采矿集团后，国际化能力（国际并购能力）陡然提升，收获了立竿见影的效果。分别体现于并购"工具箱"的完善和谈判沟通技巧的提升。

中国国内企业发起的最大规模收购。艾基诺克斯（Equinox）是一家在澳大利亚和加拿大两地上市的企业，在赞比亚和沙特阿拉伯有

---

① 喻春来：《五矿收购 OZ 新方案放弃 Prominent Hill》，《每日经济新闻》2009 年 4 月 2 日。
② 邢波：《企业跨国并购中的文化融合——以五矿集团为例》，《中外企业文化》2013 年第 8 期。
③ 邢波：《企业跨国并购中的文化融合——以五矿集团为例》，《中外企业文化》2013 年第 8 期。

重要矿产。该公司于 2009 年希腊危机时陷入困境，被五矿和矿产与采矿集团发现后于 2010 年 7 月提出收购计划，但因其股价上涨而作罢。① 2011 年，艾基诺克斯股价跌回矿产与采矿集团估值合理区间，五矿宣布对该公司发起"要约收购"，即在不与被收购公司董事会和管理层协商一致的情况下直接从股东手中购买股票直到获得控制权。尽管该项目未能完成，但五矿作为对外发起大规模要约收购的第一人，已经成功积累了要约收购的宝贵经验。

中国企业专业的沟通技巧和富有诚意的共赢理念打动非洲企业。安维尔（Anvil）公司是一家以非洲为基地的金属开采和勘探公司，核心资产位于刚果（金）。② 在其大股东托克公司（Trafigura Beheer B. V.）于 2011 年 8 月宣布意向出售其全部股权后，五矿与矿产与采矿集团迅速报价，但触及刚果国家矿业公司利益且 2011 年 11 月正值刚果大选，交易被多次推迟并搁置。好在五矿集团在并购 OZ 时同样遭受了澳大利亚政府和反对党等利益相关者的阻挠和质疑，此时已重组矿产与采矿集团后的五矿应对外界的不理解和质疑已经有了专业的手段和团队。五矿不仅将刚果（金）相关官员和刚果国家矿业公司人员请回中国介绍公司实力及其对当地发展做出的贡献，还借助矿产与采矿集团专业的外籍团队与安维尔公司在当地利益相关者积极沟通、寻求支持。最终，通过"里应外合"的方法，五矿于 2012 年 2 月收购成功。③

（四）启示

五矿在高制度质量国家（澳大利亚）收购 OZ 公司积累的投资经验不仅包括了外籍团队具备的国际化运营专业能力，还包括了国内管理者和员工提升的国际化业务能力，尤其是如何在一家跨国公司中融

---

① 张国栋：《五矿资源拟 65 亿美元购矿业巨头 难改对外依赖》，《每日经济新闻》2011 年 4 月 6 日。
② 周勇刚：《中国矿产业提升全球化战略水平》，《中华工商时报》2012 年 2 月 21 日。
③ 邢波：《企业跨国并购中的文化融合——以五矿集团为例》，《中外企业文化》2013 年第 8 期；邢波：《五矿集团是如何用好外籍团队的》，《企业管理》2013 年第 9 期。

合不同文化的团队，让中方团队和外方团队将自己的比较优势发挥到最大，形成 1 + 1 > 2 的综合效益。

第六节　小结

本章基于 Bvd-Zephyr 全球并购交易数据库研究了并购经验是否给企业带来学习效应。主要发现如下。

首先，企业全球成功并购经验（总成功经验）能够带来显著的学习效应，全球失败并购经验（总失败经验）不能带来学习效应。具体来看，有成功并购经验的企业下一次并购完成的概率比没有成功经验的企业高 42.5%，失败并购经验对下一次并购完成的概率无显著影响。综合来看，并购投资经验的学习效应确实存在，但是仅限于成功经验，而不存在于失败经验中。

其次，稳健性检验发现，来源于目标企业所在国的成功并购经验的学习效应较强，来源于区域内其他国家的成功并购经验不能带来学习效应。这一结果也显示，尽管同区域内的国家在宗教习俗、语言文化、制度特征等方面存在诸多相似之处，但并购成功经验的效果还是存在一定国别局限性。

最后，探讨了投资经验对于并购成败的机制起源，发现行业关联效应与人才培养效应是经验提高并购成功率的主要渠道。行业相关性使得企业过去成功的经验更易于被企业人员通过组织学习的方式吸收，从而更好地改善未来投资绩效，而跨行业并购中，虽然组织学习也能进行，但学习效果略差；人才培养效应说明，企业过去在高制度质量国家成功的并购经验不仅可能获得被收购企业的重要资产（比如优秀的外籍团队），还包括提升国内管理者和员工的国际化业务专业水准。比如如何在一家跨国公司中融合不同文化的团队，让中方团队和外方团队将自己的比较优势发挥到最大。此外，还需要加上稳健性检验中发现的对国别知识的学习效应，共三条主要渠道。

第六章

投资经验对进入模式的影响

第一节 引论

本章基于倾向性得分匹配法检验投资经验对于企业国际投资进入模式选择的影响。中国对外投资总量在2004—2019年出现了显著的增长,其中绿地投资和褐地投资的相对比重也发生了巨大的变化。并购投资总金额在2004年到2016年间屡创新高,从2003年的30亿美元到2016年的1353.3亿美元,年化复合增长率达34.05%。2017年以后,鉴于中国政府加强了企业对外投资真实性、合规性方面的审查,并购投资活跃度开始下降。然而,政策主要影响的是并购投资中由国内直接投资支付的部分,由境外支付的并购投资额作为重要资金补充,在新规实施后显著增长。比如2017年境外资金对并购的贡献占比较2016年增长了近七成,由此导致宏观统计中,并购投资占对外直接投资统计数量有所失真(见图6-1)[①]。不可否认的是,并购投资活动自2003年到2017年间都保持了长期且高速的增长。进入模式是企业国际化进程中需要慎重考虑的重大决策,选择正确的进入模式不仅关系到当期投资项目能否顺利完成,还关系后续投资项目能否

[①] 中华人民共和国商务部、国家统计局、国家外汇管理局:《2017年度中国对外直接投资统计公报》,2018年。

顺利推进，最终甚至影响企业整体经营成败。那么，中国对外投资中褐地投资金额占比持续上升（2017年以前）是由于每年新出现的海外投资企业优先选择了并购投资导致，还是由于海外投资经验丰富的企业由偏好绿地转而偏好合资进入模式导致？如果是，投资经验产生作用的机制是什么？

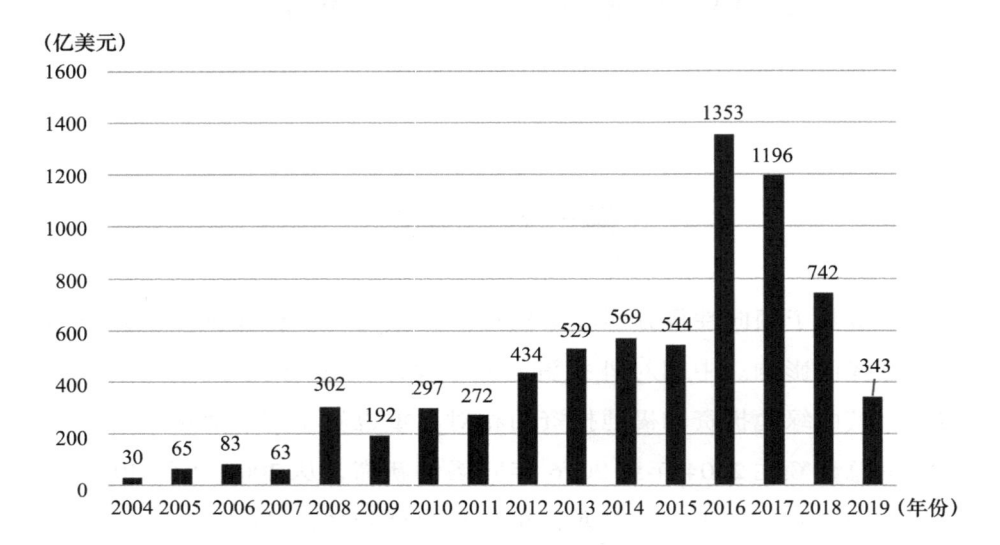

（亿美元）

年份	金额
2004	30
2005	65
2006	83
2007	63
2008	302
2009	192
2010	297
2011	272
2012	434
2013	529
2014	569
2015	544
2016	1353
2017	1196
2018	742
2019	343

图6-1　2004—2019年中国对外直接投资并购金额

资料来源：《中国对外直接投资统计公报》2004—2019年度。

既有文献主要基于折衷理论、交易成本理论和内部化理论对企业海外投资的进入模式选择进行一般性、理论性的探讨，但是对于企业层面异质性因素——如投资经验——如何影响进入模式分析不多。[1]

---

[1] Root, Franklin R, *Entry Strategies for International Markets*, Lexington, MA: Lexington Books, 1998; Hill, Charles W. L., Peter Hwang, and W. Chan Kim, "An Eclectic Theory of the Choice of International Entry Mode", *Strategic Management Journal*, Vol. 11, No. 2, 1990; Woodcock, C. Patrick, Paul W. Beamish, and Shige Makino, "Ownership-Based Entry Mode Strategies and International Performance", *Journal of International Business Studies*, Vol. 25, No. 2, 1994; Anderson E, Gatignon H., "Modes of Foreign Entry: A Transaction Cost Analysis and Propositions", *Journal of International Business Studies*, Vol. 17, No. 3, 1986; 张一驰、欧怡："企业国际化的市场进入模式研究述评"，《经济科学》2001年第4期。

涉及投资经验对于进入模式影响的文献主要来源于演进理论。[1] 该理论认为，企业进入外国市场的模式选择随着企业国际经验的增加而不断寻求更强的控制权，遵循间接出口—直接出口—许可经营—合资—独资。由于所有权由低到高意味着承诺资源的由低到高，而在企业国际化的初期，由于信息不对称，企业不敢贸然承诺较多资源，随着经验增加，企业对于东道国市场趋于了解，也更敢于承诺更多资源、掌握更多经营控制权。[2]

然而，主流研究国际化经验的文献更多关注企业在出口、许可和投资三大类不同控制权层级的国际组织形式中如何选择，而没有深入考虑企业在绿地和并购投资之间选择。少部分学者对这个问题进行了研究，綦建红、杨丽在研究文化距离对进入模式选择时将跨国经验作为控制变量进行检验，未发现经验存在显著作用；[3] 黄梅波等则发现投资经验不仅提高了并购投资的概率，还逆向调节了目标国制度和风险的影响。[4]

---

[1] Johanson, Jan, and Jan-Erik Vahlne, "The Internationalization Process of the Firm—A Model of Knowledge Development and Increasing Foreign Market Commitments", *Journal of International Business Studies*, Vol. 8, No. 1, 1977.

[2] Johanson, Jan, and Jan-Erik Vahlne, "The Internationalization Process of the Firm—A Model of Knowledge Development and Increasing Foreign Market Commitments", *Journal of International Business Studies*, Vol. 8, No. 1, 1977; Johanson, Jan, and Finn Wiedersheim-Paul, "The Internationalization of the Firm—Four Swedish Cases", *Journal of Management Studies*, Vol. 12, No. 3, 1975; Chang, Sea-Jin, and Philip M. Rosenzweig, "The Choice of Entry Mode in Sequential Foreign Direct Investment", *Strategic Management Journal*, Vol. 22, No. 8, 2001; Root, Franklin R, *Entry Strategies for International Markets*, Lexington, MA: Lexington Books, 1998; Erramilli, M. Krishna, "The Experience Factor in Foreign Market Entry Behavior of Service Firms", *Journal of International Business Studies*, Vol. 22, No. 3, 1991; Andersen, Otto, "On the Internationalization Process of Firms: A Critical Analysis", *Journal of International Business Studies*, Vol. 24, No. 2, 1993; Dow, Douglas, and Jorma Larimo, "Challenging the Conceptualization and Measurement of Distance and International Experience in Entry Mode Choice Research", *Journal of International Marketing*, Vol. 17, No. 2, 2009.

[3] 綦建红、杨丽：《文化距离与我国企业 OFDI 的进入模式选择——基于大型企业的微观数据检验》，《世界经济研究》2014 年第 6 期。

[4] 黄梅波等：《投资经验是否影响了中国异质性企业的 OFDI 模式选择》，《国际贸易问题》2019 年第 7 期。

笔者认为，绿地和褐地是企业国际组织形式的重要选择，弄清中国企业在不同国际化阶段（具有不同投资经验）有着怎样的进入模式偏好、是否选择了最合适的进入模式以及投资经验的作用机制对于中国企业国际化进程研究和中国投资海外利益研究都有理论意义和现实意义。本章的主要结构如下：第二部分是文献分析与假设提出；第三部分是模型、变量与数据；第四部分是实证结果；第五部分是机制分析；第六部分是小结。

第二节　文献分析与假设提出

一　进入模式的定义与分类

针对进入模式的探讨自20世纪80年代以后就一直持续。针对其定义，不同学者有不同侧重点。[1] 约翰森、保罗对于进入模式的定义是"（企业）在不同国家的业务发展"；[2] 安德森（Anderson）、加蒂尼翁（Gatignon）认为进入模式是"一种允许企业在境外执行控制权的治理结构"；[3] 希尔（Hill）等将其定义为"一种在外国组织商业活动的方式"；[4] 沙玛（Sharma）、埃拉米利（Erramilli）的定义最为具体："一种允许公司在东道国只进行营销活动（即通过出口方式）或独自或与他人合伙进行生产和营销活动（合同方式、合资企业、独资

---

[1] Canabal, Anne, and George O. White, "Entry Mode Research: Past and Future", *International Business Review*, Vol. 17, No. 3, 2008; Morschett, Dirk, Hanna Schramm-Klein, and Bernhard Swoboda, "Decades of Research on Market Entry Modes: What Do We Really Know About External Antecedents of Entry Mode Choice?", *Journal of International Management*, Vol. 16, No. 1, 2010.

[2] 原文是："the development of operations in individual countries"。详见 Johanson, Jan, and Finn Wiedersheim-Paul, "The Internationalization of the Firm—Four Swedish Cases", *Journal of Management Studies*, Vol. 12, No. 3, 1975。

[3] Anderson, Erin, and Hubert Gatignon, "Modes of Foreign Entry: A Transaction Cost Analysis and Propositions", *Journal of International Business Studies*, Vol. 17, No. 3, 1986.

[4] Hill, Charles W. L., Peter Hwang, and W. Chan Kim, "An Eclectic Theory of the Choice of International Entry Mode", *Strategic Management Journal*, Vol. 11, No. 2, 1990.

经营）来实施其产品市场战略的结构协议"。[1]

企业的国际化进入模式选择可以根据是否占有股权分为两大类：出口和投资，[2] 也可以称之为"合约类进入模式"和"股权类进入模式"，[3] 或"基于合约的进入模式"（Contract-based Entry Mode）和"基于所有权的进入模式"（Ownership-based Entry Mode）。[4] 一些学者将涉及股权份额进一步划分为全资和合资，并与合约型进入模式并列总结为进入模式的三大类；[5] 投资可以进一步根据是否新建厂房划分为绿地投资和褐地投资，也可以按照企业获得控制权的大小划分为独资和合资等；还可以按照目的划分为研发投资和贸易性投资等。[6] 还有一些学者则对进入模式的分类接近于连续型。[7]

企业的国际化进入模式选择也可以根据建立方式分为两大类：新

---

[1] Sharma, Varinder M., and M. Krishna Erramilli, "Resource-Based Explanation of Entry Mode Choice", *Journal of Marketing Theory and Practice*, Vol. 12, No. 1, 2004.

[2] Pan, Yigang, and David K. Tse, "The Hierarchical Model of Market Entry Modes", *Journal of International Business Studies*, Vol. 31, No. 4, 2000; Brouthers, Keith D., and Jean-François Hennart, "Boundaries of the Firm: Insights from International Entry Mode Research", *Journal of Management*, Vol. 33, No. 3, 2007.

[3] Kumar, V., and Velavan Subramanian, "A Contingency Framework for the Mode of Entry Decision", *Journal of World Business*, Vol. 32, No. 1, 1997.

[4] Zhao, Hongxin, Yadong Luo, and Taewon Suh, "Transaction Cost Determinants and Ownership-Based Entry Mode Choice: A Meta-Analytical Review", *Journal of International Business Studies*, Vol. 35, No. 6, 2004.

[5] Root, Franklin R, *Entry Strategies for International Markets*, Lexington, MA: Lexington Books, 1998; Hill, Charles W. L., Peter Hwang, and W. Chan Kim, "An Eclectic Theory of the Choice of International Entry Mode", *Strategic Management Journal*, Vol. 11, No. 2, 1990; Woodcock, C. Patrick, Paul W. Beamish, and Shige Makino, "Ownership-Based Entry Mode Strategies and International Performance", *Journal of International Business Studies*, Vol. 25, No. 2, 1994; 张一弛、欧怡：《企业国际化的市场进入模式研究述评》，《经济科学》2001年第4期。

[6] 黄速建、刘建丽：《中国企业海外市场进入模式选择研究》，《中国工业经济》2009年第1期。

[7] Anderson, Erin, and Hubert Gatignon, "Modes of Foreign Entry: A Transaction Cost Analysis and Propositions", *Journal of International Business Studies*, Vol. 17, No. 3, 1986; Agarwal, Sanjeev, and Sridhar N. Ramaswami, "Choice of Foreign Market Entry Mode: Impact of Ownership, Location and Internalization Factors", *Journal of International Business Studies*, Vol. 23, No. 1, 1992; Blomstermo, Anders, DeoD. Sharma, and James Sallis, "Choice of Foreign Market Entry Mode in Service Firms", *International Marketing Review*, Vol. 23, No. 2, 2006; Zahra, Shaker A., R. Duane Ireland, and Michael A. Hitt, "International Expansion by New Venture Firms: International Diversity, Mode of Market Entry, Technological Learning, and Performance", *Academy of Management Journal*, Vol. 43, No. 5, 2000.

建（绿地）和并购（褐地）。根据国际基金组织的《国际收支和国际投资头寸手册第六版》，绿地投资一般指构成是给企业带来新资源和资产的投资，并且往往伴随着总固定资产形成（Gross fixed capital formation，GFCF）。在早期的文件中，绿地投资既包括初次形成总资本形成的投资，也包括对同一企业的扩建厂房和扩大生产线等产能扩张型（Extention of Capacity）投资。然而，随着研究的深入，现行的主流做法是将初次产能建设投资与产能扩长投资区分开来。然而，在本研究中，笔者统一将初次产能建设投资与产能扩长投资统称为"绿地投资"，因为这两者[①]都确实促进了总资本形成，是符合第六版国际投资手册定义的。与之相对应的，褐地投资主要指没有给企业带来新资源和资产的投资，且不伴随着总资本形成的投资。具体又可以进一步分为收购（aquisition）、合并（merge），前者指收购企业出资购买了被收购企业的所有权，被收购企业的所有资产和负债均转移到收购企业名下且后者品牌停止存在或作为收购企业的子品牌存在。当然，也存在被收购企业更名的情况。而合并指的是两家企业共同组成新企业，采用新的名称、获得新的品牌形象。在本章中，绝大多数情况都是收购，合并的情形极少。在本章中，所有的绿地投资和褐地投资均指跨境绿地投资和跨境并购。

二 交易成本与进入模式

交易成本理论认为，企业基于交易成本大小的原则进行绿地/褐地投资模式选择。[②] 在企业出海的过程中，需要克服制度、法律、语

[①] International Monetary Fund, BPM6 Update Direct Investment Task Team (DITT), Thirty-Ninth Meeting of the IMF Committee on Balance of Payments Statistics, October 18 – 20, 2022.

[②] Anderson, Erin, and Hubert Gatignon, "Modes of Foreign Entry: A Transaction Cost Analysis and Propositions", *Journal of International Business Studies*, Vol. 17, No. 3, 1986; Zhao, Hongxin, Yadong Luo, and Taewon Suh, "Transaction Cost Determinants and Ownership-Based Entry Mode Choice: A Meta-Analytical Review", *Journal of International Business Studies*, Vol. 35, No. 6, 2004; Brouthers, Keith D, "Institutional, Cultural and Transaction Cost Influences on Entry Mode Choice and Performance", *Journal of International Business Studies*, Vol. 33, No. 2, 2002; Brouthers, Keith D., and George Nakos, "Sme Entry Mode Choice and Performance: A Transaction Cost Perspective", *Entrepreneurship Theory and Practice*, Vol. 28, No. 3, 2004.

言、文化和宗教等多方面的差异，① 这些差异导致事前和事后交易成本的大幅增加，使企业在不具备相应能力时不敢贸然采用并购模式进入。这些事前交易成本包括：签约、谈判、保障契约等成本；中国企业海外并购的事后交易成本包括：契约不能适应导致的成本。② 以信息搜寻成本为例，外国企业在出售公司时，往往聘请至少一家专业投资机构准备两份宣传材料，一份是内容详尽的公司报告，包括公司主营业务经营情况、竞合态势、客户、供应商；另一份是不多于两页纸的简要报告，只列示公司的行业、经营情况和财务指标，但隐去公司名称。投行在宣传时，只把后一份报告定向发放给潜在投资者，如果买方感兴趣，则需先签署保密协议，再向其公开第一份详细的报告。然而，中国公司常因为内部法务部门对于英文版本保密协议内容不熟悉、内部沟通流程烦琐导致不能第一时间拿到详细报告，造成时机延误。最终不得不放弃好的并购项目。③

再比如，由于并购投资涉及企业权益的变更，往往会引起东道国政府和其他利益相关者的注意，并对企业进行相关审查。④ 这些审查对于中国企业来说也意味着更高的事前交易成本（如谈判成本）。事后交易成本包括能力整合和文化融合成本。比如收购方希望获得东道国某个专业管理团队。由于该外部团队已经形成，中国企业不需要像绿地投资中那样自己从零开始组建团队，并购以后中国企业能立刻获得被收购企业的产能、分销渠道和品牌，大大节省了国际投资中所需要的时间成本。尽管并购对于买方存在诸多方便之处，但卖方也十分清楚其所出售资产的比较优势，故也会竭尽可能寻找最高出价者，这

---

① 綦建红、杨丽：《文化距离与我国企业 OFDI 的进入模式选择——基于大型企业的微观数据检验》，《世界经济研究》2014 年第 6 期。

② Williamson, Oliver E, "Transaction-Cost Economics: The Governance of Contractual Relations", *The Journal of Law & Economics*, Vol. 22, No. 2, 1979.

③ 《中国企业海外并购失败于不懂流程》，《国际融资》2014 年第 4 期。

④ 黄梅波等：《投资经验是否影响了中国异质性企业的 OFDI 模式选择》，《国际贸易问题》2019 年第 7 期。

往往也意味着谈判成本和谈判所涉及的时间成本居高不下。与此同时，收购往往也意味着降本增效，新收购者往往会先精简效益差的事业线，导致部分员工被辞退，这可能导致收购方还需要考虑辞退员工的难度以及辞退后所需要提供的辞退赔偿等，这都可能提高投资门槛、增加谈判的时间。

由利益冲突、垄断调查、语言障碍和跨文化管理等因素导致的交易成本都可以被投资经验所降低。企业在投资过后会习得海外投资应该规避的法律制度陷阱、聘用国际知名或当地知名的咨询公司应对各类调查、企业内部的规章制度也会引导员工将管理外部团队的经验积累成人力资本。[1] 在面对不确定性境遇时，有投资经验的企业也会比无投资经验的企业表现更理智，做投资决策时也会更加果断。[2] 例如，五矿集团 2009 年收购澳大利亚 OZ 矿业公司并改组为矿产与采矿集团，成功获得了该企业优秀的海外并购团队，为其后来收购秘鲁邦巴斯（Las Bambas）铜矿提供了专业支持。此外，五矿还不间断地向矿产与采矿集团公司选派中国员工学习，积累相应的人力资本。[3] 基于中国企业投资经验对进入模式选择的文献也支持上述猜想。林莎等基于 223 家企业的问卷数据发现国际化经验越丰富的企业越倾向于进行并购投资。[4] 黄梅波等不仅发现中国企业早期对外投资经验显著提高

---

[1] Sirmon, David G., Michael A. Hitt, and R. Duane Ireland, "Managing Firm Resources in Dynamic Environments to Create Value: Looking inside the Black Box", *The Academy of Management Review*, Vol. 32, No. 1, 2007; Agarwal, Sanjeev, and Sridhar N. Ramaswami, "Choice of Foreign Market Entry Mode: Impact of Ownership, Location and Internalization Factors", *Journal of International Business Studies*, Vol. 23, No. 1, 1992.

[2] Martin, Xavier, and Robert Salomon, "Tacitness, Learning, and International Expansion: A Study of Foreign Direct Investment in a Knowledge-Intensive Industry", *Organization Science*, Vol. 14, No. 3, 2003.

[3] 邢波：《企业跨国并购中的文化融合——以五矿集团为例》，《中外企业文化》2013 年第 8 期；张国栋：《五矿资源拟 65 亿美元购矿业巨头 难改对外依赖》，《每日经济新闻》2011 年 4 月 6 日；周勇刚：《中国矿产业提升全球化战略水平》，《中华工商时报》2012 年 2 月 21 日；邢波：《五矿集团是如何用好外籍团队的》，《企业管理》2013 年第 9 期。

[4] 林莎等：《中国企业绿地投资与跨国并购的差异性研究——来自 223 家国内企业的经验分析》，《管理评论》2014 年第 26 卷第 9 期。

了并购投资概率，还发现其他中国企业投资经验的正向影响。[①] 因此，有理由相信，投资经验越丰富，企业越能够降低各种交易成本，并购投资也会相对于绿地投资更受欢迎。由此提出：

假设6-1：交易成本越低，企业选择并购投资的概率越大

三　所有权优势与进入模式

内部化理论、垄断优势论和折衷理论都从企业特定所有权优势的角度出发给出了略有不同的解释。垄断优势理论和内部化理论认为，国际经营知识是企业进行国际化生产的重要原料。由于外部市场可能失灵，企业获取某项要素的价格远远高于企业内部获取这项要素的价格。从成本收益的角度分析，企业会选择扩大企业边界，将外部市场交易转变为内部市场交易，从而降低综合成本。如果企业边界的扩张跨越了国界，自然就形成了跨国投资。[②] 折衷理论认为，企业之所以实现对外投资是因为拥有所有权优势、内部化优势，并与目标国区位优势相结合实现对外投资。[③] 综合以上理论，企业不管选择哪种对外投资形式，其根本原因是已经具备相应能力/优势，而不是尚未具备所有权优势。仅讨论是否具备这种优势无法了解为什么有些企业选择绿地模式投资，而另一些企业（或同一些企业在其他环境下）选择褐地投资模式。

然而，跨境投资能力的积累终究有一个从无到有的过程，企业不

[①] 黄梅波等：《投资经验是否影响了中国异质性企业的OFDI模式选择》，《国际贸易问题》2019年第7期。

[②] Buckley, Peter, and Mark Casson, *The Future of the Multinational Enterprise 25th Anniversary Edition*, Palgrave Macmillan, 1976.

[③] Dunning, John H, "The Determinants of International Production", *Oxford Economic Papers*, Vol. 25, No. 3, 1973; Dunning, John H, "Trade, Location of Economic Activity and the MNE: A Search for an Eclectic Approach", in Bertil Ohlin, Per-Ove Hesselborn, and Per Magnus Wijkman, eds., *The International Allocation of Economic Activity*, London: Palgrave Macmillan UK, 1977.

太可能仅从国内经营中获得跨境并购所需的所有权优势。特别是对发展中国家企业来说，其国际化进程起步较晚。但是，由于中国统一大市场的特殊性和部分国有企业占有垄断资源的比较优势，中国企业可以通过收购具备跨境投资能力的企业来获得跨境投资能力。既有研究也有相应支持，杰米森（Jemison）、希特金（Sitkin）认为，并购就是收购者获取了被收购方的文化和劳动力；[1] 诺克（Nocke）、耶普尔（Yeaple）也认为并购投资帮助企业直接获得了目标企业相应的优势，而绿地投资需要长期建设才能获得上述优势，这也说明并购投资为企业快速进入一个新国家并开始经营提供了良好的契机。[2] 反观绿地投资则需要自己负责土地、厂房建设、设备采购、人员雇用等事务，并且在建设期内，新建厂房并不能产生任何收益，企业需要等待较长时间才能获得收益，并不利于企业获得上述隐性知识，企业形成更强的国际化能力需要更长的时间。另外，绿地投资中企业占有更多的控制权，这也对企业的综合管理能力提出了更高的要求，[3] 如果企业经营不善则会导致国际化进程受阻，进而使企业在激烈的国际竞争中掉队。如果所有权可以通过收购直接获取得到而不是扎实经营得到，那么则会对内部化理论、垄断优势理论和折衷理论提出的国际投资原因提出挑战，即至少某些特定所有权优势并不是实现国际投资的前提条件，反而是国际投资的结果。为了检验这个可能性是否存在，由此提出：

假设6-2：企业对特定市场的初次投资更可能选择并购投资

---

[1] Jemison, David B., and Sim B Sitkin, "Corporate Acquisitions: A Process Perspective", *Academy of Management Review*, Vol. 11, No. 1, 1986.

[2] Nocke, Volker, and Stephen R Yeaple, "Cross-Border Mergers and Acquisitions Vs. Greenfield Foreign Direct Investment: The Role of Firm Heterogeneity", *Journal of International Economics*, Vol. 72, No. 2, 2007.

[3] Anderson, Erin, and Hubert Gatignon, "Modes of Foreign Entry: A Transaction Cost Analysis and Propositions", *Journal of International Business Studies*, Vol. 17, No. 3, 1986.

四 投资经验作为一种特定所有权优势

组织学习理论在一定程度上也认为企业需要具备某种优势才能进入特定市场,但是对于其能力的获取来源于内部化理论和折衷理论有所区别。虽然随着中国国力以及企业科技创新实力增强,已经有一批企业在各自行业初具垄断优势。但不可否认的是,绝大多数的中国企业依然处于组织学习、能力构建的加速国际化进程阶段,在"干中学"的过程中,企业历次国际投资的经验教训也构成了潜在的所有权优势。只不过组织学习理论并不直接将经历认可为能力,而是要将散落在不同员工头脑中零碎、不成文的知识通过探索识别、获取、整合、扩散、转移和吸收应用等步骤转化为完整、清晰且具备执行性的知识保存在公司内部才能成为企业的特定所有权优势。[①] 这个过程不仅需要时间,还严重依赖收购企业本身的人力资源储备情况。

在这种情况下,虽然绿地投资比并购投资多了一个建设期,但是这恰恰给了投资者相对宽裕的时间来进行相应的组织学习步骤,特别是将中方高层管理人员纳入组织学习的每一个环节和步骤。首先,在绿地投资前期谈判期,企业需要东道国政府就税收优惠、雇用政策等问题磋商,从而帮助企业建立了与目标国高层政府的联系。其次,在绿地投资的选址和建设期,由于绿地投资主要涉及制造业和基础设施,这两类行业的建设都可以给项目所在地带来新增就业、资本形成、技术溢出,能够促进所在地经济发展,由此受到地方政府的欢

[①] Cohen, Wesley M, and Daniel A Levinthal, "Absorptive Capacity: A New Perspective on Learning and Innovation", *Administrative Science Quarterly*, Vol. 35, No. 1, 1990;陈国权、马萌:《组织学习的过程模型研究》,《管理科学学报》2000年第3期;陈国权、马萌:《组织学习现状与展望》,《中国管理科学》2000年第1期;陈国权、马萌:《组织学习的模型、案例与实施方法研究》,《中国管理科学》2001年第4期;邱伟年等:《组织吸收能力研究:理论回顾与整合框架》,《社会科学》第8期;陈国权、郑红平:《组织学习影响因素、学习能力与绩效关系的实证研究》,《管理科学学报》2005年第1期。

迎。① 由于引进外资和促进就业构成当地政府官员的政绩，政府也愿意与企业保持良好的沟通，从而使得企业人员与地方政府官员建立联系。再次，在建设和运营期，企业又分别需要与东道国（或国际）原材料市场、上游设备供应商、目标国海关和本土劳动力市场建立联系。最后，部分国家会专门为外资设立各种类型的经济特区（Special Economic Zone），并为区域内企业提供高质量的基础设施、优惠的税收待遇和安全保障。此时，这些绿地投资企业是在一个独立于目标国总体投资环境的小环境中积累东道国经营经验，客观上降低了企业面临的风险，给予了企业适应外国投资环境的时间。因此，如果考虑投资绿地投资中东道国政府给予的优惠条件，反而是投资经验缺乏的企业才会在初次投资中选择绿地进入模式。由此提出：

假设6-3：企业对特定市场的初次投资更可能选择绿地投资

第三节　模型、变量与数据

一　模型

本章采用倾向性得分匹配法（Propensity Score Matching，PSM）。通过比较有目标国别经验企业的进入模式选择和没有目标国别经验企业的进入模式选择作比较，得到投资经验对于进入模式的净影响。倾向性得分匹配法将个体在处理效应和无处理效应下不同选择的差异定义为"期望处理效应"（Average Treatment Effect，ATE）（6-2）。在本章中，处理效应指的是企业是否有特定国别经验。在实际操作中，笔者在本章主要考查"参与者平均处理效应"（Average Treatment Effect on the Treated，ATT）（6-3），即用实际有特定国别经验的企业

---

① 周黎安：《晋升博弈中政府官员的激励与合作——兼论我国地方保护主义和重复建设问题长期存在的原因》，《经济研究》2004年第6期。

选择并购投资的概率减去假设同企业无特定国别经验选择并购投资的概率。类似地,可以定义"非参与者平均处理效应"(Average Treatment Effect on the Untreated, ATU),即用实际无特定国别经验的企业选择并购投资的概率减去假设同企业有特定国别经验选择并购投资的概率。主要操作步骤如下:

第一步:确定处理变量 T。如果企业有投资经验,则 T = 1,否则 T = 0。在这里投资经验为该企业在特定市场的任意历史投资经验。[1] y_{1i} 和 y_{0i} 分别表示个体 i 在有经验和无经验情况下选择的进入模式(6 – 1)。

第二步:确定协变量 X。协变量的选择标准是尽可能地包含最多的影响结果 y 和处理效应 T 的变量,以保证可忽略性假定(Ignorability)的满足,否则将引起严重的遗漏变量偏差。[2] 在本章中,笔者选择了微观、中观和宏观三个层面的协变量,可视为选择了丰富的协变量,故遗漏变量问题较小,可忽略性假定基本得到满足,X 直接写入方程(6 – 6)。

第三步:估计倾向得分 p。一般而言,如果变量较多而观察值较少,意味着信息维度较高,精确匹配比较困难。此时可以选择将高维信息压缩到一维,这样匹配的结果较好。罗森鲍姆和鲁宾提出可以使用倾向得分的方法匹配处理组和对照组。[3] 这种方法为每一个观察值计算其进入处理组的概率 $P(T_i = 1 \mid x)$,简记 $p(x)$,然后根据

---

[1] 根据上一章的实证检验,笔者发现东道国成功的并购投资经验对于企业下一笔并购投资的成败有显著影响。尽管除了东道国成功的并购经验以外的经验对于并购成败无显著影响,但为了保证稳健性,笔者依然将 Dealogic 并购数据库中交易状态不成功的样本剔除,这样在计算投资经验时,则仅保留了特定东道国的成功投资经验。对于绿地投资样本,由于 fDi Intelligence 没有提供这样的变量,因此笔者无法进行相应剔除,但考虑到绿地投资一般成功率较高,失败的案例相对较少,故笔者予以保留,除了剔除重要变量缺失或错误的观察值,没有进一步剔除观察值。

[2] 可忽略性假定的定义是:给定 x_i,则 ($y_{0,i}, y_{1,i}$) 对于 T_i 的影响基本可以忽略。可忽略性也可称为"无混淆性"(Unconfoundedness)。

[3] Rosenbaum, Paul R., and Donald B. Rubin, "Constructing a Control Group Using Multivariate Matched Sampling Methods That Incorporate the Propensity Score", *The American Statistician*, Vol. 39, No. 1, 1985.

$p(x)$ 进行匹配。本章采用 Probit 模型估计倾向性得分 $p(x)$。

第四步：进行倾向得分匹配并检验数据匹配效果。匹配后，处理组与对照组 X 均值分布应该比较均匀（数据平衡）。为了平衡 X 各分量之间单位差距，一般需要将两组差异进行标准化处理后比较，以分量 x_m 为例，该分量的标准化差距如（6-5）所示，一般这个标准化差距不超过 10%。[①]

第五步：根据匹配后的结果计算处理效应 $\widehat{ATT}$。本章采用卡尺内 K（=3）近邻匹配的方法。

$$y_i = \begin{cases} y_{1i}, 若 T_i = 1 \\ y_{0i}, 若 T_i = 0 \end{cases} \quad (6-1)$$

$$ATE \equiv E(y_{1i} - y_{0i}) \quad (6-2)$$

$$ATT \equiv E(y_{1i} - y_{0i} \mid T_i = 1) \quad (6-3)$$

$$\frac{[\overline{X_{treated}} - \overline{X_{control}}]}{\sqrt{S_{x,treated}^2 - S_{x,control}^2}/2} \quad (6-4)$$

$$\widehat{ATT} \equiv \frac{1}{N} \sum_{i:T_i=1}(y_{1i} - \widehat{y_{0i}}) \quad (6-5)$$

$$y_i = x'_i\beta + \gamma T_i + \varepsilon_i \quad (6-6)$$

其中，

$$y_i = mode_i$$
$$x'_i\beta = \beta_0 + \beta_1 \overline{proft_i} + \beta_2 \overline{age_i} + \beta_3 \overline{size_i} + \beta_4 \, lngdp_i$$
$$+ \beta_5 \, lnhgdpp_i + \beta_6 \, lndist_i + \beta_7 \, bit_i + \beta_8 \, risk_i + \beta_9 \, year_i$$
$$+ \beta_{10} \, ind_i + \beta_{11} \, iso_i + \varepsilon_i \quad (6-7)$$

$$\gamma T_i = 1(ExpCn \geq 1) \quad (6-8)$$

二　变量

主要因变量进入模式 Mode，如果该项目选择绿地投资模式进入

[①] 陈强：《高级计量经济学及 Stata 应用》（第二版），高等教育出版社 2014 年版。

取值为0，褐地投资模式取值为1。

处理变量：投资经验。① 在主要检验中，笔者选择的处理变量是企业进入特定市场（该东道国）的次数 ExpCN（及其自然对数）。② 在稳健性检验中，笔者还采用其他经验度量指标进行了检验，比如企

---

① 有以下几点需要说明：第一，企业识别问题。1989—2017年跨度较长，并且在这期间中国一直在推进国有企业改革，作为对外投资的主体，很多国有企业经历了兼并、合并、重组、更名、破产以及私有化等不同的变革。其中破产不造成影响，主要影响在于企业合并和拆分，是否应该将合并前企业的投资经验划归合并后的企业。笔者依据企业投资经验是否发生实质变化为核心来决定是否将合并前后的企业识别为同一家企业。总的来说，合并的企业进行回溯变更名称，拆分的企业不进行回溯变更名称（样本中并无这种情况）。根据近20年来中国国企改革的进程，企业做强做大是主旋律，比较典型的案例有：中国南车和中国北车合并后成立中国中车，南船北船（中国船舶工业集团有限公司与中国船舶重工集团有限公司）合并组成中国船舶集团，以及港中旅与中国国旅合并（后者并入前者）。上述合并均符合国有企业（主要是央企）之间的同业竞争，优化资源配置。对于合并的企业，笔者将原来的合并企业名称回溯改为合并后企业名称，因为对于央企来说，前身所具备的组织学习经验会在合并后的公司保留。对于仅仅是更名的企业，笔者将其认定为同一家企业。央企拆分的比较少，笔者不进行合并识别，因为拆分后的企业所具备的投资经验和投资能力都随着企业的拆分而分开。第二，集团公司与子公司是否识别为同一家企业。中国很多对外投资公司是部分集团公司或母公司的子公司，对于这部分子公司的投资，一般情况下笔者将子公司改名并按照集团公司（母公司）的名称进行统计投资经验，除非子公司有比较明显的自主对外投资决定权，比如规模较大的民营企业。对于中国绝大多数国有企业来说，子公司往往是为了业务操作独立，提高运行效率而单独设立，这些子公司在人事、财务、经营范围等方面有很高的独立自主权，但是投资行为已经超出了一般事项的范畴而属于企业战略的范畴，一般由母公司战略规划部起草审核并最终由执委会最终决定，大型对外投资项目更是如此。对于中小规模的企业来说，母公司对于子公司的控制效应更强，依然执行合并操作。部分企业虽然存在相互持股关系或属于同一个组织集团，但本质上企业投资决策相对独立，且满足投资主要建议权或决定权在子公司的情形，则不进行合并。

② 此指标区别于"企业进入国际市场的累计次数"，ExpN 统计企业在非母国的进入次数，而 ExpCN 则统计在当前分析国家的进入次数。该做法参考了贾镜渝、李文《经验与中国企业跨国并购成败——基于非相关经验与政府因素的调节作用》，《世界经济研究》2015年第8期；黄梅波等《投资经验是否影响了中国异质性企业的 OFDI 模式选择》，《国际贸易问题》2019年第7期；范黎波等《中国企业跨国并购学习效应的实证研究——经验学习和替代学习的视角》，《财贸经济》2016年第10期；Ramasamy, Bala, Matthew Yeung, and Sylvie Laforet, "China's Outward Foreign Direct Investment: Location Choice and Firm Ownership", *Journal of World Business*, Vol. 47, No. 1, 2012; Chang, Sea Jin, "International Expansion Strategy of Japanese Firms: Capability Building through Sequential Entry", *The Academy of Management Journal*, Vol. 38, No. 2, 1995; Lu, Jiangyong, Xiaohui Liu, Mike Wright, and Igor Filatotchev, "International Experience and FDI Location Choices of Chinese Firms: The Moderating Effects of Home Country Government Support and Host Country Institutions", *Journal of International Business Studies*, Vol. 45, No. 4, 2014。

业在不同区域的进入次数 ExpRN,① 企业曾经完成过的国际绿地投资项目数量 ExpGN 和国际褐地投资项目数量 ExpBN。除了企业自身经验外,还有学者考虑了其他(中国或其他国家)企业在同一个东道国的投资项目数量 ExpPCN;② 其他中资企业在同国完成过的同行业投资项目数量 ExpPCInN。上述变量基于 fDi Intelligence 或 Dealogic 数据库。本章将其他投资经验做稳健性检验。

协变量包括企业层面、行业层面和国家层面等。

a) 国家层面协变量:

制度 wgi:采用世界银行世界治理指标(World Governance Indicators)衡量。世界治理指标为其数据库中每一个国家和地区提供六大制度质量衡量指标,分别是腐败控制(Control of Corruption, cce)、政府效率(Government Effectiveness, gee)、政局稳定(Political Stability and Absence of Violence, pve)、监管质量差异(Regulatory Quality, rqe)、法治程度差异(Rule of Law, rle)以及话语和问责程度差异(Voice and Accountability, vae)。这六大制度质量指标被广泛用来衡量国别制度水平和国别间相对制度差异,③ 并且腐败控制这一重要制度指标常被用作风险指标的替代变量,另一个常被用来作为风险替代的子指标是"政局稳定"。④

---

① 详见 Erramilli, M. Krishna, "The Experience Factor in Foreign Market Entry Behavior of Service Firms", *Journal of International Business Studies*, Vol. 22, No. 3, 1991。Erramilli 是在问卷中区分了企业在不同大洲的经营情况,比如,企业是否在北美洲有业务、是否同时在亚洲有业务等等,并且原始文献中采用的是哑变量形式而非计数变量。
② 范黎波等:《中国企业跨国并购学习效应的实证研究——经验学习和替代学习的视角》,《财贸经济》2016 年第 10 期。
③ 蒋冠宏、蒋殿春:《中国对外投资的区位选择:基于投资引力模型的面板数据检验》,《世界经济》2012 年第 9 期。
④ 除了世界治理指标可以作为东道国风险的衡量以外,其他可以衡量一国风险的指标还包括:国际国别风险评级指南机构的国别风险(ICRG, International Country Risk Guide),经济学人信息社(EIU, Economist Intelligence Unit)的国别风险指标,环球透视(GI, IHS Global Insight)以及中国社会科学院世界经济与政治研究所发布的《中国海外投资国家风险评级》等。但上述数据库存在的主要问题是国家和地区覆盖不全,而这些国家或地区的缺失可能不是随机的,这会导致结果有偏差。

距离 LnDist：两国首都之间的地理距离与投资当年国际油价的乘积并取对数，表示运输或沟通成本，文化距离主要参考罗南（Ronen）等，贝里（Berry）、隆纳（Lonner）等①，地理距离主要参考迈尔（Mayer）、齐尼亚戈（Zignago）②。

双边投资协定 BIT：东道国是否与中国有生效的双边投资协定。

东道国经济总量 LnHgdp 和东道国人均 GDP：分别衡量东道国市场规模和经济发展水平，是常用的控制变量。③

b）行业和企业层面协变量：

利润率 $\overline{Proft}$：该企业所属行业前一年所有工业企业利润总额除以主营业务收入的平均值，用以代表企业行业的盈利能力。

规模 $\overline{Size}$：该企业所属行业前一年行业企业年平均员工数的对数。

年龄 $\overline{Age}$：该企业所属行业前一年该行业的工业企业平均年龄。

项目金额 LnInv：并购项目金额的自然对数，投资金额的单位为百万美元④。

其中，由于存在同一家企业在同一年对多个国家或地区投资的情形，如果采用面板数据回归，则需要像部分文献一样丢弃企业在某一

---

① Ronen, Simcha, and Oded Shenkar, "Clustering Countries on Attitudinal Dimensions: A Review and Synthesis", *Academy of Management Review*, Vol. 10, No. 3, 1985; Lonner, Walter J, John W Berry, and Geert Hofstede, *Culture's Consequences: International Differences in Work-Related Values*, SAGE, 1984.

② Mayer, Thierry, and Soledad Zignago, "Notes on Cepii's Distances Measures: The Geodist Database", CEPII Working Paper, No. 2011 - 25, 2011.

③ Buckley, Peter J., L. Jeremy Clegg, Adam R. Cross, Xin Liu, Hinrich Voss, and Ping Zheng, "The Determinants of Chinese Outward Foreign Direct Investment", *Journal of International Business Studies*, Vol. 38, No. 4, 2007；蒋冠宏、蒋殿春：《中国对外投资的区位选择：基于投资引力模型的面板数据检验》，《世界经济》2012 年第 9 期；王永中：《"一带一路"沿线国家投资风险分析及政策建议》，《中国财政》2017 年第 16 期；周经、刘厚俊：《制度环境、公司战略导向与中国 OFDI 模式选择——基于中国微观企业数据的研究》，《世界经济与政治论坛》2017 年第 6 期。

④ 阎大颖：《中国企业对外直接投资的区位选择及其决定因素》，《国际贸易问题》2013 年第 7 期。

年的第2次及以后的投资，这样的观察值丢失会降低结果的一般性，故未采用。因此，笔者选择在控制年份、国别和行业哑变量的基础上采用横截面回归，上述模型变量下标 i 表示观察值序号，已经包含了对应的企业、行业、国家的变化。年份（year）、行业（indcd）和国家（iso）分别是全球宏观经济趋势、行业类别和东道国的哑变量。其中，行业依据2017年北美行业分类标准六位代码的前两位确定行业分类。

为了进一步缓解潜在的内生性问题，笔者将投资经验变量和主要控制变量（东道国GDP、东道国人均GDP）滞后一期。

三 数据

本研究的投资数据来源于 fDi Intelligence 和 Dealogic。前者为绿地投资数据而后者为褐地投资数据。根据惯例，中国香港、中国澳门、英属维尔京群岛和开曼群岛的投资是国际重要的避税地区/岛，其中吸收的大量中国投资并未留在当地，而是流向美洲其他国家和地区以及回流中国构成返程投资，故予以剔除。[①] 基于上述原则对数据进行整理和清洗，得到1496个共2783个观察值，时间跨度从1998年到2017年，共涵盖8个细分行业，分别是住宿餐饮、信息、公用事业、制造业、文化、矿产开采开发（金属）、金融保险和零售业。所有变量的主要描述性统计表如表6-1所示。[②] 共线性检验如表6-2所示。样本无显著多重共线性，平均方差膨胀因子为2.25，最大方差膨胀因子为4.43，均不超过5，根据经验法则无显著共线性问题。

[①] Hampton, Mark P., and John Christensen, "Offshore Pariahs? Small Island Economies, Tax Havens, and the Re-Configuration of Global Finance", *World Development*, Vol. 30, No. 9, 2002.

[②] 由于投资经验各变量和国别风险各变量不会同时出现在回归方程中，故仅选取 ExpGn、ExpBv 和 wgi 作为代表。

表 6-1　　　　　　　　　描述性统计

变量	观察值	均值	标准差	最小值	最大值
Mode	2783	0.427	0.495	0	1.000
LnInv	2783	2.530	2.307	-6.908	9.565
ExpN	2783	5.588	15.059	0	119.000
ExpV	2783	2.575	3.101	0	10.998
ExpGN	2783	4.742	14.294	0	119.000
ExpGV	2783	2.273	2.890	0	10.172
ExpCN	2783	0.461	1.173	0	14.000
ExpCV	2783	0.912	1.902	0	9.226
ExpRN	2783	1.806	5.554	0	60
ExpRV	2783	1.644	2.487	0	9.746
ExpInN	2783	4.880	14.531	0	119.000
ExpInV	2783	2.294	2.965	0	10.128
ExpPCN	2783	121.434	145.094	0	990
ExpPCV	2783	7.998	2.488	0	12.009
ExpPCInN	2783	38.878	58.657	0	265.000
ExpPCInV	2783	5.796	3.100	0	10.418
cce	2783	1.016	1.087	-1.638	2.470
gee	2783	1.052	0.923	-1.746	2.437
pve	2783	0.397	0.815	-2.810	1.460
rle	2783	0.961	0.983	-1.864	2.014
rqe	2783	1.040	0.932	-2.214	2.261
vae	2783	0.656	0.845	-2.226	1.739
wgi	2783	0.854	0.877	-1.771	1.889
Size	2783	5.587	1.228	4.093	8.227
Age	2783	10.964	4.551	1.500	24.600
Lev	2783	2.536	17.199	0.305	177.324
Proft	2783	-0.057	1.615	-16.661	0.350
LnDist	2783	12.979	0.876	9.673	14.493
Lnhgdp	2783	27.365	1.820	19.519	30.460
Lnhgdpp	2783	10.147	0.931	6.329	11.733
BIT	2783	0.661	0.473	0	1.000

表 6-2 共线性检验

	Mode	LnInv	ExpCN	ExpPCN	wgi	Size	Age	Lev	Proft	LnDist	Lnhgdp	Lnhgdpp	BIT
Mode	1												
LnInv	-0.133	1											
ExpCN	-0.119	0.119	1										
ExpPCN	-0.261	-0.112	0.156	1									
wgi	-0.270	-0.242	0.095	0.451	1								
Size	-0.194	0.137	0.081	0.048	-0.024	1							
Age	-0.260	0.122	0.145	0.200	-0.018	0.818	1						
Lev	0.013	0.040	-0.031	-0.064	-0.037	0.093	0.064	1					
Proft	-0.021	-0.034	0.037	0.070	0.037	-0.064	-0.027	-0.999	1				
LnDist	0.119	-0.032	0.005	-0.038	0.010	0.089	0.244	-0.019	0.025	1			
Lnhgdp	0.033	-0.179	0.002	0.235	0.485	-0.134	-0.087	-0.041	0.036	0.325	1		
Lnhgdpp	-0.195	-0.202	0.070	0.423	0.860	-0.103	-0.097	-0.056	0.054	0.014	0.560	1	
BIT	0.141	-0.121	-0.028	-0.318	-0.093	0.099	0.146	0.015	-0.011	0.152	-0.107	-0.144	1

第四节　实证结果

一　描述性统计

绿地投资和褐地投资的基本情况。本样本2783个对外投资项目中，1596个项目是绿地投资，1187个项目是褐地投资，分别占比57.35%和42.65%。在2008年（含）以前的所有投资项目中（1075），绿地投资项目数量占比64.28%，并购投资数量占比35.72%；2008年以后，绿地投资数量占比52.99%，并购投资数量占比47.01%。金额方面，绿地投资金额占比40.88%，并购投资金额占比59.12%；2008年以后绿地投资金额占比36.36%，并购投资金额占比63.64%。综合来看，并购投资在我国对外投资中的比重在数量和金额方面都呈现增长的趋势，我国对外投资总体偏好并购投资，也说明我国对外投资的主要目的在于获得外国企业的无形资产。根据进入模式与企业国际投资经验的折线图（见图6-2），企业在积累到一定程度的国际投资经验以后，绿地投资开始偏少，并购投资显著增加。

由于投资经验与进入模式之前可能还存在其他因素的影响，因此图6-2并不能直接说明投资经验与进入模式选择之间关系的稳健性。为了检验交易成本的影响，笔者从制度质量变量中的法治程度（rle）和监管质量（rqe）入手，将这两个指标得分在样本前50%的国家划分为制度质量相对较好的国家，将得分在样本后50%的国家划分为制度质量相对较差的国家。如果这笔投资发生在制度质量较好国家，则进入处理组；如果发生在制度质量相对较差的国家，则进入对照组。结果显示（见表6-3右侧"匹配后"一栏），ATT值为在27.9%—33.4%之间，均在1%水平下显著。综合说明，越是在制度质量好的国家，交易成本越低，企业越可能选择并购模式。假设6-1得到验证。

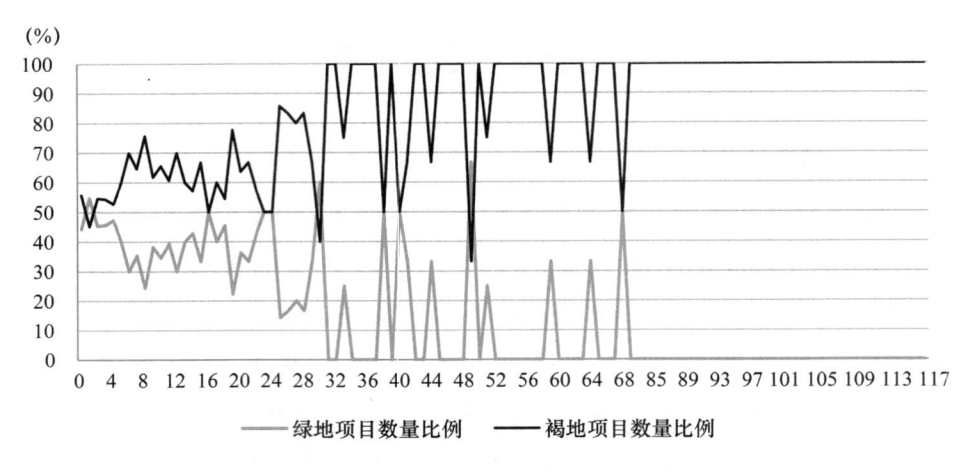

图 6-2 绿地/褐地项目与国际投资经验关系

资料来源：fDi Intelligence、Dealogic。

表 6-3 初次投资进入模式选择

制度质量	处理变量为目标国家是否为制度质量较高的国家								
^	匹配前				匹配后			
^	处理组	对照组	差值	T值	处理组	对照组	ATT	T值
rle	0.516	0.324	0.191***	11.13	0.516	0.237	0.279***	5.36
rqe	0.559	0.287	0.273***	16.18	0.559	0.225	0.334***	7.36

注：*** 表示1%显著性水平。

二 匹配效果检验

本章采用卡尺内近邻匹配法对处理组和对照组数据进行匹配。卡尺距离为倾向性得分（Pscore）标准差的四分之一，约等于0.053，同时保证最近的3个近邻进行匹配。PSM要求匹配后两组样本在匹配变量上不存在显著差异，经过检验匹配后两组观察值在匹配变量上均不存在显著差异（见表6-4），且部分匹配变量由"存在显著差异"变为"不存在显著差异"，且差异范围均在10%以内（见图6-3），满足习惯法则。

表6-4　　　　　　　　　　数据平衡检验

Variable	Unmatched / Matched	Mean Treated	Mean Control	% bias	|bias|	t	p>|t|	V(T)/V(C)
LnInv	U	3.0902	3.0883	0.1		0.02	0.987	1.27*
	M	3.0909	3.0987	-0.4	-314.8	-0.07	0.948	1.38*
Size	U	5.8160	5.5393	21.8		3.92	0.000	1.41*
	M	5.7812	5.8199	-3.0	86.0	-0.51	0.612	1.01
Age	U	12.354	10.608	38.6		6.95	0.000	1.42*
	M	12.191	12.368	-3.9	89.9	-0.65	0.514	0.99
Proft	U	0.0614	-0.1369	12.9		2.32	0.021	0.23*
	M	0.0587	0.0669	-0.5	95.9	-0.15	0.878	1.00
wgi	U	0.9812	0.6823	34.6		6.22	0.000	0.78*
	M	0.9690	0.9908	-2.5	92.7	-0.48	0.633	0.98
LnDist	U	13.099	13.054	5.5		0.99	0.320	1.12
	M	13.090	13.116	-3.2	41.8	-0.58	0.564	1.19*
Lnhgdp	U	27.479	27.361	6.9		1.25	0.211	0.85*
	M	27.474	27.509	-2.1	69.8	-0.39	0.695	1.06
Lnhgdpp	U	10.247	10.004	25.9		4.66	0.000	0.66*
	M	10.238	10.249	-1.2	95.5	-0.23	0.821	0.95
BIT	U	0.6769	0.7006	-5.1		-0.92	0.358	.
	M	0.6719	0.6470	5.4	-5.2	0.93	0.351	.

注：*表示方差比在 [0.86；1.17]（匹配前）或 [0.86；1.17]（匹配后）之外。

三　初次投资的进入模式选择

为了检验竞争性假设6-2和假设6-3，笔者通过区分企业初次进入特定市场的进入模式选择和非初次进入特定市场的模式选择来分析。我们将进入处理组的条件调整为国别投资经验大于零（ExpCN≥1），其余变量进入对照组。考虑到对照组企业（即对目标国投资经验为零的企业）内部仍然存在很大的异质性，比如有的企业虽然没有投资过该东道国，但已经在世界其他国家发起过很多笔投资，因此是属于实力强大、投资经验极为丰富的企业；而另一些企

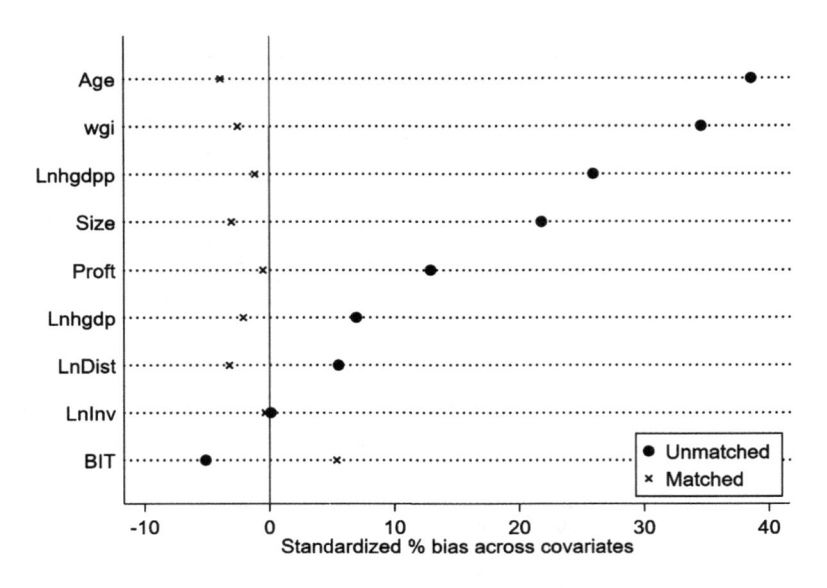

图 6-3 匹配变量标准化偏差

业既没有投资过该东道国,也没有投资过世界其他国家,本质上还处在国际化极为初级的阶段,因此本章在模型中控制了该企业在其他国家的投资经验(ExpN)。结果显示,对新市场进行初次投资的企业更偏好绿地投资模式,而非并购投资模式。由于东道国不同方面的制度质量对于进入模式选择存在一定影响,笔者选用了世界银行世界治理指数的六大指标及其平均值作为不同情形的对照,确保结果的稳健性。表6-5结果显示,处理组处理效应ATT在不同制度质量匹配的情形下均显著为正,且在1%显著性水平下通过T检验。这表明国别经验的有无显著增加了企业选择并购投资模式进入的概率,此概率在7.9%—10.7%。因此,假设6-3未获得支持。这也从侧面表明,在目标国积累的投资经验降低了企业后续在相同国家发起并购投资的交易成本,促使企业在后续投资中选择并购的进入模式。

表6-5　　　　　　　　初次与非初次投资的进入模式选择

风险类别	处理变量为是否有该国投资经验							
	匹配前				匹配后			
	处理组	对照组	差值	T值	处理组	对照组	ATT	T值
cce	0.551	0.381	0.170***	8.36	0.551	0.472	0.081***	2.73
gee					0.551	0.450	0.103***	3.46
pve					0.551	0.473	0.079***	2.73
rle					0.551	0.447	0.105***	3.51
rqe					0.551	0.463	0.088***	2.97
vae					0.551	0.469	0.083***	2.79
wgi					0.551	0.445	0.107***	3.57

注：*** 表示1%显著性水平。

为什么企业在其他国家的投资经验会导致企业在进入新国家时更偏好绿地投资呢？一种可能的机制是：在其他地方投资的经历让企业知道，不同东道国的情况是不一样的，只有通过新建项目、与东道国本土各类市场深度交易，才能真正认识该国市场（比如后面提到的"隐性知识"），为后续寻找并购投资目标做准备。相反，没有任何国际投资经验的企业（ExpN = 0）对于东道国层面异质性无认知或认知不深，故反而可能相对更青睐在初次海外投资中选择并购进入模式。绿地投资的优势包括：带来新增就业、新增资本形成，企业更容易获得当地政府的支持，同时也因为企业可以按照自己的意愿兴建厂房、组建人员队伍等，因此虽然绿地投资看似投资回收期较长，但是正是由于其用时较长，反而需要克服的交易成本被摊薄，并且企业也不需要像并购投资付出额外成本购买无形资产。

另一种可能的机制是，由于绿地投资和褐地投资所要求的企业能力略有区别，目的也存在一定区别，若企业前期积累投资经验偏重某一类进入模式，说明企业对于这种进入模式的能力相对掌控能力较强，则可能形成进入模式上的路径依赖。特定类型的投资经验对于增强企业"不可移动优势"存在路径依赖，进而影响企业在初次进入其他国家时的模式选择（即更偏好绿地）。比较常见的不可移动优势包括：营销网络、销售渠道和仓储物流能力。相比于没有任何国际投资经验的企业来说，有其他国家绿地投资经验的企业在实现过至少1次海外绿地投资后，其"不可移动优势"显著增强。[1] 由于"不可移动优势"在前期绿地投资中已经建立，故在进入一个新国家时，企业没有必要通过并购的方式去重复建设这样的队伍，故相比于没有建设过此能力的企业（没有历史绿地投资经验的企业）再次选择绿地模式的概率会更高。相对地，可移动优势（生产率、技术和研发）强的企业更偏好并购模式。[2]

为了检验这种进入模式的"路径依赖"，笔者还是使用倾向性得分匹配方法，将观察值是否进入处理组的标准调整为"企业前期是否有绿地投资经验（ExpGN≥1）"或"企业前期是否有褐地投资经验（ExpBN≥1）"，因变量依然为"选择褐地投资模式"。结果显示（见表6-6），绿地投资经验ExpGN带来显著负的处理组处理效应，ATT值为-9.3%，在1%水平下显著。这一实证结果说明，对于初次进入特定市场的企业（即从全样本中剔除第二次及以上投资特定国家的观察值），企业存在一定程度的进入模式路径依赖，且主要是绿地投资带来的路径依赖，并购投资未带来显著的路径依赖。

综合来看，企业初次进入特定市场进入模式偏好绿地，可能是因为绿地投资是获得特定东道国异质性信息的更好渠道，也可能是因为绿地模式帮助企业积累了可重复利用的不可移动优势。

---

[1] 比如建立全球兼容的质量管理和成本控制系统等。

[2] Hennart, Jean-Francois, and Young-Ryeol Park, "Location, Governance, and Strategic Determinants of Japanese Manufacturing Investment in the United States", *Strategic Management Journal*, Vol. 15, No. 6, 1994; 蒋冠宏、蒋殿春：《绿地投资还是跨国并购：中国企业对外直接投资方式的选择》，《世界经济》2017年第40卷第7期。

表6-6　　　　　　　进入模式类别经验对于进入模式的影响

经验类别	匹配前				匹配后			
	处理组	对照组	差值	T值	处理组	对照组	ATT	T值
ExpGN	0.409	0.450	-0.041**	-2.17	0.412	0.505	-0.093***	-3.43
ExpBN	0.491	0.393	0.098***	4.02	0.488	0.460	0.028	0.88

注：**，***分别表示5%和1%显著性水平。

四　后续投资的进入模式选择

虽然投资经验起到了帮助企业降低并购投资交易成本的作用，但是企业从认识特定市场，到能够降低相应交易成本是否仅仅通过一次投资就可以实现呢？常（Chang）、罗森茨魏希（Rosenzweig）发现企业之前的国际化经验（出口、许可等）只影响初次对外投资的进入模式选择，不影响后续的进入模式选择，企业后续的国际投资行为会对最优进入模式进行适应性改动。[①] 鉴于此，笔者剔除了完全没有任何国际化经验的企业观察值，仅保留有过国际投资经验的观察值。理由是，没有任何国际化经验的企业与有国际化经验但是没有特定市场经验的企业在选择进入模式时很可能存在差异，这样做相当于控制了企业整体的国际化阶段，仅保留企业在对特定国家认知方面的差异。因此，判定观察值是否进入处理组的变量（ExpCN≥1）只反映特定东道国专有认知对进入模式的影响，而不反映企业的国际化进程差异带来的对进入模式的影响。同时需要说明的是，由于在匹配的过程中已经匹配了国别[②]、行业和年份，因此特定市场经验（即国别经验ExpCN）中并不包含特定东道国对于某些行业进入模式的法规性限制。结果见表6-7右侧匹配后一列。

对于非初次海外投资企业，对特定市场的专有认知提高了并购进

[①] Chang, Sea-Jin, and Philip M. Rosenzweig, "The Choice of Entry Mode in Sequential Foreign Direct Investment", *Strategic Management Journal*, Vol. 22, No. 8, 2001.

[②] 少部分匹配没有控制国别，主要原因是如果控制国别，则投资经验在部分国家的进入模式选择中没有变化，导致无法估计。

入模式的概率。处理组处理效应 ATT 在不同制度质量匹配的情形下均显著为正，在 5% 或 1% 显著性水平下通过 T 检验。处理组处理效应 ATT 值为 6.9%—12%，意味着企业在东道国每多一笔投资，选择并购投资的概率增加 10% 左右。综合来看，企业对东道国特定市场的认知加深有助于企业克服外来者劣势、克服制度差异、克服文化差异等因素带来的各项额外交易成本。由此也从侧面佐证了 Chang 和 Rosenzweig 关于企业初次投资进入模式和后续投资进入模式存在差异的结果。[1]

表 6-7　　　　　　　　　后续投资进入模式选择

风险类别	仅针对非初次进入国际市场的企业，处理变量为是否有目标国投资经验							
^	匹配前				匹配后			
^	处理组	对照组	差值	T 值	处理组	对照组	ATT	T 值
cce	0.548	0.288	0.260***	10.60	0.541	0.447	0.094***	2.66
gee	^	^	^	^	0.541	0.472	0.069*	1.89
pve	^	^	^	^	0.541	0.428	0.113***	3.23
rle	^	^	^	^	0.541	0.435	0.106***	2.97
rqe	^	^	^	^	0.541	0.463	0.077**	2.06
vae	^	^	^	^	0.541	0.420	0.120***	3.44
wgi	^	^	^	^	0.541	0.439	0.102***	2.86

注：*，**，*** 分别表示 10%，5% 和 1% 显著性水平。

五　稳健性检验

为了验证样本的稳健性笔者换用了多种匹配方法进行稳健性检验，结果与表 6-5 和表 6-7 结果保持一致。对于初次投资（见表 6-8 Panel A），企业更偏好绿地投资，而对于非初次投资（见表 6-8 Panel B）企业更偏好并购投资。

---

[1] Chang, Sea-Jin, and Philip M. Rosenzweig, "The Choice of Entry Mode in Sequential Foreign Direct Investment", *Strategic Management Journal*, Vol. 22, No. 8, 2001.

表6-8　　　　　　　　稳健性检验

Panel A：仅针对初次进入特定市场的企业，处理变量为是否有国际投资经验

匹配方式	匹配前				匹配后			
	处理组	对照组	差值	T值	处理组	对照组	ATT	T值
K近邻	0.279	0.433	-0.154***	-7.39	0.280	0.409	-0.129***	-3.90
卡尺	0.279	0.433	-0.154***	-7.39	0.280	0.401	-0.121***	-4.27
核	0.279	0.433	-0.154***	-7.39	0.280	0.400	-0.121***	-4.22
局部线性回归	0.279	0.433	-0.154***	-7.39	0.280	0.404	-0.124***	-3.08
马氏距离	0.275	0.442	-0.167***	-8.23	0.275	0.442	-0.168***	-7.90

Panel B：仅针对初次进入特定市场的企业，处理变量为是否有国际投资经验

匹配方式	匹配前				匹配后			
	处理组	对照组	差值	T值	处理组	对照组	ATT	T值
K近邻	0.548	0.288	0.260***	10.60	0.541	0.442	0.099***	2.78
卡尺	0.548	0.288	0.260***	10.60	0.541	0.431	0.110***	3.59
核	0.548	0.288	0.260***	10.60	0.541	0.433	0.107***	3.50
局部线性回归	0.548	0.288	0.260***	10.60	0.541	0.439	0.102***	2.50
马氏距离	0.551	0.275	0.276***	11.81	0.551	0.430	0.121***	4.83

注：*** 表示1%显著性水平。

第五节　机制分析：隐性知识

尽管实证检验支持组织经验学习降低交易成本说，但还需要进一步分析是什么样的知识降低了交易成本。按照折衷理论，企业特定所有权优势可以进一步划分为可被分离出组织的优势和不可被分离出组织的优势。可被分离出组织的优势包括先进的组织管理制度、专业技术等，而不可被分离出企业的优势是劳动力相关优势。[①] 比如，日本对美国高科技投资企业一般拥有一套精细且完善的人力资本管理和培

---

① Hennart, Jean-Francois, and Young-Ryeol Park, "Greenfield Vs. Acquisition: The Strategy of Japanese Investors in the United States", *Management Science*, Vol. 39, No. 9, 1993.

训经验，这种经验属于不可移动企业特定优势。因此日本企业往往选择绿地投资模式。①

与埃纳尔、帕克（Park）的思路类似，组织学习理论也认为知识可以分为显性知识和隐性知识。② 显性知识是能在不同人群个体之间传递的知识，③ 往往具有一定的因果关系推定能力；④ 而隐性知识则是存在于组织个体中有特殊背景的知识，它依赖于个人的不同体验、直觉和洞察力，⑤ 具有难以编码、难以转移的特点。⑥ 因此，相对于显性知识，隐性知识更加难以获得。在目前信息化时代，显性知识可以通过上网搜集、访谈、会议、查阅法律法规等方式获得，未必企业需要发起真实投资才能获得；而隐性知识作为存储在人脑中的缄默规则，不容易被传播，但却很可能是影响投资是否顺利的关键因素，也是真正能够影响企业交易成本的关键信息。为了验证该情形是否为正，本章拟通过检验其他中企投资经验是否给当前考察企业带来替代学习效应来验证。其理论基础是学界公认（显性）知识作为一种公共物品容易转移但难以保护，故企业可以观察和模仿其他企业对目标国家的投资行为，进而将这些经验转化为自己的知识，从而获得投资目标国家的能力。企业通过观察其他企业的投资行为和结果（特别是不好的结

---

① Aoki, Masahiko, *Information, Incentives and Bargaining in the Japanese Economy: A Microtheory of the Japanese Economy*, Cambridge: Cambridge University Press, 1988; Florida, Richard, and Martin Kenney, "Transplanted Organizations: The Transfer of Japanese Industrial Organization to the U. S", *American Sociological Review*, Vol. 56, No. 3, 1991.

② Hennart, Jean-Francois, and Young-Ryeol Park, "Greenfield Vs. Acquisition: The Strategy of Japanese Investors in the United States", *Management Science*, Vol. 39, No. 9, 1993.

③ 陈国权、马萌：《组织学习的过程模型研究》，《管理科学学报》2000年第3期。

④ [美] 克里斯·阿吉里斯：《组织学习》，张莉、李萍译，中国人民大学出版社2004年版。

⑤ 陈国权、马萌：《组织学习的过程模型研究》，《管理科学学报》2000年第3期；黄静、王家国：《内部营销理论及其运用》，《中国软科学》2003年第4期。

⑥ Kogut, Bruce, and Udo Zander, "Knowledge of the Firm, Combinative Capabilities, and the Replication of Technology", *Organization Science*, Vol. 3, No. 3, 1992；陈效林等：《国际联盟中知识获取：知识保护、吸收能力与议价权力》，《科学学与科学技术管理》2010年第6期。

果）来选择更合适自己的进入模式，规避已知风险。[1] 比如，当一国政府以安全为由叫停了中国对其重要企业的并购时，其他中国企业更可能采取绿地新建或贸易的方式与目标国再建立联系。考虑到中国企业之间不存在语言文化障碍，并且不同行业的企业之间不存在竞争关系，因此借鉴其他企业的先期投资经验可以降低并购相关额外成本、避免风险。[2] 如果其他中国企业投资的是同行业的企业，那么理论上存在人员流动的可能，由此带来隐性知识的传递；[3] 如果其他中国企业投资的是非同行业的企业，那么人员流动的可能性较低，即使流动也不一定是核心业务人员，由此带来显性知识的传递。由此可以检验以下假设：

假设6-4：其他中企同行业前期投资经验提高企业选择并购模式的概率

假设6-5：其他中企非同行业前期投资经验对于企业选择并购的概率无显著影响

除了能带来替代学习效应以外，其他企业的经验还可能带来竞争效应。有丰富东道国经验企业在组织学习中获得的知识不及东道国经验不丰富的企业，原因是经验丰富企业往往是知识的流出方，而经验匮乏的企业往往是知识的流入方。[4] 因此，经验丰富的企业很可能选择不在外资聚集较多的地区进行投资。另外，企业如果不考虑他人经

---

[1] Miner, A. S., and P. R. Haunschild, "Population Level Learning", in B. M. Staw and L. L. Cummings, eds., *Advances in Organizational Behavior*, Greenwich: JAI Press, 1995.

[2] Miner, A. S., and P. R. Haunschild, "Population Level Learning", in B. M. Staw and L. L. Cummings, eds., *Advances in Organizational Behavior*, Greenwich: JAI Press, 1995.

[3] Shaver, J. Myles, Will Mitchell, and Bernard Yeung, "The Effect of Own-Firm and Other-Firm Experience on Foreign Direct Investment Survival in the United States, 1987 – 92", *Strategic Management Journal*, Vol. 18, No. 10, 1997.

[4] Myles Shaver, J., and Fredrick Flyer, "Agglomeration Economies, Firm Heterogeneity, and Foreign Direct Investment in the United States", *Strategic Management Journal*, Vol. 21, No. 12, 2000; Chang, Sea-Jin, and Sekeun Park, "Types of Firms Generating Network Externalities and MNCs' Co-Location Decisions", *Strategic Management Journal*, Vol. 26, No. 7, 2005.

验对于自身的适用性就加以模仿，很可能导致投资失败或经营效益不佳。①

为了检验上述猜想，笔者计算了每一笔对外投资前，中国企业在同国家同行业实现过的投资项目数量（ExpPCInN）和中国企业在同国家非同行业实现过的投资项目数量（ExpPCOnN），并以这些变量是否大于等于1为进入处理组的标准。结果显示（见表6-9右侧"匹配后"列），中国企业在同国家同行业实现过的投资项目数量 ExpPCInN 在少部分情况下可以通过 T 检验，但是仅在10%显著性水平下通过，ATT 值在15%左右（Panel A）；而中国企业在同国家非同行业实现过的投资项目数量 ExpPCOnN 不能通过 T 检验。这一结果侧面佐证了隐性知识传递提高企业处理复杂并购投资的能力的渠道。综上，假设6-4得到验证，假设6-5未获得验证。

表6-9　　其他中企国别投资经验对于进入模式的影响

Panel A：进入处理组标准——同东道国且同行业内是否有其他中企投资 ExpPCInN≥1

风险类别	匹配前				匹配后			
	处理组	对照组	差值	T值	处理组	对照组	ATT	T值
cce	0.411	0.235	0.176***	5.92	0.392	0.259	0.133	1.37
gee					0.393	0.266	0.127	1.40
pve					0.396	0.247	0.149*	1.76
rle					0.392	0.262	0.130	1.47
rqe					0.382	0.215	0.166*	1.93
vae					0.394	0.242	0.152*	1.77
wgi					0.391	0.237	0.154*	1.71

---

① Abrahamson, Eric, and Lori Rosenkopf, "Institutional and Competitive Bandwagons: Using Mathematical Modeling as a Tool to Explore Innovation Diffusion", *Academy of Management Review*, Vol. 18, No. 3, 1993; Xia, Jun, Justin Tan, and David Tan, "Mimetic Entry and Bandwagon Effect: The Rise and Decline of International Equity Joint Venture in China", *Strategic Management Journal*, Vol. 29, No. 2, 2008.

续表

Panel B：进入处理组标准——同东道国且同行业内是否有其他中企投资 ExpPCOnN≥1

风险类别	匹配前				匹配后			
	处理组	对照组	差值	T值	处理组	对照组	ATT	T值
cce	0.355	0.248	0.106***	2.57	0.283	0.267	0.016	0.21
gee					0.280	0.242	0.039	0.52
pve					0.285	0.216	0.069	0.86
rle					0.289	0.242	0.047	0.61
rqe					0.282	0.262	0.020	0.26
vae					0.285	0.242	0.043	0.58
wgi					0.289	0.243	0.046	0.60

注：*，***分别表示10%和1%显著性水平。

第六节 小结

本章基于倾向性得分匹配法对投资经验是否影响进入模式及其影响机制做了研究，主要有如下几点发现：第一，交易成本与并购投资模式概率负相关，在控制行业特征、项目规模、东道国经济发展水平和经济总量等因素的情况下，目标国家制度质量越好，交易成本越低，并购投资概率越高。第二，企业初次进入新国家进行投资时更倾向于选择绿地投资模式，在其他条件一致的情况下，有相关国别投资经验的企业选择并购的概率比没有相关国家经验的企业高10%左右。主要原因是，一方面，初次进入东道国时，企业更注重是否获得在东道国经营所需要的显性和隐性知识，过去的投资经验证明，绿地投资更容易获得隐性知识；另一方面，进入模式存在一定"惯性"。企业在其他地方积累的绿地/褐地投资模式转化为自身比较优势。如在绿地投资方面，企业对于获得准入许可、征地、把控原材料成本等方面积累了熟练经验，形成了一套科学的工作流程。在进入一个不熟悉的新国家时，企业倾向于用自己熟稔的手段进入，而不是在没有特定必要的情况下转换进入模式。并购投资也同理。第三，企业拥有特定市场经验与否显著提高了后续进入该东道国时选择并购投资的概率，提高值约为10%。随着企业在特定市场"站稳脚跟"，企业在目标市场经营实力增强，面对相同的制度文化障碍时，企业过去获得的投资经验能够帮助企业少走弯路，降低交易成本甚至避免部分交易成本，从而使得并购投资的相对性价比提高，从而在后续投资中逐渐受到青睐。第四，企业进入模式选择基本不受到其他中企在同市场投资经验的影响，但如果是其他中企的经验是发生在同市场且同行业中，则会有影响，即目标企业未来选择并购投资的概率会略高。这与自身经验学习的效果有显著差异。这从侧面说明行业相关的知识溢出（如何降低行业相关交易成本）是投资经验提高并购进入模式概率的重要原因。

第七章

投资经验对投资规模的影响

第一节 引论

中国企业的国际化进程是国际商务领域重要的研究问题。本章从企业个性化的国际投资经验入手，在微观层面研究了企业投资经验对投资规模的影响。主要发现：第一，源于特定国别的投资经验正向提升了后续并购投资的规模。有目标国家投资经验的企业选择的投资规模平均比无经验的企业高 0.4%。第二，即便是在地理相近国家积累的投资经验也不能对当前目标国的投资规模产生正面促进作用。第三，借助条件选择模型，本章还发现中国对外投资并不存在对高风险国家的偏好。从投资经验发挥作用的机制来看，国别投资经验通过增强企业对目标国的投资信心、促进产业协同和降低制度距离三个渠道发挥作用。增强投资信心是指，在区位选择阶段，企业因投资经验提高了其继续选择在该国（而不是在其他国家）进行投资的概率，同时经验也缩短了企业后续再次投资同一国家或同一区域的时间间隔；产业协同或规模效应则表现为，如果企业在某国或某大洲已经有某个行业的投资经验，那么企业后续再次在该行业大类进行投资时选择的投资规模也会更高；经验对制度距离的调节作用则表现为有经验的企业更能适应那些在政府效率、立法和执法方面与中国存在较大差距的国家。基于以上结论，本章建议企业合理审慎利用过往投资经验、制定长期对外投资计划，使不同的海外投资形成产业协同和规模效应，充分有效利用国内和国外两个市场，发挥中国企业的比较优势。

第二节 背景介绍

中国对外投资自改革开放以来经过了长期的发展，取得了显著的成果。中国对外直接投资存量自 2003 年的 29 亿美元增长到 2019 年 1369 亿美元，增长了 46.2 倍；2015 年从对外投资净流入国变为对外投资净流出国；到 2017 年成为全球第三大对外投资国，仅次于美国和荷兰。然而，中国企业在对外投资过程中主要面临着几方面的挑战：一是加入世贸组织以后，绝大多数企业并没有独自对外投资的经验，对国际通行的绿地、褐地投资的准则不熟悉；二是对差异化的国别投资环境缺乏具体认知，对不同目标国的投资政策、市场结构和文化习俗不够了解，难以针对性地进行风险规避、提高投资成功率。根据商务部和贸促会 2009 年《中国企业对外投资现状及意向调查报告》，中国企业海外投资的失败率达到 1/3，[①] 这一时期正值国际金融危机，国际资产价格泡沫破裂、优质资产价格大幅下降，大量中国企业频繁出手并购他国企业。然而，由于中国企业对海外市场了解甚少，无法对目标国投资环境风险做出合理评估，商务部也及时发出提醒，并建立健全了中国企业海外投资权益保障的帮扶平台。这也从侧面反映出中国企业缺乏特定国家投资经验的实际情况。鉴于中国企业对外投资起步晚，并与外国企业间具有意识形态的差异，中国企业的国际化进程、国际投资能力的形成与发展引起了学术界广泛的讨论。[②]

[①] 徐芸茜：《商务部警示海外抄底风险 对外投资企业 1/3 亏损》，《华夏时报》2009 年 4 月 24 日。

[②] 关于中国企业的国际化模式，存在两种观点，一种是中国企业国际化路径与西方发达国家企业国际化路径比较一致，是渐进国际化；另一种观点则认为中国存在大量"天生国际化企业"，此类企业自设立之初就天然具备较强的国际化能力。详见郑小碧《天生全球化企业跨国创业机理与路径：组织学习的中介效应》，《研究与发展管理》2016 年第 2 期。

第七章　投资经验对投资规模的影响

目前，针对中国对外投资数据最权威的数据是中国商务部、统计局和外管局联合发布的《中国对外直接投资统计公报》，该文件提供了中国对外投资的总流量和存量，特别适合分析中国企业作为一个整体对外投资能力的演变。然而，官方数据并不提供企业层面或项目层面的投资数据，这使得我们无法追踪企业个性化的国际投资路径，故也无法分析国际投资经验是否以及如何影响中国企业的国际化进程。官方数据的另一个缺陷是仅统计了企业海外初次投资的投放地，却无法追踪企业后续的投资流向①。这种失真会导致我们对企业国际化路径的认定存在偏差，从而影响我们对企业获取国际投资能力来源的分析。借此，越来越多的学者选择采用微观数据考察企业层面异质性的区位选择。② 上述研究主要针对企业海外投资中选择异质性因素如何影响进入模式或是研究制度如何影响企业的投资决策，而没有研究投资经验对投资规模的影响。由于投资规模是企业基于自身实力、目标国风险水平、企业自身风险厌恶程度等多方面因素约束下自行选择的指标，反映了企业对目标国家投资环境的信心以及对自身投资能力的估计。

组织学习是企业能力提升的重要途径，在中国企业快速的国际化进程中也伴随着对其他国家投资环境与市场的学习。这些组织学习行为最终转化为中国跨国公司的宝贵财富，是提高中国企业国际化水平的重要途径。然而，目前对于组织学习如何具体提升企业国际投资能

---

① 详见王碧珺《被误读的官方数据——揭示真实的中国对外直接投资模式》，《国际经济评论》2013 年第 1 期。
② Lu J, Liu X, Wright M, Filatochev I., "International Experience and FDI Location Choices of Chinese Firms: The Moderating Effects of Home Country Government Support and Host Country Institutions", *Journal of International Business Studies*, Vol. 45, No. 4, 2014; 黄梅波等：《投资经验是否影响了中国异质性企业的 OFDI 模式选择》，《国际贸易问题》2019 年第 7 期；周茂等：《企业生产率与企业对外直接投资进入模式选择——来自中国企业的证据》，《管理世界》2015 年第 11 期；宗芳宇等：《双边投资协定、制度环境和企业对外直接投资区位选择》，《经济研究》2012 年第 5 期；王永钦等：《中国对外直接投资区位选择的决定因素：制度、税负和资源禀赋》，《经济研究》2014 年第 12 期。

力的途径和机制尚未得到详尽阐释。本书提出，企业在一次次对外投资中积累的投资经验是组织学习提升企业国际化水平的主要途径，并认为成功投资带来的信心效应、产业协同效应是投资经验发挥作用的主要机制。本章余下的内容结构如下：第三部分是文献回顾和假设提出；第四部分是模型、变量与数据；第五部分是主要结果；第六部分是机制探讨；第七部分是小结。

第三节　文献回顾与假设提出

一　投资经验对企业海外投资信心的提振作用

企业在海外投资时需要克服巨大的地理距离、制度距离[①]、文化距离[②]。西方发达国家企业的海外投资经历了地理上从近到远的发展脉络。这是因为地理毗邻国家在制度和文化方面通常存在相似性，导致市场需求的相似性，使得一国的商品和服务更适合周边国家。地理毗邻也降低了海外投资设厂的沟通成本，在互联网不发达的时代，相对较短的地理距离对于对外投资母公司来说意味着较低的沟通和管理成本。中国对外投资也有相似特点，根据历年《中国对外直接投资统计公报》，周边国家、亚洲一直是中国对外投资最集中、最活跃的地区。一方面是由于亚洲文化圈部分国家华人较多，存在与国内相似的需求；另一方面，亚洲地区劳动力比较密集，部分厂商选择在东南亚投资，以降低劳动力成本和沟通管理成本。

[①] 刘赟、孟勇：《制度距离与我国企业海外并购效率》，《经济管理》年 2019 年第 41 卷第 12 期；杜晓君、朱园园：《制度距离、信息不对称和国际并购绩效——基于中国上市公司并购案的实证研究》，《东北大学学报》（自然科学版）2013 年第 34 卷第 10 期。

[②] 殷华方、鲁明泓：《文化距离和国际直接投资流向：S 型曲线假说》，《南方经济》2011 年第 1 期；綦建红、杨丽：《文化距离与我国企业 OFDI 的进入模式选择——基于大型企业的微观数据检验》，《世界经济研究》2014 年第 6 期；高厚宾、王蔷瑞：《跨国并购中资源互补性对创新绩效的影响——文化距离与吸收能力的调节作用》，《国际商务》（对外经济贸易大学学报）2019 年第 6 期。

然而，随着2008年以后国际资产价格大幅缩水以及中国的外汇储备的不断增加，中国企业开始逐渐重视对周边国家以外国家的投资。第一个方向是技术寻求型投资和市场寻求型投资，更多地在欧美等发达经济体进行对外投资。例如，2010年吉利汽车收购瑞典沃尔沃轿车业务就是为了获得乘员安全保护方面的技术，但同时也获得了一个全球知名的品牌。这次收购不仅提升了吉利的品牌知名度，还打开了海外市场。第二个方向是资源寻求型投资。在"世界工厂"地位初步巩固后，仅靠中国国内的资源已难以满足内部消费和外部出口的双重需求，为保障生产资料供给的稳定性和经济性，中国对拉丁美洲、非洲、西亚北非、东欧等地区的投资也开始大幅度增长。据2020年《中国对外直接投资统计公报》，截至2019年年末，中国对外投资的近九成分布在发展中经济体。

然而，不管是欧美发达经济体还是发展中经济体，其制度、文化、语言和思维方式均与中国国内的投资方式存在差异。以中海外联合体在波兰A2公路项目的经验为例，该联合体采取了先以低价竞得招标后再根据成本价格进行报价调整的策略。这在国内基建行业较为普遍，但是在波兰并不常见。由于未能准确预估原材料价格的大幅变动，最终导致中海外联合体未能完成该项目，并留下不良声誉。鉴于中国对外投资中的绝大多数企业都是首次涉足国际市场，意味着不论企业投资目的地是法治程度较好的发达经济体，还是法治程度不够完善的发展中经济体，为规避潜在风险，中国企业在初次投资时都应该选择一个更小的风险头寸（即投资额），在适应新市场环境后逐步增加对外投资。由此提出：

假设7-1　投资规模与投资经验正相关

二　制度距离、文化距离对投资的阻碍作用

中国对外投资除了发展较快这一显著特点外，另一个区别于西方

企业国际化进程的特点是在区位选择上存在对高风险国家的"偏好"。① 巴克利等②发现中国对外投资与东道国制度质量负相关，政治风险每上升 1 单位，中国投资流量增加 1.8%；拉马萨米等③基于沪深股市 200 家大市值企业数据取得了与巴克利等类似的结果。科尔斯塔德和韦格④虽然未发现东道国制度风险对中国投资有显著影响，但自然资源依赖度和东道国制度风险交互项系数为负。

对该现象的解释主要有几种理论，其中一种是制度接近论或特定所有权优势论，另一种是强调具体讲国企的预算软约束。制度接近论认为，发展中国家制度质量的相似性导致彼此间相互投资增多，同时这些国家的风险水平也相对类似。由于中国企业已经适应了国内相对恶劣的投资环境，因此能够较快地适应相似制度质量国家的环境。这可能造成一种误解，认为中国企业更偏好于投资高风险的国家。⑤ 比如，在中国获取土地使用权非常困难，耗时远远高于一般发展中国家。该论点与特定所有权优势假说有相似之处，特定所有权优势是指母国企业天生普遍具备的某种能力优势，对于中

---

① Buckley, Peter J., L. Jeremy Clegg, Adam R. Cross, Xin Liu, Hinrich Voss, and Ping Zheng, "The Determinants of Chinese Outward Foreign Direct Investment", *Journal of International Business Studies*, Vol. 38, No. 4, 2007; Kolstad, Ivar, and Arne Wiig, "What Determines Chinese Outward FDI?", *Journal of World Business*, Vol. 47, No. 1, 2012; Ramasamy, Bala, Matthew Yeung, and Sylvie Laforet, "China's Outward Foreign Direct Investment: Location Choice and Firm Ownership", *Journal of World Business*, Vol. 47, No. 1, 2012；钱进、王庭东：《"一带一路"倡议、东道国制度与中国的对外直接投资——基于动态面板数据 GMM 的经验考量》，《国际贸易问题》2019 年第 3 期；王永中、王碧珺：《中国海外投资高政治风险的成因与对策》，《全球化》2015 年第 5 期；王永中、赵奇锋：《风险偏好、投资动机与中国对外直接投资：基于面板数据的分析》，《金融评论》2016 年第 4 期。

② Buckley, Peter J., L. Jeremy Clegg, Adam R. Cross, Xin Liu, Hinrich Voss, and Ping Zheng, "The Determinants of Chinese Outward Foreign Direct Investment", *Journal of International Business Studies*, Vol. 38, No. 4, 2007.

③ Ramasamy, Bala, Matthew Yeung, and Sylvie Laforet, "China's Outward Foreign Direct Investment: Location Choice and Firm Ownership", *Journal of World Business*, Vol. 47, No. 1, 2012.

④ Kolstad, Ivar, and Arne Wiig, "What Determines Chinese Outward FDI?", *Journal of World Business*, Vol. 47, No. 1, 2012.

⑤ 钱进、王庭东：《"一带一路"倡议、东道国制度与中国的对外直接投资——基于动态面板数据 GMM 的经验考量》，《国际贸易问题》2019 年第 3 期。

国企业来说，了解中国特定市场的制度缺陷及其解决办法就是它们与生俱来的优势（即特定所有权优势），当其他发展中国家也存在类似的制度缺陷时，中国企业就能够从其国内的经营经验获得灵感，从而解决在投资其他发展中国家时遇到的问题。科尔斯塔德和韦格认为中国文化和中国企业间普遍存在的各种"纽带"使得中国企业在制度得分同样较低的国家获得了特定优势，这些"关系"和沟通技巧赋予了中国企业克服特定制度缺陷的能力，从而促进了投资。巴克利等[1]通过研究印度公司的对外投资，发现母国与东道国之间的特殊的联系也可以构成企业特定所有权优势。因此，从这个角度来说，制度距离与中国越远的国家，对中国企业而言风险越高，在缺乏投资经验的情况下，应该更加谨慎。

　　中国对外投资的主体——特别是在2014年以前——是国有企业。国有企业的预算软约束问题则是计划经济时代的遗留问题。在计划经济时代，政府占有一切生产资料并具体指导企业的生产计划，国有企业成为政府在市场端的延伸，主要负责完成政府下达的生产和贸易指令，即便面对亏损也能获得财政资源的补充。国有企业改革以后，尽管国有企业开始自负盈亏，财政对国企的支持有所降低，但由于背后有中央和地方政府的支持，国企破产概率大大降低。然而，风险水平相近可能未必意味着对应解决的处理方法也相似。纳如拉[2]提供了一个例子：一家印度制造业企业虽然有足够经验处理母国印度政府效率低下问题，这些经验使得企业能够在面对另一个政府效率低下的国家时调整好预期；然而，做好预期并不意味着能够降低低效风险，因为造成两国政府效率低下的根本原因是不同的。综上所述，为了检验制

---

[1] Buckley, Peter J., Nicolas Forsans, and Surender Munjal, "Host-Home Country Linkages and Host-Home Country Specific Advantages as Determinants of Foreign Acquisitions by Indian Firms", *International Business Review*, Vol. 21, No. 5, 2012.

[2] Narula, Rajneesh, "Do We Need Different Frameworks to Explain Infant MNEs from Developing Countries?", *Global Strategy Journal*, Vol. 2, No. 3, 2012.

度接近是否会影响我国企业对外投资时选择的投资规模,本章拟区分不同维度的制度差异如何影响投资规模。

三 投资经验对制度距离的调节作用

上述研究虽然发现中国对外投资在规模上与目标国家的风险水平存在正相关关系,并且给出了相应解释,但上述解释还是在承认第三方给定的风险水平下做出的。然而,随着国际投资理论研究逐渐从宏观走向微观,学术界越来越关注企业层面个体因素对海外投资行为的影响。比如,资产开发理论认为投资经验的增加反映的是发展中国家企业通过对外投资积累了原本不具有的所有权优势和内部化优势,[1]包括收购外国企业获取后者的无形资产、管理经验,也包括对于特定东道国营商环境、制度文化、法律法规以及渠道经销商等方面的知识,这些知识对于后续再次克服相似的投资困难有重要作用;朱(Zhu)[2]发现德国非制造业企业的对外投资行为受到投资经验的风险同向的调节作用:当企业有投资经验时,企业对腐败风险不敏感,甚至存在更加偏好该东道国/地区的可能性;冀相豹[3]基于组织学习理论和新制度经济学理论认为,投资经验是企业的无形资产,构成企业的"累积优势效应"。企业在进入一个国家经营一段时间以后会总结经营

---

[1] Dunning, John H, "The Eclectic Paradigm of International Production: A Restatement and Some Possible Extensions", *Journal of International Business Studies*, Vol. 19, No. 1, 1988; Dunning, John H, "Comment on Dragon Multinationals: New Players in 21stcentury Globalization", *Asia Pacific Journal of Management*, Vol. 23, No. 2, 2006; Mathews, John A, "Dragon Multinationals: New Players in 21st Century Globalization", *Asia Pacific Journal of Management*, Vol. 23, No. 1, 2006; Narula, Rajneesh, "Globalization, New Ecologies, New Zoologies, and the Purported Death of the Eclectic Paradigm", *Asia Pacific Journal of Management*, Vol. 23, No. 2, 2006; Lecraw, Donald J, "Direct Investment by Firms from Less Developed Countries", *Oxford Economic Papers*, Vol. 29, No. 3, 1977; Lecraw, Donald J, "Bargaining Power, Ownership, and Profitability of Transnational Corporations in Developing Countries", *Journal of International Business Studies*, Vol. 15, No. 1, 1984; Lecraw, Donald J, "Outward Direct Investment by Indonesian Firms: Motivation and Effects", *Journal of International Business Studies*, Vol. 24, No. 3, 1993.

[2] Zhu, Aiyong, "Essays on the Discrete Choice Model: Application and Extension", Doctoral A Dissertation, 2014.

[3] 冀相豹:《制度差异、累积优势效应与中国 OFDI 的区位分布》,《世界经济研究》2014年第1期。

模式、筛选投资标的、提升谈判技巧。

对于对外投资企业来说，企业层面异质性意味着，即便面对具有相同风险水平的同一目标国或相似目标国，处于不同国际化水平的企业对风险的应对能力和实际选择投资策略是不一样的。具体来看，具备投资经验的企业已经与目标国的投资促进部门建立了联系，并且有了成功的合作关系，如果已经在目标国家投产，则对于目标国的主要风险：政府效率风险、法治风险、金融市场风险、经济风险以及劳工和社区反对等风险有实际的应对和处理经验，而没有相应经验的企业虽然可以查询相应风险水平，并做出相应风险规避措施。但如果没有实际操作过项目，并不知道哪些风险是真风险，哪些风险是可以被轻易规避的伪风险。可以认为，在其他条件一致的情况下，特别是面对相同或相似的国别风险，有经验的企业更有能力选择更高的风险头寸，即表现为更高的投资额。可以预见：企业个体随着投资经验的增加，在其熟悉的国别投资规模会逐渐增加。并且在制度质量比较差的国家，投资经验在提升投资规模方面的作用更强。由此提出：

假设7-2 投资经验反向调节了制度障碍的负面作用

第四节 模型、变量与数据

一 模型

为了验证以上猜想，本章采用倾向性得分匹配（Propensity Score Method）进行分析。通过比较拥有特定国别经验企业的投资规模与没有相应国别投资经验企业所选择的投资规模，来得到投资经验对于投资规模的净影响。倾向性得分匹配法将个体在处理效应和无处理效应下对应的因变量差异定义为"期望处理效应"（Average Treatment Effect，ATE），即（7-2）。在本章中，处理效应指的是企业是否有投资经验（如是否具有该国别经验），同时主要考查"参与者平均处理效应"（Average Treatment Effect on the Treated，ATT）（7-3），其估计值为（7-4）。即用有投资经验的企业选择的投资规模减去其无投资经验情形下的投资规模，其无经验情形下的投资规模选择则是根据对照组企业倾向得分，拟合其的投资规模的线性组合得到。

第一步：确定处理变量 T。如果企业有投资经验，则 T=1，否则 T=0。投资经验可以是企业在特定国家、区域或全球的总投资次数。y_{1i} 和 y_{0i} 分别表示个体 i 分别在有经验和无经验情况下选择的投资规模（7-1）。

第二步：确定协变量 X。协变量的选择标准是尽可能地包含最多的影响结果 y 和处理效应 T 的变量，以保证可忽略性假定（Ignorability）的满足，否则将引起严重的遗漏变量偏差。[①] 笔者选择了微观、中观和宏观三个层面的协变量，可忽略性假定基本得到满足，即（7-6）。

第三步：估计倾向得分 p。一般而言，如果变量较多而观察值较少，意味着信息维度较高，精确匹配比较困难。此时可以选择将高维信息压缩到一维，这样匹配的结果较好。罗森鲍姆（Rosenbaum）和鲁宾（Rubin）提出可以使用倾向得分的方法匹配处理组和对照组。这种方法为每一个观察值计算其进入处理组的概率 $P(T_i=1\mid x)$，简记 $p(x)$，然后根据 $p(x)$ 进行匹配。本章采用 Logit 模型估计倾向性得分 $p(x)$。

第四步：进行倾向得分匹配并检验数据匹配效果。匹配后，处理组与对照组 X 均值分布应该比较均匀，达到数据平衡状态。为了平衡 X 各分量之间单位差距，一般需要将两组差异进行标准化处理后比较，以分量 x_m 为例，该分量的标准化差距如（7-5）所示，一般这个标准化差距不超过10%。

第五步：根据匹配后的结果计算处理效应 $\widehat{ATT}$。本书采用卡尺内

[①] 可忽略性假定的定义是：给定 x_i，则 $(y_{0,i}, y_{1,i})$ 对于 T_i 的影响基本可以忽略。可忽略性也可称为"无混淆性"（Unconfoundedness）。

K（=3）近邻匹配的方法。

$$y_i = \begin{cases} y_{1i}, 若 T_i = 1 \\ y_{0i}, 若 T_i = 0 \end{cases} \quad (7-1)$$

$$ATE \equiv E(y_{1i} - y_{0i}) \quad (7-2)$$

$$ATT \equiv E(y_{1i} - y_{0i} \mid T_i = 1) \quad (7-3)$$

$$\widehat{ATT} \equiv \frac{1}{N} \sum_{i:T_i=1} (y_{1i} - \widehat{y_{0i}}) \quad (7-4)$$

$$\frac{[\overline{X_{treated}} - \overline{X_{control}}]}{\sqrt{S_{x,treated}^2 - S_{x,control}^2/2}} \quad (7-5)$$

$$y_i = x'_i \beta + \gamma T_i + \varepsilon_i \quad (7-6)$$

其中，

$$\gamma T_i = 1(ExpCn \geq 1)$$

$$x'_i \beta = \beta_0 + \beta_1 \, partn_i + \beta_2 \, \overline{proft_i} + \beta_3 \, \overline{age_i} + \beta_4 \, \overline{size_i} + \beta_5 \, lngdp_i$$
$$+ \beta_6 \, lnhgdpp_i + \beta_7 \, lndist_i + \beta_8 \, bit_i + \beta_9 \, risk_i$$
$$+ \beta_{10} \, year_i + \beta_{11} \, ind_i$$

二 变量

变量选择参考引力模型。[①] 变量选择如下：

因变量：投资规模 LnInv。对于绿地投资来说，投资规模为合同金额。原因是 fDi intelligence 数据库只提供合同金额，而不提供实际金额。在实际操作中，绿地投资周期往往较长，企业实际投资的到账周期往往以月甚至年来计算，因此实际投资金额可能会与项目宣告金额有所偏差。由于本章考查的主要是企业在做出项目投资决策时的投资规模，是企业在当时对目标国投资风险以及自身风险把控能力最准

---

① Tinbergen, Jan, "Shaping the World Economy", *The International Executive*, Vol. 5, No. 1, 1963；蒋冠宏、蒋殿春：《中国对外投资的区位选择：基于投资引力模型的面板数据检验》，《世界经济》2012 年第 9 期；程惠芳、阮翔：《用引力模型分析中国对外直接投资的区位选择》，《世界经济》2004 年第 11 期。

确的估计,为了不丧失对绿地项目的覆盖,本章决定采用该合同金额。对于并购投资,投资规模采用企业获取相应股权需要支付的金额。

自变量:投资经验(主检验中为 ExpCn)。对于每个观察值(即每笔投资)计算了投资发起方积累的不同类别经验值,包括:企业在该国投资次数 ExpCn、企业在该国投资金额 ExpCv、企业在同区域投资次数 ExpRn[1]、企业在同区域投资金额 ExpRv、企业所有国际投资次数 ExpWn、企业所有国际投资金额 ExpWv。笔者主要检验企业的国别投资经验(ExpCn),因为国别投资经验主要包含企业对特定东道国制度、文化、机构和人员的了解,更符合企业需要进行的组织学习条件[2]。其他投资经验主要用于做稳健性检验。上述经验变量包含的都是在该笔观察值以前企业发起的所有投资次数/金额,不包括此次并购。另外,由于区域经验 ExpRn 中剔除了国别投资经验 ExpCn,故作为控制变量放入模型。

控制变量的选择同样参考对外投资的引力模型[3]。包括:

制度质量 wgi:采用世界银行世界治理指标(World Governance Indicators)衡量。世界治理指标为其数据库中每一个国家和地区提供六大制度质量衡量指标,分别是腐败控制(Control of Corruption,cce)、政府效率(Government Effectiveness,gee)、政局稳定(Political Stability and Absence of Violence,pve)、监管质量差异(Regulatory Quality,

---

[1] Erramilli, M. Krishna, "The Experience Factor in Foreign Market Entry Behavior of Service Firms", *Journal of International Business Studies*, Vol. 22, No. 3, 1991.

[2] Chang, Sea Jin, "International Expansion Strategy of Japanese Firms: Capability Building through Sequential Entry", *The Academy of Management Journal*, Vol. 38, No. 2, 1995;范黎波等:《中国企业跨国并购学习效应的实证研究——经验学习和替代学习的视角》,《财贸经济》2016 年第 10 期;贾镜渝、李文:《经验与中国企业跨国并购成败——基于非相关经验与政府因素的调节作用》,《世界经济研究》2015 年第 8 期。

[3] 蒋冠宏、蒋殿春:《中国对外投资的区位选择:基于投资引力模型的面板数据检验》,《世界经济》2012 年第 9 期;蒋冠宏、蒋殿春:《中国对发展中国家的投资——东道国制度重要吗?》,《管理世界》2012 年第 11 期。

rqe)、法治程度（Rule of Law，rle）以及话语和问责程度（Voice and Accountability，vae）。这六大制度质量指标被广泛用来衡量各国制度质量水平。

距离 LnDist：两国首都之间的地理距离与投资当年国际油价的乘积并取对数，表示运输或沟通成本，文化距离主要参考罗南（Ronen）等，贝里（Berry）、隆纳（Lonner）等①，地理距离主要参考迈尔（Mayer）、齐尼亚戈（Zignago）②。

双边投资协定 BIT：东道国是否与中国有生效的双边投资协定。比如，双边投资协定会对东道国的征收做出限制性规定，一定程度上保护中国企业免受、少受东道国政府的征收行为的影响③。本章采用的双边投资协定的实际生效年份。然而，由于双边投资协定从签订到生效可能需要经过一段时间，而在此期间已经有企业提前进入签订国家进行投资布局，故也可以采用双边投资协定签订期作为起始点。

东道国经济总量 LnHgdp 和中国经济总量 LnCgdp 分别衡量东道国市场规模和中国市场规模。④ 针对中国对外投资宏观流量的引力模型中，目标国经济总量为与投资流量呈正相关关系，表明东道国市场规模对于中国企业整体来说有较强吸引力。然而，当我们将分析对象转变为企业后，东道国市场规模对于企业是否构成足够的吸引力存在疑问。因为当东道国市场变大，其体现出的引进外资增量

---

① Ronen, Simcha, and Oded Shenkar, "Clustering Countries on Attitudinal Dimensions: A Review and Synthesis", *Academy of Management Review*, Vol. 10, No. 3, 1985; Lonner, Walter J, John W Berry, and Geert Hofstede, *Culture's Consequences: International Differences in Work-Related Values*, SAGE, 1984.

② Mayer, Thierry, and Soledad Zignago, "Notes on Cepii's Distances Measures: The Geodist Database", CEPII Working Paper, No. 2011 - 25, 2011.

③ 宋瑞琛、陈云东：《中美双边投资协定谈判：国际投资与海外利益维护》，《学术探索》2015 年第 4 期。

④ 周经、刘厚俊：《制度环境、公司战略导向与中国 OFDI 模式选择——基于中国微观企业数据的研究》，《世界经济与政治论坛》2017 年第 6 期；王永中等：《"一带一路"沿线国家投资风险分析及政策建议》，《中国财政》2017 年第 16 期。

效应一部分是由新企业投资带来的，一部分是由原本就计划投资的企业扩大额带来的，还有一部分是前两者的交互效应。其中，主要以第一部分为主。更重要的是，任何对外投资企业都是有行业归属的，因此企业真正看中的是细分市场的份额有无扩大。如果细分市场份额扩大，不管该国的经济总量是否扩大，企业都有动机提高单笔项目的投资额。特别地，东道国市场因素主要对于市场寻求型投资起作用。中国经济总量衡量中国经济发展对于企业海外投资的推力。

东道国专利申请量 Lspatent：衡量东道国科技创新能力。鉴于中国对外投资有战略资产寻求动机。① 故参考王胜、田涛②和王永中、赵奇锋的做法，选用世界知识产权组织（WIPO）设在部分东道国的专利申请数量作为该国技术创新能力的衡量标准。由于专利申请数量可以按流量计算也可以按存量计算，但考虑到企业看中的并不一定是最前沿的专利，而是相对成熟的专利，因此笔者使用了存量申请数量的自然对数作为衡量标准。笔者也同时用流量数据做了稳健性检验，发现并不改变结论。

利润率（$\overline{Proft}$）：该企业所属行业前一年所有工业企业利润总额除以主营业务收入的平均值，用以代表企业行业的盈利能力。通常而言，拥有更强盈利能力的企业会选择更高的投资额或者更高的持股比例。

规模（$\overline{Size}$）：该企业所属行业前一年行业企业年平均员工数的对数，用来代表企业规模。

---

① Dunning, John H, "The Determinants of International Production", *Oxford Economic Papers*, Vol. 25, No. 3, 1973; Dunning, John H, "Trade, Location of Economic Activity and the MNE: A Search for an Eclectic Approach", in Bertil Ohlin, Per-Ove Hesselborn, and Per Magnus Wijkman, eds., *The International Allocation of Economic Activity*, London: Palgrave Macmillan UK, 1977; 陈强等：《中国技术寻求型对外直接投资现状、问题和政策建议》，《中国软科学》2013年第11期；楚天骄、杜德斌：《跨国公司研究机构与本土互动机制研究》，《中国软科学》2006年第2期。

② 王胜、田涛：《中国对外直接投资区位选择的影响因素研究——基于国别差异的视角》，《世界经济研究》2013年第12期。

年龄（$\overline{Age}$）：该企业所属行业前一年该行业的工业企业平均年龄。

为了控制全球宏观经济形势、行业不随时间变化特征和国家不随时间变化的特征，笔者设置了年份、行业和国别虚拟变量。为了进一步缓解潜在的内生性问题，笔者将投资经验变量和主要控制变量（东道国 GDP、东道国人均 GDP）滞后一期。鉴于中国大量的海外投资流向了英属维尔京群岛、开曼群岛和中国香港地区，而这些投资存在显著的避税动机，构成"返程投资"流回国内或者赴美上市，笔者参考文献的一般做法将其剔除。①

三　数据

本章投资数据来源于 fDi Intelligence 绿地投资数据库和 Dealogic 并购投资数据库（见表 7－1），控制变量数据来源于中国工业企业数据库和锐思金融数据库。最终得到 1998—2016 年中国对外投资共计 2438 个观察值，描述性统计表见表 7－2。共线性检验结果显示（见表 7－3），各变量之间不存在显著的共线性关系，平均方差膨胀因子（VIF）为 3.95。

表 7－1　　　　　　　　　　　主要变量

变量	解释	来源
LnInv	投资规模	fDi Intelligence 和 Dealogic
ExpCn	国别经验（数量）	基于 fDi Intelligence 和 Dealogic 计算
ExpRn	区域经验（数量）	
ExpWn	世界经验（数量）	
ExpCv	国别经验（金额）	
ExpRv	区域经验（金额）	
ExpWv	世界经验（金额）	

---

① 高宇：《中国企业对避税港的直接投资动因分析》，《国际经济合作》2010 年第 8 期；吴国平：《后危机时期中国企业投资拉美和加勒比地区的机遇与挑战》，《中国社会科学院研究生院学报》2011 年第 2 期。

续表

变量	解释	来源
Partn	是否有共同投资企业	fDi Intelligence 和 Dealogic
Size	规模	中国工业企业数据库、锐思金融数据库
Proft	股权收益率	中国工业企业数据库、锐思金融数据库
Age	年龄	中国工业企业数据库、锐思金融数据库
Lncgdpp	中国人均 GDP	世界银行数据库
Lnhgdpp	东道国人均 GDP	世界银行数据库
Lndist	交通成本	Mayer 和 Zignago（2011）、EIA
Risk	风险	世界银行世界治理指数
Bit	双边投资协定且生效	商务部
Lspatent	东道国专利申请数量（存量的对数）	世界知识产权组织（WIPO）
Lntrade	双边贸易总额（流量的对数）	中国国家统计局

表 7-2 描述性统计

变量	观察值	均值	方差	最小值	最大值
lnInv	2,438	2.842	1.867	0.001	9.565
ExpCv	2,438	0.867	1.817	0.000	9.057
ExpRv	2,438	1.655	2.477	0.000	9.888
ExpWv	2,438	2.678	3.121	0.000	10.850
ExpCn	2,438	0.426	1.008	0.000	11.000
ExpRn	2,438	1.477	5.400	0.000	59.000
ExpWn	2,438	6.006	15.745	0.000	119.000
green	2,438	0.620	0.485	0.000	1.000
partn	2,438	0.029	0.167	0.000	1.000
lspatent	2,438	12.344	3.071	0.000	16.327
lntrade	2,438	15.198	1.672	5.690	17.836
resource	2,438	5.222	7.613	0.000	58.037

续表

变量	观察值	均值	方差	最小值	最大值
cce	2,438	0.908	1.115	-1.638	2.470
gee	2,438	0.959	0.944	-1.746	2.437
rle	2,438	0.890	1.026	-1.864	2.014
rqe	2,438	0.922	0.933	-2.214	2.261
pve	2,438	0.310	0.832	-2.810	1.460
vae	2,438	0.681	0.896	-2.226	1.739
wgi	2,438	0.778	0.909	-1.771	1.889
size	2,438	5.606	1.253	4.093	8.156
age	2,438	11.167	4.633	4.000	23.600
proft	2,438	-0.066	1.657	-16.661	0.350
lndist	2,438	13.182	0.703	9.673	14.493
lnhgdp	2,438	27.547	1.869	19.519	30.445
bit	2,438	0.751	0.433	0.000	1.000
lncgdp	2,438	29.269	0.298	28.205	29.818

第五节 主要结果

一 匹配效果检验

本章采用卡尺内近邻匹配法对处理组和对照组数据进行匹配。卡尺距离为倾向性得分（Pscore）标准差的1/4，约等于0.043，同时保证最近的3个近邻进行匹配。PSM要求匹配后两组样本在匹配变量上不存在显著差异，经过检验匹配后两组观察值在匹配变量上均不存在显著差异（见表7-4），差异范围均在10%以内（见图7-1），满足习惯法则。绝大多数匹配变量（ExpRn、lncgdpp、lndist、resource、ls-patent、proft、size、age、partn、bit）由"存在显著差异"变为"不存在显著差异"。

表 7-3　共线性检验

	lnInv	ExpCn	ExpRn	partn	wgi	size	age	proft	lndist	lnhgdp	lncgdp	bit	lspatent	lntrade	resource
lnInv	1														
ExpCn	0.097	1													
ExpRn	0.032	0.317	1												
partn	0.089	0.030	-0.033	1											
wgi	-0.265	0.058	-0.057	0.091	1										
size	0.157	0.102	-0.158	0.051	-0.010	1									
age	0.152	0.185	-0.052	0.070	0.016	0.843	1								
proft	-0.040	0.044	0.024	0.019	0.039	-0.056	-0.014	1							
lndist	0.010	0.082	0.042	0.017	0.200	0.077	0.200	0.047	1						
lnhgdp	-0.177	-0.032	-0.047	0.065	0.584	-0.165	-0.142	0.041	0.207	1					
lncgdp	0.030	0.138	0.033	0.049	0.072	0.197	0.498	0.140	0.546	0.038	1				
bit	-0.109	0.064	0.034	-0.020	0.032	0.077	0.078	-0.007	-0.265	-0.299	0.081	1			
lspatent	-0.189	-0.013	-0.069	0.083	0.620	-0.151	-0.135	0.024	0.083	0.872	0.028	-0.148	1		
lntrade	-0.166	0.022	-0.063	0.092	0.561	-0.062	0.014	0.073	0.127	0.872	0.259	-0.166	0.804	1	
resource	0.189	0.080	0.044	-0.031	-0.533	0.237	0.206	0.004	0.031	-0.465	0.030	-0.029	-0.584	-0.347	1

表7-4 数据平衡检验

Variable	Unmatched Matched	Mean Treated	Control	% bias	| bias |	% reduct t	p > |t|	V(T)/V(C)
ExpRn	U	3.636	0.724	42.9		11.71	0.000	12.10*
	M	2.413	2.218	2.9	93.3	0.54	0.586	0.85
wgi	U	0.870	0.817	6.0		1.25	0.211	1.03
	M	0.863	0.914	-5.8	4.2	-0.96	0.339	1.05
lnhgdpp	U	10.109	10.123	-1.5		-0.30	0.762	1.06
	M	10.099	10.166	-7.1	-389.1	-1.17	0.241	1.07
lncgdpp	U	9.068	8.982	32.6		6.48	0.000	0.72*
	M	9.066	9.068	-0.9	97.1	-0.17	0.866	1.02
lndist	U	13.293	13.152	20.7		4.16	0.000	0.79*
	M	13.288	13.301	-1.9	90.8	-0.35	0.730	1.14
resource	U	6.051	4.809	16.7		3.46	0.001	1.01
	M	6.035	6.321	-3.8	77.0	-0.63	0.526	0.96
lspatent	U	12.299	12.720	-14.9		-3.07	0.002	1.00
	M	12.286	12.298	-0.4	97.2	-0.07	0.946	0.97
proft	U	0.088	-0.129	15.0		2.64	0.008	0.14*
	M	0.089	0.085	0.3	98.1	0.09	0.930	0.75*
size	U	5.860	5.533	25.1		5.40	0.000	1.36*
	M	5.906	6.007	-7.7	69.2	-1.21	0.227	1.01
age	U	12.662	10.733	41.2		8.74	0.000	1.23*
	M	12.719	12.929	-4.5	89.1	-0.70	0.487	0.97
partn	U	0.048	0.024	12.5		2.81	0.005	.
	M	0.049	0.051	-1.0	92.2	-0.14	0.890	.
bit	U	0.805	0.736	16.3		3.29	0.001	.
	M	0.803	0.793	2.2	86.8	0.37	0.708	.

注：*表示方差比在 [0.85；1.18]（匹配前）或 [0.85；1.18]（匹配后）之外。

二 全样本基准检验

结果显示（见表7-5），企业在东道国的国别投资经验 ExpCn 对于投资规模有显著影响。特定国别经验每增加1单位，投资规模值提

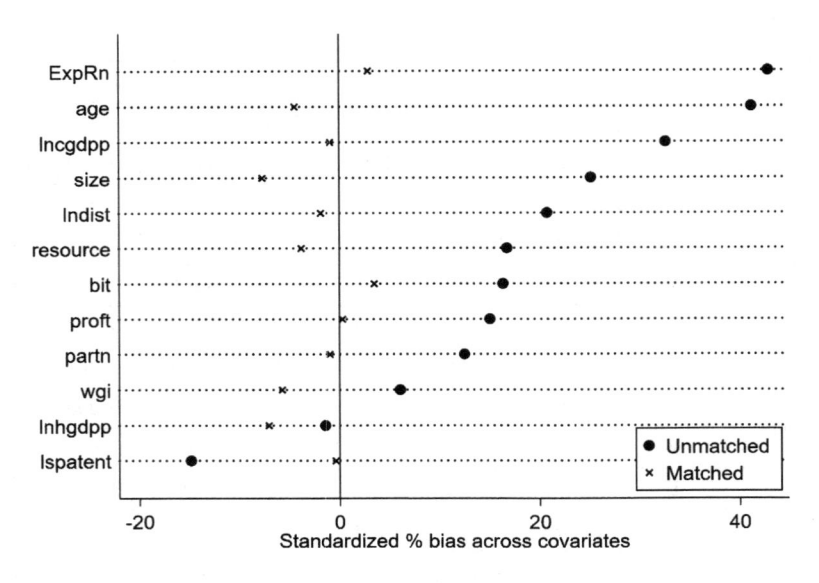

图7-1 匹配变量标准化偏差

高约0.4%，由于取了对数，投资规模的差异需要百分化，增加值约为0.4%。该结果说明企业在初次进入新东道国市场在投资规模的选择上比较谨慎，不敢在不了解东道国实际情况的情况下贸然做出较大的投资，而在具备初步投资经验后，企业在投资规模上会适当变得更加激进，这种激进程度的变化在统计上显著，但是在经济上不能算十分显著。毕竟，如果初始投资金额较小，0.4%的变化并不大。另外，考虑到地理相近国家存在语言文化方面的相似性，源于相邻国家的投资经验也可能促进在目标国的投资，但区域投资经验（ExpRn，见表7-5 Panel B）对于投资规模无显著影响，无法通过T检验。这说明投资经验带来的提升作用仅限于本国而基本不能跨越国境发生作用。由此本章主要假设得到支持，同时发现投资经验具有有限适用性的特征，即便来源于周边国家的投资经验也未必使得企业在当前国家的投资更加激进。

表 7-5　　　　　　　　投资经验对于投资规模的促进作用

Panel A　处理组：国别投资经验≥1；对照组：国别投资经验 = 0

风险类别	匹配前				匹配后			
	处理组	对照组	差值	T 值	处理组	对照组	ATT	T 值
cce					3.336	2.889	0.447***	3.37
gee					3.336	2.931	0.405***	2.99
pve					3.336	2.905	0.431***	3.19
rle	3.318	2.653	0.665***	7.41	3.336	2.928	0.409***	3.03
rqe					3.336	2.913	0.423***	3.10
vae					3.336	2.903	0.433***	3.20
wgi					3.336	2.977	0.359***	2.68

Panel B　处理组：区域投资经验≥1；对照组：区域投资经验 = 0

风险类别	匹配前				匹配后			
	处理组	对照组	差值	T 值	处理组	对照组	ATT	T 值
cce					3.292	3.096	0.196	1.16
gee					3.292	3.054	0.238	1.41
pve					3.292	3.147	0.145	0.83
rle	3.282	2.684	0.598***	6.70	3.292	3.125	0.167	0.98
rqe					3.292	3.144	0.147	0.86
vae					3.292	3.112	0.180	1.07
wgi					3.292	3.124	0.167	0.96

注：*** 表示 1% 显著性水平。

三　稳健性检验

为了验证结果的稳健性，笔者换用其他匹配方法进行稳健性检验。结果与表 7-5 结果保持一致。国别投资经验对于投资规模有显著促进作用（见表 7-6 Panel A 右侧"匹配后"列），而区域其他国家投资经验对于投资规模无显著促进作用（表 7-6 Panel B 右侧"匹配后"列）。值得一提的是，虽然 Panel B 中采用马氏距离匹配时区域经验（ExpRn）的系数为正且通过 T 检验，但考虑到马氏距离给予其他倾向性得分距离较远的观察值一定比重，一定程度上与被匹配观察值的情况存在差距,这也不奇怪我们看到 K 近邻、卡尺、核、局部线性回归等匹配方法都与卡尺内近邻匹配法相一致,因此马氏距离匹配结果仅供参考。笔者还将经验的衡量标准从投资次数替换为投资金额存量(ExpCv)。结果也与表 7-5、表 7-6 的结果相一致:国别特定投资经验对于投资规模有显著正向影响,区域投资经验对于投资规模无显著影响。

表 7-6 稳健性检验

Panel A:处理变量为是否有国别投资经验 ExpCn

匹配方式	匹配前				匹配后			
	处理组	对照组	差值	T 值	处理组	对照组	ATT	T 值
K 近邻	3.318	2.653	0.665***	7.41	3.336	2.936	0.400***	3.41
卡尺	3.318	2.653	0.665***	7.41	3.336	2.892	0.444***	4.13
核	3.318	2.653	0.665***	7.41	3.336	2.884	0.452***	4.22
局部线性回归	3.318	2.653	0.665***	7.41	3.336	2.882	0.454***	3.61
马氏距离	3.318	2.697	0.620***	7.00	3.318	2.834	0.483***	4.58

Panel B:处理变量为是否有区域投资经验 ExpRn

匹配方式	匹配前				匹配后			
	处理组	对照组	差值	T 值	处理组	对照组	ATT	T 值
K 近邻	3.282	2.684	0.598***	6.70	3.292	3.141	0.151	0.86
卡尺	3.282	2.684	0.598***	6.70	3.292	3.138	0.154	0.99
核	3.282	2.684	0.598***	6.70	3.292	3.129	0.162	1.05
局部线性回归	3.282	2.684	0.598***	6.70	3.292	3.144	0.147	0.73
马氏距离	3.271	2.706	0.565***	6.44	3.271	2.964	0.307***	3.19

注:*** 表示 1% 显著性水平。

第六节　机制探讨

一　投资经验增加了选择同国别的概率

企业之所以会在后续投资中增加投资规模，不仅来源于对于东道国市场本身的理解，也可能出于对其他国家的比较。比如，企业在选择投资区位时，已经剔除了不适合、不愿意投资的国家。因此，当企业决定要投资目标东道国时，在投资规模的决策时，必然会更加坚定，从而表现为更高的投资额。如果投资经验在投资选择阶段就起作用，正向促进了企业在相同市场投资概率，则说明存在显著的选择效应。因此，我们观察到的样本存在自选择性。

为了验证这一机制，笔者采用条件 Logit 模型（又称"McFadden 选择模型"）进行分析。[①] 对于样本中 1279 个企业，每个企业在 20 年中的每一年都面临 120 个主要国家和地区的选择，决定是否进入投资。因此理论观察值个数为 1279×20×120＝3069600 个，其中绝大多数观察值是企业未曾投资时的观察值。随后，笔者将相应的东道国主要变量匹配，得到一个不存在投资区位自选择的样本，并使用条件 Logit 模型进行检验。由于该模型对于每一个组（假设为企业）只能在 J 种方案中选择一种，因此不能将企业设置为组别，同时将国家设置为方案集合，因为企业多次对同一个国家投资会使得组内多个方案被选择，取值为 1。为了解决这个问题，笔者将"企业—年份"配对组合作为组别，而将国家作为方案集合。这样基本可以避免组内多个方案取值为 1 的情况。[②] 在这样的设定下，每个"企业—年份"组合 i（1279∗20）都面对 j（120）种方案，相应的随机效应为：

[①] McFadden, Daniel, "The Measurement of Urban Travel Demand", *Journal of Public Economics*, Vol. 3, No. 4, 1974.

[②] 如果某个企业在同一年对多个国家投资，则保留投资额最大的项目。实际情况来看，剔除的观察值不多，不影响结论。

$$U_{ij} = x'_{ij}\beta + \varepsilon_{ij}$$

相应地,企业 i 选择方案 j 的概率等于 j 方案带来的期望效用在所有方案带来的期望效用之和的比重。其中一个方案意味着某个国家的某个特定年份:

$$P(y_i = j \mid x_{ij}) = \frac{exp(x'_{ij}\beta)}{\sum_{k=1}^{J} exp(x'_{ij}\beta)}$$

其中,

$$x'_{ij}\beta = \beta_0 + \beta_1 ExpCn_i + \beta_2 lnhgdp_i + \beta_3 wgi_i + \beta_4 lndist_i + \beta_5 bit_i + \beta_6 lntrade_i + \beta_7 lspatent_i + \beta_7 year_i + \beta_8 iso_i + \varepsilon_i$$

结果显示(见表 7-7),投资经验本身提高了企业再次选择相同东道国的概率,系数为 1.10 左右,在 1% 水平下通过 z 检验,说明投资经验本身对于区位选择有显著影响,因此后续引起投资规模的扩大也情有可原。另外值得注意的是,东道国制度(cce、gee、rle、rqe、pve、vae 和 wgi)均在 1% 水平下显著。说明企业在投资区位选择阶段就更注重选择制度风险较低的国家,再次投资时倾向于选择更大的投资规模。

表 7-7 基于条件选择模型的区位选择

	(1)	(2)	(3)	(4)	(5)	(6)	(7)
Entry = 1							
ExpCn	1.103 ***	1.106 ***	1.101 ***	1.099 ***	1.107 ***	1.099 ***	1.102 ***
	(11.441)	(11.372)	(11.357)	(11.396)	(11.335)	(11.311)	(11.389)
cce	0.168 ***						
	(6.464)						
gee		0.128 ***					
		(3.981)					
rle			0.164 ***				
			(5.567)				
rqe				0.194 ***			
				(5.587)			

续表

	（1）	（2）	（3）	（4）	（5）	（6）	（7）
				Entry = 1			
pve					0.110***		
					(3.645)		
vae						0.160***	
						(3.816)	
wgi							0.183***
							(5.340)
Lnhgdp	-0.033	-0.026	-0.040	-0.022	-0.021	-0.045	-0.031
	(-0.982)	(-0.771)	(-1.183)	(-0.650)	(-0.623)	(-1.316)	(-0.919)
resource	-0.009***	-0.011***	-0.010***	-0.008***	-0.013***	-0.008**	-0.009***
	(-3.203)	(-3.834)	(-3.375)	(-2.904)	(-4.520)	(-2.405)	(-3.006)
LnDist	0.382***	0.435***	0.413***	0.385***	0.443***	0.396***	0.399***
	(8.697)	(9.810)	(9.387)	(8.754)	(9.946)	(8.743)	(9.098)
bit	0.020	0.075	0.050	0.043	0.090	0.072	0.044
	(0.292)	(1.079)	(0.737)	(0.633)	(1.308)	(1.072)	(0.650)
lntrade	0.719***	0.730***	0.728***	0.715***	0.741***	0.762***	0.727***
	(19.683)	(19.567)	(19.728)	(19.540)	(19.609)	(19.805)	(19.674)
lspatent	0.028	0.026	0.027	0.024	0.028	0.021	0.025
	(1.645)	(1.472)	(1.536)	(1.398)	(1.596)	(1.153)	(1.457)
Year	Yes	Yes	Yes	Yes	Yes	Yes	Yes
Country	Yes	Yes	Yes	Yes	Yes	Yes	Yes
Obs	210354	210354	210354	210354	210324	210354	210324

注：括号内为稳健标准误，根据企业进行聚类；*** 表示1%显著性水平。

二 投资经验缩短了后续投资间隔时间

除了产业、税赋等客观原因导致企业扩大在特定市场的投资外,企业也可能被内因驱动而在后续投资中增加投资规模。比如,企业对该市场的信心(自信)。如果企业在有了对特定市场的认知后再次对同市场的投资时间间隔变短,则说明历史投资经验有助于帮助企业认识目标市场、提高企业成功在该市场运营的自信。

为了验证这一猜想,笔者对每一笔投资计算了其投资间隔期——用该项目的宣布日期减去上一笔同国别且同行业的投资宣布日期(interval_cn,如果是同区域且行业的投资间隔则为:interval_rn,如果是所有国际同行业的投资间隔为:interval_wn)。由于样本考察期间内中国企业整体处于国际化进程的初始和加速阶段,企业在海外投资时仍然存在较大疑问的顾虑,并且随着涉及新国家和行业的增加,投资间隔存在一定的扩大趋势,如果不对这一趋势进行控制,则得到的投资经验对投资间隔的影响可能有误。由于很多企业仅对特定东道国进行一次投资,回归中这些观察值被舍弃,从而只对进行过2次及以上的企业进行回归,则可能得到不正确的系数(见表7-8)。因此,笔者假设这些没有再次对东道国投资的企业在实现其初次投资后的X天后再次对外投资。X等于样本中同类型投资间隔的最大值。从而一定程度上控制了这一样本自选择问题。①

结果如表7-9所示,不同类型的投资经验ExpCn、ExpRn和ExpWn与投资间隔负相关,且均在1%水平下通过T检验。其中国别投资经验ExpCn每多1次,平均投资间隔减少455天;区域投资经验ExpRn每多1次,平均投资间隔减少90天;全球投资经验ExpWn每

---

① 对于仅在全球进行过1次投资的企业,X赋值为4503。即假设该企业下次对外投资需要再过4503天(约等于12.33年);对于在同区域进行过1次投资的企业,X赋值为3775;对于在同国别进行过1次投资的企业,X赋值为2831。X取值为有后续投资行为企业的投资间隔期最大值。

多1次，平均投资间隔减少48天。综合来看，投资经验确实增强了企业再次投资的意愿，正是因为有如此强大的意愿，企业才更有可能在下次投资中选择更高的投资金额。

表7-8　　　　　　国别投资经验对投资间隔期的影响

	（1）	（2）	（3）	（4）	（5）	（6）	（7）
因变量：企业在同东道国的投资间隔 interval_cn							
ExpCn	-457.74***	-458.17***	-455.71***	-455.58***	-457.59***	-452.20***	-455.09***
	(57.43)	(57.33)	(57.31)	(57.78)	(57.69)	(57.92)	(57.41)
因变量：企业在同区域的投资间隔 interval_rn							
ExpRn	-90.47***	-90.43***	-90.47***	-90.43***	-90.63***	-90.66***	-90.52***
	(34.67)	(34.62)	(34.73)	(34.61)	(34.73)	(34.78)	(34.72)
因变量：企业在全球的投资间隔 interval_wn							
ExpWn	-48.06***	-48.05***	-48.00***	-48.17***	-48.34***	-48.33***	-48.15***
	(14.37)	(14.38)	(14.36)	(14.33)	(14.35)	(14.35)	(14.36)
Control	Yes	Yes	Yes	Yes	Yes	Yes	Yes
Year	Yes	Yes	Yes	Yes	Yes	Yes	Yes
Industry	Yes	Yes	Yes	Yes	Yes	Yes	Yes
Obs	2448	2448	2448	2448	2448	2448	2448
R^2	0.29	0.29	0.29	0.29	0.29	0.29	0.29
F test	0	0	0	0	0	0	0

注：括号内为稳健标准误，根据企业进行聚类；*** 表示1%显著性水平。

三　投资经验引致产业协同或规模效应

企业前期投资与后期投资的产业联动，是导致后续投资规模扩大的一种可能机制。企业为了在产业链层面降低生产成本、形成规模效应或产业协同，以便综合利用东道国或东道国周边国家的优势，很可能采取分阶段的投资策略。比如，在第一年投资选择其比较优势最强的业务分支进行尝试性投资,待一部分业务成熟后,再决定下一步的投资选择,既包括是否投资、在哪里投资,也包括最终投资金额的选择。

为了验证这一猜想,笔者计算了同一家企业在同一东道国且同行业投资经验 ExpCIDn、企业同行业且同区域的投资经验 ExpRIDn 以及企业在同行业的总投资经验 ExpWIDn,并检验这三者对于投资规模的影响。行业按照北美标准行业标准大类进行划分(即 NAICS 六位代码的前两位)。如果样本属于同行业大类,则基本属于同产业链,尤其是对于制造业(大类代码前两位开头是 31 – 33)。如果存在行业协同或规模效应,那么早期同行业的投资经验会对未来的投资规模产生影响。如果同一家企业在同一东道国且同行业投资经验促进了后续在该国的投资规模,则说明在该国家内的规模效应或产业协同导致了经验对投资规模的正向影响。如果企业同行业且同区域的投资经验促进了后续在该国的投资规模,则说明在该国家的周边国家投资产生的规模效应或协同效应导致了经验对投资规模的正向影响。类似地,如果企业在同行业的总投资经验 ExpWIDn 促进了后续在该国的投资规模,则说明在规模效应或协同效应的产生受到国别区域的影响较小。笔者采用最小二乘法进行回归,模型如下:

$$
\begin{aligned}
lninv_i = & \beta_0 + \beta_1\ ExpCIDn_i + \beta_2\ partn_i + \beta_3\ \overline{proft_i} + \beta_4\ \overline{age_i} + \beta_5\ \overline{size_i} \\
& + \beta_6\ lngdp_i + \beta_7\ lnhgdpp_i + \beta_8\ lndist_i + \beta_9\ bit_i + \beta_{10}\ risk_i \\
& + year_i + ind_i + iso_i + \varepsilon_i
\end{aligned}
$$

结果显示(表 7 – 9),ExpCIDn、ExpRIDn 和 ExpIDn 均在 1% 水平下通过 T 检验,并且企业在东道国投资经验 ExpCIDn 系数为 0.18,大于区域投资经验的 0.023,也大于世界其他国家同行业投资经验的 0.012。这样的结果表明,企业之所以选择在同东道国的后续投资中扩大投资规模,主要是希望形成规模效应和协同效应。

现实中,我们也很容易找到相应的案例。比如,福耀集团于 2014 年斥资 2 亿美元买下美国俄亥俄州代顿市通用汽车废弃工厂用于生产汽车挡风玻璃和车窗玻璃。① 时隔两年后的 2016 年，在俄亥俄工厂的竣工仪式上，福耀集团董事长曹德旺在典礼上表示，公司在代顿工厂的总投资将达到 6 亿美元，未来对美投资总计达到 10 亿美元，并为当地带来 5000 个就业岗位。② 福耀集团之所以会选择在美国初次投资以后继续追加投资，有多方面的考虑。首先，生产玻璃的主要原料是天然气，而美国天然气价格约是中国天然气价格的四分之一。③ 其次，美国是世界上人均汽车保有量最高的国家，2019 年汽车保有量达到 2.6 亿辆。北美洲市场是汽车玻璃需求最为强劲的市场之一；再次，特朗普于 2017 年 12 月签署了大规模减税法案，将企业税从 35% 下调至 20%，美国综合税赋水平相对于中国税赋水平有所下降。自 2006 年到 2017 年，福耀在中国的生产成本中工资成本上涨速度一直高于营收增长率（9.07%）。④ 最后，福耀公司还在伊利诺伊州及底特律建设了浮法玻璃制造基地和汽车包边工厂，浮法玻璃制造是汽车玻璃生产的上游，而汽车包边工厂则是汽车玻璃生产的下游。此举拉长了福耀集团位于美国的产业链端，有利于上下游之间的产业整合协同。

表 7-9　　　　　　　　　分行业投资经验对投资规模的影响

	(1)	(2)	(3)
	lnInv	lnInv	lnInv
ExpCIDn	0.180*** (0.046)		
ExpRIDn		0.023*** (0.008)	

---

① 齐昕：《一个工厂背后的文化对话〈美国工厂〉获奥斯卡最佳纪录长片奖》，《中国纪检监察报》2020 年 2 月 11 日。
② 王乃水：《全球最大汽车玻璃单体工厂竣工投产》，新华网 2016 年 10 月 9 日。
③ 张庆昌、王跃生：《中美印制造业成本比较：一个案例引发的思考》，《宏观经济研究》2018 年第 6 期。
④ 杨霞：《从福耀玻璃看制造业 10 年来成本变迁》，《证券时报》2017 年 1 月 10 日第 A05 版。

续表

	（1）	（2）	（3）
	lnInv	lnInv	lnInv
ExpWIDn			0.012**
			(0.005)
Control	Yes	Yes	Yes
Year	Yes	Yes	Yes
Industry	Yes	Yes	Yes
Obs	2448	2448	2448
R^2	0.265	0.262	0.264
F test	0	0	0

注：括号内为稳健标准误，根据企业进行聚类；***、**分别表示1%和5%显著性水平。

四 投资经验对制度距离的调节作用

为了投资经验对制度距离的调节作用，需先检验制度距离的系数为负，再证明投资经验与制度距离的交叉项系数为正。为此，笔者计算了每笔投资项目发生年份目标国制度质量与当时中国制度质量差值的绝对值。数值越大，与中国的制度距离越大。本节继续采用世界治理指数对制度类别的划分，共得到六类制度差距变量，分别是腐败控制差距（dcc, difference in corruption control）、政府效率差距（dge, difference in government efficiency）、法治程度差距（drl, difference in rule of law）、法律监管差距（drq, difference in regulation quality）、政局稳定差距（dpv, difference in political stability）和话语和问责程度差异（dva, difference in voice and accountability）。此处本章采用多元回归模型检验调节效应，结果如表7-10所示。

结果显示，制度差异的系数均为负数且在1%水平下显著，体现制度距离仍然是阻碍投资规模进一步上升的重要因素。国别投资经验ExpCn的系数均在0左右，且不显著，但注意到投资经验与制度经验的系数均为正（仅dpv*ExpCn不显著），且在1%水平下显著。这也就意味着，投资经验发挥作用的主要渠道就是降低制度距离，并且制度距离的降低是在企业个体层面。即便面对同样制度距离的国家，有的企业因为前期投资经验丰富从而能够更从容地提高投资额。

表7-10　　　　　投资经验对制度距离的调节作用检验

	（1）lnInv	（2）lnInv	（3）lnInv	（4）lnInv	（5）lnInv	（6）lnInv
ExpCn	-0.03 (0.08)	-0.07 (0.09)	-0.07 (0.08)	-0.07 (0.09)	0.01 (0.11)	-0.05 (0.10)
dcc	-0.51*** (0.07)					
dcc × ExpCn	0.11*** (0.04)					
dge		-0.45*** (0.08)				
dge × ExpCn		0.18*** (0.06)				
drl			-0.58*** (0.08)			
drl × ExpCn			0.14*** (0.05)			
drq				-0.62*** (0.09)		
drq × ExpCn				0.16*** (0.05)		
dpv					-0.45*** (0.10)	
dpv × ExpCn					0.12 (0.08)	
dva						-0.33*** (0.07)

续表

	(1)	(2)	(3)	(4)	(5)	(6)
	lnInv	lnInv	lnInv	lnInv	lnInv	lnInv
dva × ExpCn						0.08**
						(0.04)
Control	Yes	Yes	Yes	Yes	Yes	Yes
Observations	2438	2438	2438	2438	2438	2438
R-squared	0.17	0.16	0.17	0.17	0.16	0.16
F test	0	0	0	0	0	0

注：括号内为稳健标准误；***，**分别表示1%和5%显著性水平。

具体到不同的制度距离，投资经验的调节效果呈现一定差异。受到调节作用由强到弱的分别是政府效率风险、监管质量风险、法治程度风险、政局稳定风险（不显著）、腐败风险和话语权与问责风险。这也反映出中国企业国际化过程中积累的投资经验主要体现在其克服东道国政府低效率、应对不完善的监管和不严格的执法等方面。而对于政局稳定风险，企业只能选择规避，不管在该国有多少投资经验都无法克服，这也符合实际情况。

第七节 小结

本章基于倾向性得分匹配法和条件Logit模型对投资经验是否影响及其影响机制进行了研究，主要有如下发现。

首先，特定国别的投资经验显著正向影响后续投资规模，有目标国家投资经验的企业选择的投资规模平均比无经验的企业高0.4%。说明企业在初次进入新东道国市场时在投资规模的选择上比较谨慎，不会在不了解东道国实际情况时贸然做出过于冒险的投资。同区域但不同国家的投资经验对于投资规模无显著影响，体现投资经验虽然能给后续投资带来正面促进作用，但这种积极作用的适用性是有限适用性。我们还检验了所谓的制度接近论中关于"中国对外投资偏好高风险国家"预测,借助条件选择模型,本章发现在区位选择阶段中国企业更偏好制度质量更好的国家,而不存在偏好高风险国家的现象。

其次,国别投资经验产生作用存在三条渠道。第一条渠道是投资经验增强了企业对该国的投资信心。具体又体现在两个方面:一是在投资决策的决定阶段,企业有更高的概率选择在有相应经验的国别继续投资,而不是在没有投资经验的其他国家。二是初次投资完成后,如果有后续投资,则后续投资与前期投资的时间间隔有缩短趋势。这也说明企业在做出正确的投资决策后,希望在较短的时间内扩大生产规模,形成规模效应。国别投资经验发挥作用的第二条渠道是产业协同性。企业后续投资如果和前期投资同属一个行业大类,则后续投资规模也会更高。这意味着即便是企业对某个特定行业进行海外投资,也并非一蹴而就,而是分步骤在海外建立具有比较优势的产业链段。同时,企业在选定一个国别和区域以后,会相对坚定地在同国别或大洲追加相同产业投资,而不太可能进行跨洲投资。三是投资经验降低了直接投资的主要障碍——制度距离。尽管制度距离对对外投资有负面抑制作用,但投资经验显著降低了制度距离的负面作用,特别是降低了东道国政府效率低下、法律不完善以及执法不严的风险。对于企业和东道国政府都无法规避的政局稳定风险,投资经验也没有太显著的作用。

最后,基于以上研究结论,本章建议企业应给予过往投资经验积极正面但有限的重视度。若企业曾经投资过某个国家,则需要检验过往投资是否成功(增加了企业经营信心)抑或是将要进行的投资形成产业协同或规模效应。

第八章

拉美地区并购投资成败影响因素分析

第一节 引论

本章检验了拉美地区并购投资中企业是否寻求控股股东地位对并购完成率的影响。有如下发现：首先，虽然绝大多数寻求大股东地位的并购项目都得以完成，但是在微观、中观和宏观层面控制变量以后，是否寻求控股股东地位依然会显著负向影响并购项目完成率。具体来看，不寻求控股股东地位的并购项目完成率比寻求控股股东地位的并购项目完成率平均高13.1%；最终持股比例越高，并购完成率越低。其次，即使不讨论最终持股比例而仅考虑收购股份比例，随着并购企业所要求的并购股份比例提高，项目完成率也越高。本章进一步发现了其他重要因素对于并购投资的影响：行业匹配程度、目标企业所在国家本币比值都与并购完成率呈现正相关关系。

第二节 研究背景

新冠疫情不仅给世界经济造成严重衰退，还严重削弱了国际投资活动。2020年，全球外商直接投资收缩了40%，2021年将继续收缩

5%—10%，①是直接投资下降最严峻的地区。②根据联合国贸发会议2021年6月21日发布的《世界投资报告》，2020年拉美地区的外商直接投资骤降45%至880亿美元。2021年该地区将继续保持较低的吸引外资和对外投资势头，并且直到2023年才能恢复到疫情前的水平。③

作为受新自由主义影响深重的地区，拉美多数国家的经济发展受到外商直接投资的影响较大。根据拉美经委会2005—2019年在拉美地区发生的兼并、收购等褐地投资金额约为6960亿美元，约占拉美吸引外资总量的40%。④因此，并购投资是拉美地区对外投资活动的重要组成部分。截至2019年，中国已经成为拉美地区第二大并购投资来源国。⑤拉美地区并购投资的成败不仅关系拉美本身的经济发展，也关乎中国海外投资的保值增值。然而，该地区不管是投资总量还是并购投资都在2012年以后进入了持续的下降区间（见图8-1）。以最能反映并购投资的被收购企业数量为例，该值从2005—2019年的峰值70起（2012年）持续下跌到40起（2019年），跌幅为43%。造成上述结果的原因可能来源于两方面，一是并购项目发起数量少了，即拉美没有足够多的好公司被其他国家企业看中并发起并购；二是成功率低了，即拉美依然有足够多的好公司，但是因为各种原因，

---

① 资料来源：联合国拉美经纬会官网。网址：https://www.cepal.org/en/pressreleases/foreign-direct-investment-latin-america-and-caribbean-fell-78-2019-and-roughly-50。访问日期：2023年12月25日。

② 资料来源：新浪财经。网址：https://finance.sina.cn/2020-12-08/detail-iiznctke5158625.d.html?from=wap。访问日期：2023年12月25日。

③ United Nations Conference on Trade and Development, *World Investment Report* 2021, New York and Geneva: United Nations, 2021.

④ 笔者基于2010—2019年平均并购投资额计算。详见 Economic Development Division of the Economic Commission for Latin America and the Caribbean, *Fiscal Panorama of Latin America and the Caribbean* 2020, United Nations, June 2020。

⑤ Comisión Económica para América Latina y el Caribe, *Salud Y Economía: Una Convergencia Necesaria Para Enfrentar El Covid-19 Y Retomar La Senda Hacia El Desarrollo Sostenible En América Latina Y El Caribe*, Naciones Unidas, July 2020.

并购投资的完成率下降显著没有成功（见图8-2、图8-3）。在收购拉美企业股权的过程中，中国企业并非一帆风顺。虽然部分项目获得了成功，但很多项目在推进的过程中遭遇了不可知的困难，另一些项目则最终失败。比较著名的案例包括1992年首钢以较高的价格收购了秘鲁铁矿[①]、2008年五矿试图收购智利国家铜业公司25%股权未果、2014年五矿收购邦巴斯（Las Bambas）铜矿后遭遇的一系列挫折等。

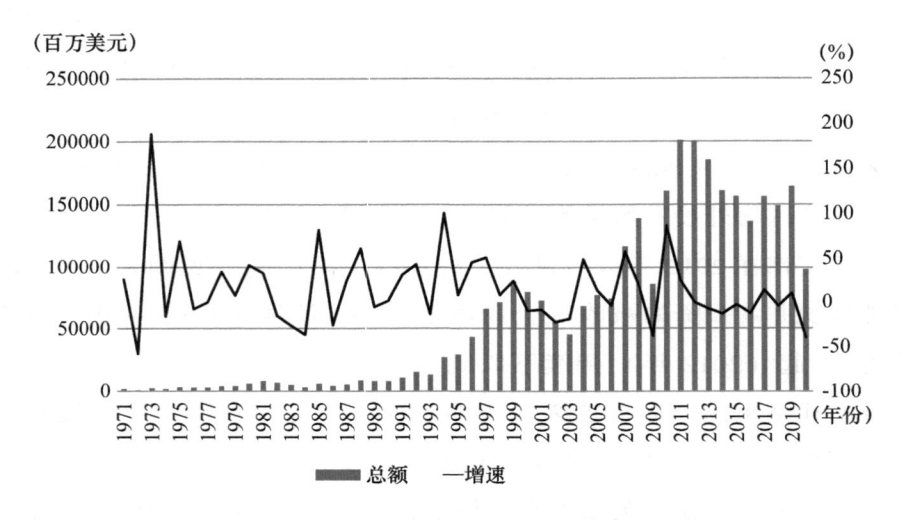

图8-1 拉美地区外商直接投资总额和增速

资料来源：联合国贸发会议数据库。

然而，任何投资都面临风险，收益与风险永远并存。尽管中国企业在拉美遭遇了一些挫折，但是这并不代表其他国家企业在拉美的投资都成功。并购项目的成功与否受到很多因素的共同影响，如果仅从少数项目的成与败来断言某一国家（比如中国或美国）在拉美地区的整体的表现显然是片面的。本章的主要目的是分析能够影响拉美地区并购投资成败的因素，着重检验寻求控股股东地位的并购策略是否影

---

① 郭洁：《首钢秘鲁铁矿项目的历史与变迁》，《国际政治研究》2015年第1期。

第八章 拉美地区并购投资成败影响因素分析

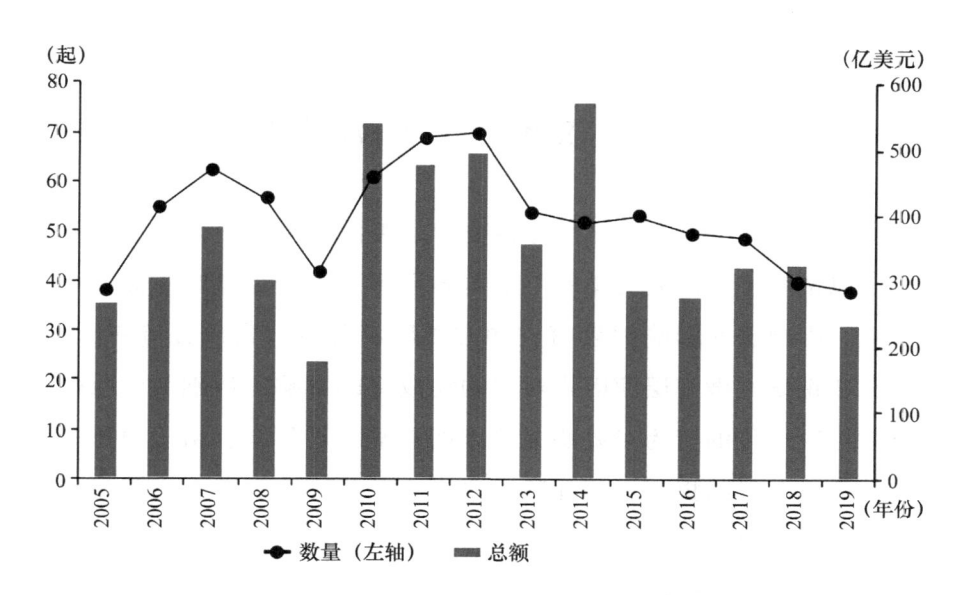

图 8-2 拉美地区并购活动的数量和总额

资料来源：拉美经委会。

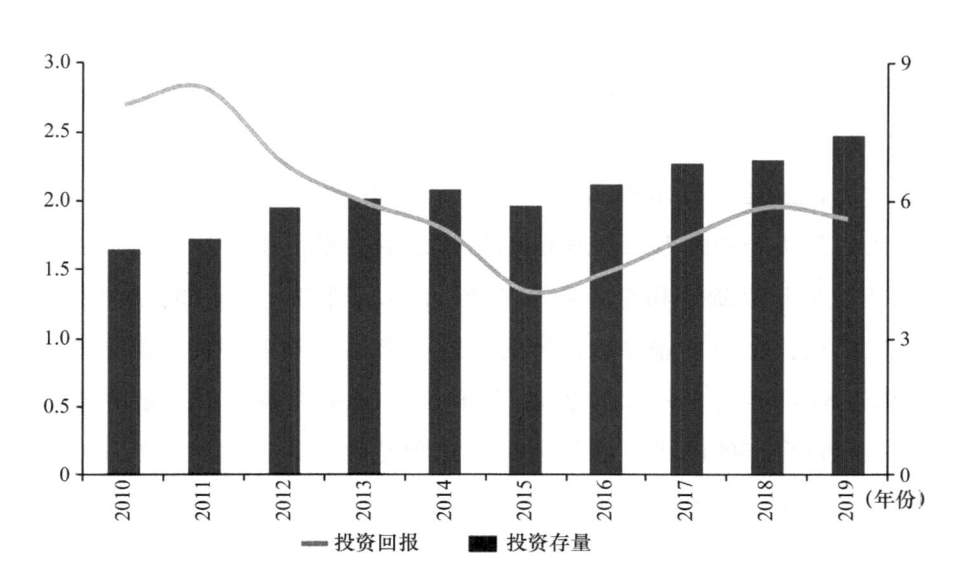

图 8-3 拉美地区投资存量和投资回报

资料来源：拉美经委会。

205

响并购完成率，并据此提出提高并购完成率的决策建议。

第三节 文献分析与假设提出

跨国公司理论对企业在国际投资中是否占据主导地位有丰富的研究。可以按照主要研究对象的层次差异大致上划分为微观层面影响因素研究、中观层面影响因素研究和宏观层面影响因素研究等三大类。本研究着重研究微观层面因素对并购完成率的影响，特别关注收购企业寻求控股地位的行为对并购完成率的影响。近年来，由于数据完善程度和数据质量的提高，国际贸易研究、国际商务理论和国际投资理论均开始重视企业层面异质性，并将其纳入研究范围。企业层面的财务数据和项目层面的细节数据都逐渐受到研究者的重视。

一 企业和项目层面因素

项目层面的因素包括项目支付方式、项目涉及金额、项目涉及的股权变更数量、变更股权占被收购企业股权比例，在一些研究中，还涉及对并购事件相关的新闻研究并做语调词频分析。在众多微观决策因素中，企业是否寻求控股股东地位对于并购投资能够产生重大影响，比如分析企业并购后股权份额与绩效的关系。这类研究的主要因变量是企业经营绩效和企业财务绩效（股价涨跌）。比如：冯根福、吴林江发现，企业被兼并后首年的绩效显著高于被兼并前，但是会在3年内逐渐回落到兼并前的状态。[①] 蒋弘、刘星发现，控股股东存在与公司高管合谋的动机进而侵害小股东利益的行为；蒋弘、刘星进一步发现，如果大股东之间存在制衡，那么并购后绩效会有所改善。[②]

---

① 冯根福、吴林江：《我国上市公司并购绩效的实证研究》，《经济研究》2001年第1期。
② 蒋弘、刘星：《股权制衡对并购中合谋行为经济后果的影响》，《管理科学》2012年第3期。

余鹏翼、王满四发现国企业国有股份与短期绩效正相关，与长期绩效负相关。[①] 陈玉罡等结合股权分置改革发现控制权转移后，目标公司的公司治理程度提高。[②]

上述研究主要关注收购后的企业绩效，而不是并购本身是否成功。本章认为，并购本身能够成功，必然受到收购公司意图的影响。这个意图将通过发起并购方（是否）想要获得控制权来体现。其机制由企业家精神（Entrepreneurship）作为载体而实现。企业经营过程中，企业家精神是企业创始人（们）宝贵的品质，其中之一就是对这家企业或者行业的热爱。由于企业家/创始人一般是企业大股东甚至控股股东，收购能够成功很大程度上受到企业家本人的重要影响。只有企业家本人同意出售相关股份，并购才得以进行。为了使得企业家同意出售其股份，收购企业不仅需要提出一个较高的收购价格，还要照顾企业家情感。比如一家企业被收购对于企业家来说意味着自己苦心经营的事业、品牌、管理模式等无形资产将不复存在。

除了企业家本人的态度以外，目标公司的利益相关者（政府、周边民众、职工、供应商）也自然而然地会对一家新外资控股股东变更存在疑虑，进而倾向于反对。因为利益相关者一般是弱势群体，他们对于新控股股东是否会尊重当地人的利益心存疑虑是可以理解的。由此提出：

> 假设 8–1　并购后若收购企业成为控股股东，则并购完成率越低

[①] 余鹏翼、王满四：《国内上市公司跨国并购绩效影响因素的实证研究》，《会计研究》2014 年第 3 期。
[②] 陈玉罡、陈文婷、林静容：《控制权市场制度变革与公司治理和并购绩效研究》，《证券市场导报》2017 年第 2 期。

企业层面影响并购成败的因素包括：企业盈利能力、收购企业或被收购企业（如上市）的股价反应、企业规模、企业投资经验和企业层面效率等。以企业效率为例，企业效率越高，企业选择并购模式对外投资的概率也越高，[1] 由此说明企业在选择进入模式时存在选择效应，但效率是否影响并购本身并不确定。

通常而言，收购企业规模越大，说明收购企业的实力越强，收购也越容易成功。目标企业规模越大，特别是职工越多，由于需要处理的潜在劳工问题越多，并购交易也不容易顺利完成。在拉美地区，朱鹤等指出，美国企业在早期进入拉美时也遭遇了严重的国有化风险。[2] 1936年前后，美国联合果品公司在危地马拉不顾及民生的大规模圈地，引起百姓广泛不满。

二 行业层面因素

行业层面的影响因素主要涉及两方面，一是行业准入限制；二是协同效应。

行业准入限制的影响渠道很明确。拉美地区不同国家对于并购投资行为有各类行业限制，这些行业层面限制不仅直接影响企业是否发起并购投资请求，还直接影响并购能够完成。根据赵蓓文："例如，墨西哥虽然在2013年相继对外资开放了能源领域和电信及广播服务领域，但对于中国的直接投资仍然十分谨慎。"[3] 不仅是拉美，世界其他地区对于特定行业均有一定的准入限制。美国对于关键性基础设施的投资；日本和欧洲的行业准入限制主要是要求外资符合日本的产业政策发展和禁止垄断；韩国通过优惠政策鼓励外资进入高新领域带动

---

[1] 周茂等：《企业生产率与企业对外直接投资进入模式选择——来自中国企业的证据》，《管理世界》2015年第11期。
[2] 朱鹤等：《20世纪中期美国企业对拉美地区投资的教训及对中国的启示》，《拉丁美洲研究》2018年第3期。
[3] 赵蓓文：《经济全球化新形势下中国企业对外直接投资的区位选择》，《世界经济研究》2015年第6期。

国内相关产业的快速进步并保护国内重要行业和经济核心领域。①

协同效应可以分为经营性协同效应、财务协同效应和管理协同效应。② 以汽车行业为例，吉利并购沃尔沃轿车带来一定程度的协同效应，经营协同效应具体表现为盈利稳定度提高，但是由于采用了较高的杠杆而成长性受损；管理协同效应先正后负，总体而言并不显著；财务协同效应正面且比较显著，吉利在收购后长短期偿债能力都有了显著提高。综合而言，这笔同行业内的并购投资体现出显著的协同效应。③ 由于吉利并购沃尔沃汽车属于横向并购，纵向并购能否得到类似的结果还不得而知。纵向并购指的是目标企业与并购企业存在产业链上下游关系。在这种情况下，由于目标企业不在并购企业已经熟悉的行业内，对于目标企业所在行业的行业特征、竞争关系、法律法规等情况肯定不如对于主行业的清楚，因此存在更大的难度。拉美地区以自然资源丰富而出名，但是在自然资源的开发开采领域，拉美地区的行业准入相对比较严格。多数国家对外开放的比例不足10%。但是这也并不一定意味着投资机会不足或者成功率不足。实际上，拉美国家该领域吸引的外资很高，达到了26%。在智利、玻利维亚、特立尼达和多巴哥等国，甚至超过50%。④ 对于该行业具有专业实力的企业来说，并购项目依然有很大的概率获得通过。由此提出：

假设8-2　行业匹配度与并购完成率正相关

三　国家层面因素

国家层面因素主要研究制度、风险水平、市场规模、汇率、经济

---

① 张陆洋、张训苏：《境外关于外资并购及行业准入的相关规则以及我国证券市场对外开放过程中应注意的问题》，《上海证券报》2007年9月3日第A10版。
② Weston, J. Fred, Kwang S. Chung, and Susan E. Hoag, *Mergers, Restructuring and Corporate Control*, Upper Saddle River: Prentice Hall, 1990.
③ 胡海青等：《基于协同效应的海外并购绩效研究——以吉利汽车并购沃尔沃为例》，《管理案例研究与评论》2016年第6期。
④ 张勇：《拉美能源资源产业发展及中拉合作建议》，《国际经济合作》2015年第8期。

发展水平、双边贸易状况、技术创新能力、语言文化等宏观因素对并购投资成败的影响。

制度是影响企业并购能否成功的重要因素。制度具体又可以细分为腐败控制、政府效率、监管质量、法治程度等具体的制度，这些细分制度安排通过不同影响渠道来影响一笔并购交易是否能够顺利完成。比如，东道国实行较好的腐败控制能够有效遏制招投标中的"串通投标""虚假招标""陪标"等不合法、不合规和不效率行为。再比如，东道国完善的立法能够保障企业如遇纠纷能够有法可依。当然，即便有完善的立法，还需要有力的执法队伍才能事实上对投资者资产提供安全保障。此外，立法完善和执法严格都不能规避国有化风险，因此政局稳定也是影响并购能够成功顺利的重要因素。从这个角度来看，制度质量与国别风险对于并购投资成败的影响有重合的部分，既有文献发现并购投资的完成率与东道国制度质量正相关。[1]

制度对于投资的影响还存在一定争论。除了上文提及的"制度促进论"以外，还存在"制度阻碍论"和"制度无关论"。支持制度阻碍论的学者发现，东道国制度质量越差，中国对其投资量反而越多。[2]针对这个异常现象，巴克利等[3]将这个现象归因于中国企业的预算软约束，因此企业有承担更高浮亏的能力。李晓敏、李春梅将其归因为国有企业的多目标决策机制，即国有企业占对外投资为主的时期，中

---

[1] 蒋冠宏：《制度差异、文化距离与中国企业对外直接投资风险》，《世界经济研究》2015年第8期；贾镜渝、李文：《距离、战略动机与中国企业跨国并购成败——基于制度和跳板理论》，《南开管理评论》2016年第6期；鲁明泓：《制度因素与国际直接投资区位分布：一项实证研究》，《经济研究》1999年第7期。

[2] Buckley, Peter J., L. Jeremy Clegg, Adam R. Cross, Xin Liu, Hinrich Voss, and Ping Zheng, "The Determinants of Chinese Outward Foreign Direct Investment", *Journal of International Business Studies*, Vol. 38, No. 4, 2007；王永中、赵奇锋：《风险偏好、投资动机与中国对外直接投资：基于面板数据的分析》，《金融评论》2016年第4期；李晓敏、李春梅：《东道国制度质量对中国对外直接投资的影响——基于"一带一路"沿线国家的实证研究》，《东南学术》2017年第2期。

[3] Buckley, Peter J., L. Jeremy Clegg, Adam R. Cross, Xin Liu, Hinrich Voss, and Ping Zheng, "The Determinants of Chinese Outward Foreign Direct Investment", *Journal of International Business Studies*, Vol. 38, No. 4, 2007.

国有较强烈的资源获取动机，因此对于东道国的制度质量无法顾及。[1] 支持制度无关论的学者则发现制度质量与中国对外投资是否选择进入的关系不是特别明显。[2] 综合来看，随着民营企业越来越多地参与海外并购，并且国有企业的预算软约束条件已经大大减弱，因此不论是国有企业还是民营企业都有寻求更安全投资的动机，理应选择制度质量更好的国家进行并购投资。

汇率不稳定是另一大外商直接投资的推力。1972年之前拉美国家以实行固定汇率制为主。到20世纪80年代中期以前，多数拉美国家实行与美元挂钩的汇率制度。到20世纪80年代后期，拉美新兴国家不断进行经济改革，调整对外发展策略。随着与外界接触的逐步增多，它们由固定或盯住制度逐步向浮动或相对浮动汇率制度转变。甚至有部分拉美国家在近年来出现美元化的汇率变动趋势（巴拿马、萨尔瓦多和厄瓜多尔）。[3] 然而，目前拉美国家大多数实行的浮动汇率制度可能并不适合拉美国家。虽然浮动汇率制度总体而言能够削弱外部冲击对本国经济的影响，并且将该国的货币政策独立出来。但是这样的好处有其存在的前提条件，特别是本国对外贸易是否有足够的弹性。可惜的是，进出口商品结构较为单一，拉美对外贸易的弹性并不足。[4] 在这样的情况下，拉美国家试图通过控制汇率变化改善国际收支的效果不明显。况且浮动汇率制度下引发外债"资产负债表效应"反而会恶化拉美国家在国际资本市场的信誉，降低对外资的吸引力。

国际上，拉美国家的汇率制度相较于东亚国家更加不稳定，拉美国家本币汇率对于并购投资的成本有显著影响，并能够最终影响并购

---

[1] 李晓敏、李春梅：《东道国制度质量对中国对外直接投资的影响——基于"一带一路"沿线国家的实证研究》，《东南学术》2017年第2期。
[2] 蒋冠宏、蒋殿春：《中国对发展中国家的投资——东道国制度重要吗?》，《管理世界》2012年第11期。
[3] 郭萍：《新兴市场国家的汇率制度选择与金融稳定》，市场经济与增长质量——2013年岭南经济论坛暨广东经济学会年会，中国广东广州，2013年。
[4] 李富有、李敏：《拉美国家汇率制度的选择及其对中国的启示》，《拉丁美洲研究》2003年第6期。

投资完成率。部分拉美国家还经历了汇率制度的反复。比如，阿根廷自 20 世纪 80 年代到 21 世纪初先后经历了有管理的浮动汇率制、独立浮动和货币局等三种制度；巴西也先后经历了爬行钉住、自由浮动、有管理的浮动和独立浮动；委内瑞拉经历了钉住美元、独立浮动、有管理的浮动和爬行钉住制度。① 汇率制度还规定了企业投资以后的收入能否成功汇回母国。委内瑞拉、厄瓜多尔和玻利维亚等多个产油产气国都对外资能够汇出的利润进行了限制，其目的是将自然资源收益留在本国内从而促进本国经济发展。此外，部分国家存在官方汇价和黑市汇价两个兑换价格。由于企业必须遵守当地法律合法经营，往往也需要采用官方汇价。但是在一些情况下，采用官方汇价并不符合企业利润最大化的原则。企业在面对汇率不稳定的国家时，会面临较高的并购失败风险。由此提出：

假设 8-3　东道国币值越高，并购完成率越高

市场规模被认为是外商直接投资的重要拉力。拉美地区在吸引外资的三个主要阶段（1994—2003 年、2004—2009 年、2010—2019 年）内的 GDP 占世界的比重非常稳定，稳定在 7.8% 左右，吸引的外资占世界比重在上述三个时间段分别是 8.7%、7.0%、10.2%，整体上均高于该地区的经济总量占比，体现出拉美地区较强的市场活力。根据基于引力模型的多份研究，市场规模对于吸引外资总流量是有显著正向效果。② 但是，当投资和被投资两个国家经济总量相差较大时，被投资国家的经济总量就不再有代表市场需求的能力。这些投资往往是看中了东道国企业的无形资产、技术创新能力或者是低廉的劳动力成本。

---

① 伍志文、李海菠：《拉美和东亚国家的汇率制度选择及其对中国的启示——兼谈人民币汇率升值问题》，《经济科学》2004 年第 6 期。
② 蒋冠宏、蒋殿春：《中国对外投资的区位选择：基于投资引力模型的面板数据检验》，《世界经济》2012 年第 9 期。

税收负担是外商直接投资的重要推力。企业对外投资的最终目的是盈利，而税率能通过直接影响企业盈利的方式影响投资决策。[①] 通常来讲，税率越高，企业能够留存的利润越少，企业在当地投资建厂的积极性就越低；税率越低，能够留存的利润越多，企业在当地投资建厂的积极性就越高。由此提出：

假设8-4 税赋程度与并购投资完成率负相关

除了市场规模以外，经济发展水平、双边贸易状况、技术创新能力和语言文化差距对于并购投资的影响相对比较一致。其影响效应分别是：经济发展水平正向促进外资流入、双边贸易量正向促进外资流入、技术创新能力正向促进外资流入、语言文化差异负向抑制外资流入。需要指明的是，上述关系均基于对外投资规模（对外投资流量）的研究，而不是基于微观层面的并购成败研究，故笔者对于这类文献不详细说明，但是会在实证检验中适当加入控制。

第四节 模型、变量与数据

本章采用倾向性得分匹配的方法检验核心假设：并购后若收购企业成为控股股东，则并购完成率越低。为了较为准确的因果关系，需要控制除收购股份比例以外的变量不变，仅改变当初企业选择收购的股份比例为寻求小股东，并比较两种情况下并购完成率是否存在显著差异。同时，由于当初选择的并购股份与项目完成率之前存在因果关系（即非随机），故"倾向性得分匹配"（Propensity Score Matching）适合作为本章的主要分析工具。对于其他假设的检验，笔者将主要采

[①] 协天紫光、樊秀峰：《投资便利化建设是否促进了中国对外直接投资——基于东道国异质性的门槛检验》，《国际商务》（对外经济贸易大学学报）2019年第6期。

用 Probit 模型进行回归检验。

PSM 通过构建"反事实框架"的思想，通过建立处理组和对照组的方法分析出同样的个体在不同的条件（X）下是否得到不同的结果（Y）。在本研究中，我们希望知道对于同一笔交易，如果仅仅改变企业并购的股份，并购完成与否将受到何种影响。很显然，企业在其他条件不变的情况下未选择控股地位的并购结果是反事实的，无法实际观测到。PSM 方法定义了三种处理效应来分析这个反事实的结果，分别是："平均处理效应"（Average Treatment Effect，ATE）、"参与者平均处理效应"（Average Treatment Effect of the Treated，ATT）和"非参与者平均处理效应"（Average Treatment Effect of the Untreated，ATU）：

$$ATE = E[Result_{i,1} - Result_{i,0}]$$

$$ATT = E[Result_{i,1} - Result_{i,0} \mid D_i = 1] = E[Result_{i,1} \mid D_i = 1] - E[Result_{i,0} \mid D_i = 1]$$

$$ATU = E[Result_{i,1} - Result_{i,0} \mid D_i = 0] = E[Result_{i,1} \mid D_i = 0] - E[Result_{i,0} \mid D_i = 0]$$

其中，Result 下标的"i，1"表示观察值项目 i 的并购企业寻求获得控股股东地位，"i，0"表示观察值项目 i 的并购企业不寻求获得控股股东地位。D_i 表示实际上该项目 i 中企业是否寻求了控股股东地位。现实情况是，我们只能观察到 $E[Result_{i,1} \mid D_i = 1]$ 和 $E[Result_{i,0} \mid D_i = 0]$ 的估计值，而 $E[Result_{i,0} \mid D_i = 1]$ 和 $E[Result_{i,1} \mid D_i = 0]$ 是反事实结果。同时因为 $E[Result_{i,1}]$ 和 $E[Result_{i,0}]$ 均不独立于处理变量 D，由此无法直接得到 ATE、ATT 和 ATU。

为了得到 ATE 等变量的估计值，需要先对上述两个反事实结果进行估计。假设我们能找到一系列协变量 X，使得因变量结果不取决于处理变量 D（即给定 X 以后 Result 在 D 的选择上随机分布）：

$$E[Result_{i,0} \mid D_i, X_i] = E[Result_{i,0} \mid X_i]$$

$$E[Result_{i,1} \mid D_i, X_i] = E[Result_{i,1} \mid X_i]$$

上述条件满足的情况下，给定控制变量 X_m，项目 m 是否完成（Result = 1 或 = 0）不取决于企业是否寻求成为控股股东（处理变量 D_m），即 $(Result_{m,0}, Result_{m,1}) \perp D_m | X_m$。这就是可忽略性定理。给定可忽略性定理，可以通过协变量 X 来为每一个处理组观察值 i 或对照组控制组观察值匹配一个或多个观察值（假设为 j）来估计反事实结果。

$$E[Result_{i,0} | D_i, X_i] \approx E[Result_{j,0} | X_j]$$

$$\widehat{Result_{i,0}} = \frac{1}{N_j} \sum_{N_j} Result_{j,0}$$

$$E[Result_{i,1} | D_i, X_i] \approx E[Result_{j,1} | X_j]$$

$$\widehat{Result_{i,1}} = \frac{1}{N_j} \sum_{N_j} Result_{j,1}$$

由此可以得到：

$$\widehat{ATT} = \frac{1}{N_i} \sum_{D_i=1} (Result_{i,1} - \widehat{Result_{i,0}})$$

$$\widehat{ATU} = \frac{1}{N_i} \sum_{D_i=0} (\widehat{Result_{i,1}} - Result_{i,1})$$

$$\widehat{ATE} = \frac{1}{N} \sum_{N} (\widehat{Result_{i,1}} - \widehat{Result_{i,0}})$$

匹配方法有多种，包括：K 近邻匹配、卡尺匹配、卡尺内 K 近邻匹配、核匹配、局部线性匹配、样条匹配和马氏距离。本研究采用卡尺内 K 邻近匹配的方法，其中 K = 2。原因是共同取值范围的样本数不是特别多，且项目之前的绝对差异较大。

并购数据来源于 Bvd – Zephyr。Zephyr 是国际并购研究领域知名的 M&A 分析库。样本共包含 1510 个观察值，其中项目完成的 1274 个，未完成的 236 个。并购公司来自三个国家，分别是巴西、智利和墨西哥，这三个国家吸引的外商直接投资占拉美地区总存量的约 68.3%，有足够的代表性（根据拉经委 2020 年拉美吸引外资报告测算），同时也因为这三个国家企业层面异质性（如员工数量）信息相对比较完善（见表 8 – 1）。

表 8-1　　　　　　　　　　　　　变量表

变量名	说明
Result	并购完成=1，并购未完成=0
Finalstake	并购后，并购方所持有的所有股份比例，%
Majority	哑变量，若并购方所持有的所有股份比例大于50%，则为1；否则为0
IndMat2	哑变量，衡量行业匹配度。若收购企业与目标企业北美行业代码前2位相同，则为1；否则为0
LnTgOptRev	目标企业上一个财年的营收，取自然对数
LnTgNumEmp	目标企业上一个财年的员工数量，取自然对数
LnAqOptRev	并购企业上一个财年的营收，取自然对数
LnAqNumEmp	并购企业上一个财年的员工数量，取自然对数
LnGDP	目标企业所在国当年经济总量，取自然对数
GDPR	目标企业所在国当年经济增速
RealEx	目标企业所在国当年实际有效汇率指数（2010年=100）
TotTax	目标企业所在国综合税费占利润的比例，%

第五节　实证结果

一　匹配效果检验

由于共同取值范围（Common Support）相对较小，本文选择卡尺内 K 近邻匹配为处理组和对照组匹配观察值，其中 K=2，卡尺距离为倾向性得分（Pscore）标准差的四分之一，约等于 0.058。下图显示了匹配前后偏差绝对值的分布特征。可以看到，Acquiredstake、IndMat2、LnTgNumEmp、LnTgOptRev、LnGDP、GDPR 和 Tgstatus 等变量标准偏差值在匹配后均大幅减小，虽然没有全部小于10%，但是比匹配前的结果好很多。关于收购企业的这两个指标 LnAqNumEmp、LnAqOptRev 的标准化偏差反而有所增大，但考虑到是控制变量，且增大幅度有限，对于主要结果的影响不大（见表 8-2、图 8-4）。

表 8-2　　　　　　　　　　　数据平衡检验

Variable	Unmatched / Matched	Mean Treated	Mean Control	% reduct % bias	% reduct bias	t-test t	t-test p>t	V(T)/V(C)
Acquiredstake	U	83.839	25.617	249.1		28.74	0.00	2.50*
	M	39.797	39.272	2.2	99.1	0.34	0.73	2.28*
IndMat2	U	0.617	0.401	44.3		5.88	0.00	.
	M	0.562	0.499	12.9	70.8	1.57	0.11	.
LnTgNumEmp	U	4.289	4.574	-17		-2.27	0.02	0.96
	M	4.480	4.261	13.1	23.1	1.62	0.10	1.07
LnAqNumEmp	U	5.491	5.265	8.7		1.19	0.24	0.83*
	M	5.594	5.213	14.7	-68.8	1.80	0.07	0.83
LnAqOptRev	U	11.265	11.486	-6.5		-0.91	0.36	0.75*
	M	11.470	11.048	12.4	-91	1.59	0.11	0.78*
LnTgOptRev	U	9.411	9.834	-16.8		-2.42	0.02	0.64*
	M	9.931	9.907	1	94.2	0.12	0.90	0.68*
LnGDP	U	27.936	27.588	35.2		5.05	0.00	0.66*
	M	27.707	27.639	6.8	80.6	0.78	0.43	0.88
GDPR	U	0.671	1.655	-37.3		-4.82	0.00	1.14*
	M	1.243	1.697	-17.2	53.9	-2.12	0.04	1.35*
5. Tgstatus	U	0.227	0.054	51.4		5.74	0.00	.
	M	0.078	0.084	-1.9	96.2	-0.29	0.77	.
6. Tgstatus	U	0.020	0.005	13.6		1.50	0.13	.
	M	0.013	0.004	7.8	42.4	1.16	0.25	.

注：*表示10%显著性水平。

二　处理效应分析

我们主要分析处理组处理效应（ATT）。结果显示，处理组处理效应（ATT）显著，有并购经验的企业更可能在下一次并购投资中获得成功。在匹配前，处理组企业并购的平均完成率为84.0%，对照组

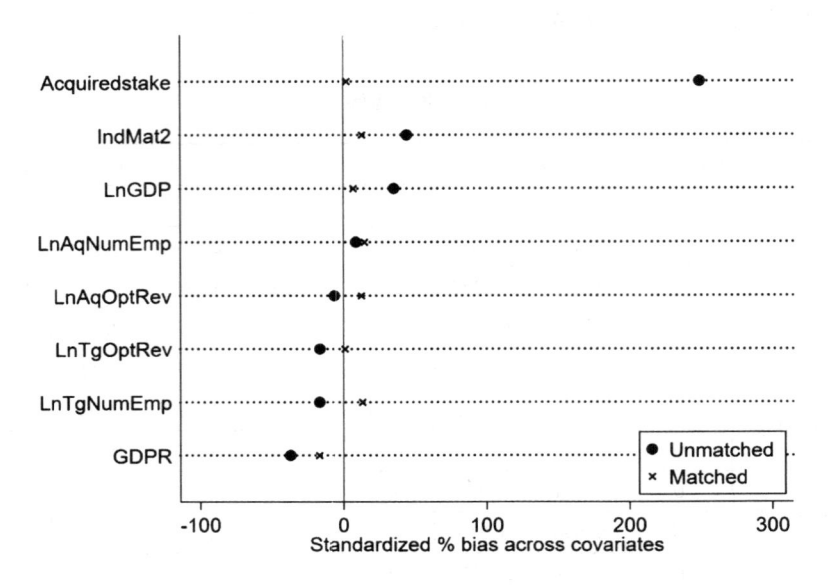

图 8-4 协变量的标准化偏差

平均完成率为 86.6%，处理组与对照组的平均差异为 -2.9%，但是这个差异无法通过 T 检验，因此不显著。通过合适的匹配后，我们发现，处理组的平均并购完成率降低到 77.1%，对照组平均成功率为 89.8%，ATT 达到了 0.126。也就是说，假设其他条件不变，这些未寻求控股股东地位的企业成功完成并购的概率比寻求控股地位的企业成功完成并购的概率高 11.3%，该结果在 5% 水平下显著。

本章还通过自助法（bootstrap）重复抽样 500 次的方式得到了 ATT、ATU 和 ATE 的估计值，分别是：$\widehat{ATT_{Boostrap}} = -12.6\%$，$\widehat{ATU_{Boostrap}} = -13.8\%$，$\widehat{ATE_{Boostrap}} = -13.1\%$。其中 ATU 表示假设原本不寻求控股股东地位企业在之前的并购中寻求控股股东地位，则并购完成率要下降 13.8%。ATE 表示对处理组和对照组平均而言，并购方寻求控股股东地位的并购项目完成率要低 13.1%（见表 8-3、表 8-4）。

表8-3　　　　　　　　　　　匹配结果

匹配方法	匹配前 处理组	匹配前 对照组	匹配前 ATT	匹配前 T值	匹配后 处理组	匹配后 对照组	匹配后 ATT	匹配后 T值
K nearest-neighbor					0.771	0.884	-0.113**	-2.15
Caliper					0.771	0.870	-0.099**	-2.14
Nearest-neighbor within caliper	0.840	0.866	-0.026	-0.96	0.771	0.898	-0.126**	-2.48
Kernel					0.771	0.873	-0.102**	-2.17
LLR					0.771	0.885	-0.114**	-2.13

注：**表示5%显著性水平。

表8-4　　　　　　　　　　自助法估计PSM结果

	Observed Coef.	Bootstrap Std. Err.	z	P > z	Normal based [95% Conf.	Interval]
$\widehat{ATT}_{Boostrap}$	-0.126	0.068	-1.870	0.062*	-0.259	0.006
$\widehat{ATU}_{Boostrap}$	-0.138	0.064	-2.170	0.030**	-0.263	-0.014
$\widehat{ATE}_{Boostrap}$	-0.131	0.055	-2.360	0.018**	-0.240	-0.022

注：**、*分别表示5%、10%显著性水平。

三　稳健性检验

回归结果首先显示，企业是否寻求控股股东地位（majority）系数为负，与倾向性得分匹配模型预测结果一致，但是由于没有控制其他变量，所以该哑变量的系数并不显著。企业最终股份比例（Finalstake）系数负，同样无法通过z检验。在加入相应控制变量以后，不论是majority哑变量还是Finalstake连续变量均变为显著，在1%水平下通过z检验。该结果与PSM结果相符合，验证了假设8-1，并购后若收购企业成为控股股东，则并购完成率越低。

行业匹配度与并购完成率正相关。如果收购企业与并购企业的行业二位代码相符，则并购完成率会显著高。IndMat2系数在5%水平下通过 z 检验。假设 8-2 得到验证。

目标企业所在国家实际有效汇率（RealEx）越高，并购完成率越高。RealEx 的系数在 5% 水平下显著。假设 8-3 得到验证（见表 8-5）。

表 8-5　　　　　　　　　　Logit 回归结果

变量	(1) Result	(2) Result	(3) Result	(4) Result	(5) Result	(6) Result
majority	-0.209	-0.956***	-0.882***			
	(0.220)	(0.297)	(0.296)			
Finalstake				-0.004	-0.020***	-0.020***
				(0.003)	(0.004)	(0.004)
Acquiredstake		0.007**	0.007**		0.012***	0.012***
		(0.003)	(0.003)		(0.003)	(0.003)
IndMat2		0.374**	0.370**		0.399**	0.395**
		(0.155)	(0.155)		(0.156)	(0.156)
LnTgNumEmp		-0.228***	-0.234***		-0.233***	-0.240***
		(0.058)	(0.058)		(0.058)	(0.059)
LnTgOptRev		-0.057	-0.053		-0.050	-0.046
		(0.047)	(0.047)		(0.048)	(0.048)
LnAqNumEmp		-0.105***	-0.108***		-0.106***	-0.109***
		(0.031)	(0.031)		(0.031)	(0.031)
TotTax		-0.001	0.037**		-0.001	0.039**
		(0.008)	(0.017)		(0.008)	(0.017)
RealEx			0.079**			0.081**
			(0.033)			(0.033)
截距项	1.869***	3.115***	-5.505	2.047***	3.619***	-5.211
	(0.207)	(0.891)	(3.682)	(0.264)	(0.926)	(3.724)
观察值	1510	1494	1494	1510	1494	1494

注：***、**分别表示 1%、5% 显著性水平。

目标企业所在国税赋水平（TotTax）越高，并购完成率越高。TotTax 的系数在 5% 水平下显著。假设 8-4 没有得到验证。笔者推测，税赋水平高虽然意味着企业需要缴纳的各项费用较高，但同时也可能意味着政府提供的制度性保障也越好，越能保障并购项目的顺利完成。从另外一个角度来说，如果企业担心目标公司所在国的税赋水平太高，那么企业会在一开始就选择不发起这笔并购而不是让并购故意失败。

第六节　案例

不执着地寻求控股股东地位以实现更高的并购完成率这个策略在智利有较好的体现。智利是拉美并购活动最活跃的国家之一，也是中国最青睐的拉美投资目的地之一。中国与智利有较强的经济互补性，中国与智利之间的贸易和投资都屡创新高。中国快速的经济增长和工业化使中国成为世界上最大的铜消费国和进口国，智利则拥有丰富的铜矿资源，是世界上最大的铜生产国和出口国之一。

一　中国在智利投资存在感偏低

中国在智利的投资大多以并购的形式进行，尤其是在矿业领域。基于 Bvd – Zephyr 并购数据库，自 1998 年到 2020 年（3 月），有 4211 起针对智利公司并购交易请求（成功和失败的均包括）。其中 3405 起为已完成或假定已完成的项目，806 起未完成。118 起为"谣言项目"（这些项目较新，都是在 2018 年之后启动的项目，故暂无定论是成功还是失败），共计 4329 起。

与其他发达经济体相比，中国在智利的投资存量相对较低。投资存量水平与中智贸易状况不相符。虽然中国是世界第二大经济体，但在交易数量上只排在第 11 位。在已完成的 3405 宗交易中，中国企业发起的交易仅 25 宗，实现投资总额 729374 万美元。中国的投资存量明显低于其他国家（主要是发达国家），如美国、英国、西班牙。除了智利国内公司发起的并购外，来自其他国家的交易占所有交易的一半以上，占所有投资价值的四分之三（并购投资股票最多的国家是美国，无论是交易数量还是交易价值）。

二　外商在智利投资的完成率比较

中国在智利投资成功率整体偏低。作为唯一一个在智利拥有超过5笔交易（包括未完成交易）的发展中国家，中国企业的成功率在其他国家中相对较低。下一个尝试在智利投资的发展中国家是阿根廷，仅有1笔成功的投资。虽然完成率高于平均水平（80.9%），达到86.20%，但在20笔以上（共17个国家）的国家中，中国的排名仍然很低（第9）。美国有200多笔交易，完成率保持在93%以上，仅次于只有21笔交易的瑞士。在金属行业，中国企业的完成率比其他国家低得惊人。中国在智利金属工业投资的完成率仅为57.14%，是所有在智利投资金属工业的国家中最低的。排在倒数第二位的是英国，其完成率为64.71%。美国的完成率是最高的，有18笔交易，达到94.44%。由于美国在拉美的投资历史要长得多，而智利是基本接受华盛顿共识的国家，两国在制度上的高度相似性可能也促成了这一结果（见图8-5至图8-8、表8-6）。

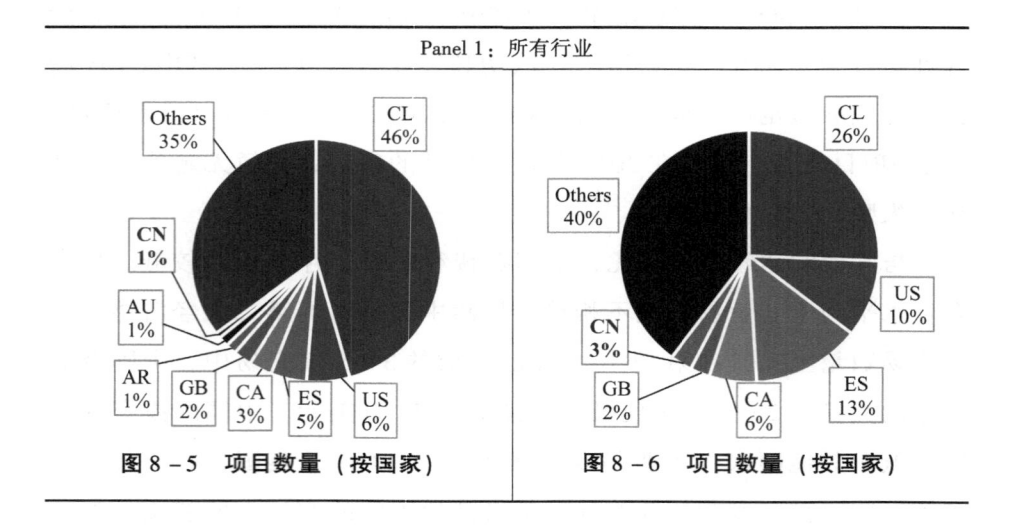

Panel 1：所有行业

图8-5　项目数量（按国家）　　　图8-6　项目数量（按国家）

第八章 拉美地区并购投资成败影响因素分析

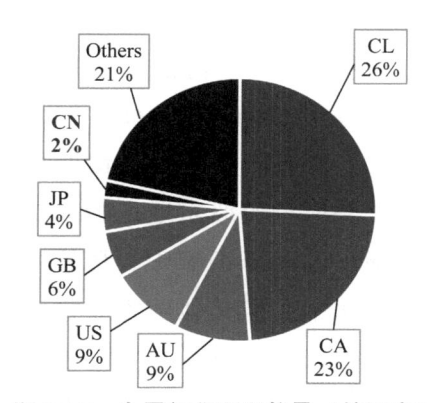

Panel 2：金属和金属制品行业

图 8-7　金属行业项目数量（按国家）

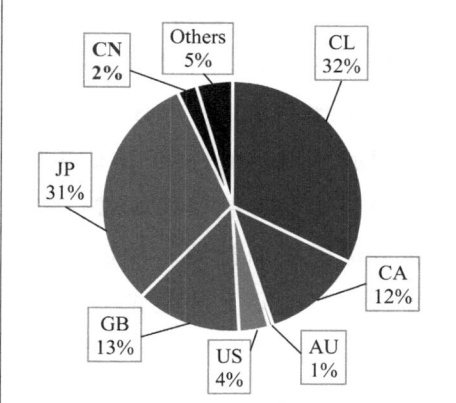

图 8-8　金属行业项目数量（按国家）

表 8-6　　　　　　　　　　项目全行业成功率

国家	项目数量（个）	完成率（%）	排名
Switzerland	21	95.20	1
United States	202	93.60	2
Chile	1728	90.00	3
Spain	175	89.70	4
Argentina	54	88.90	5
France	48	87.50	6
United Kingdom	93	87.10	7
Australia	52	86.50	8
China	29	86.20	9
Brazil	44	84.10	10
Netherlands	23	82.60	11
Mexico	38	81.60	12
Canada	127	81.10	13
Average		80.90	
Italy	24	79.20	14
Japan	28	78.60	15
Colombia	20	75.00	16
Peru	32	68.80	17

223

三 中国企业在智利并购投资的成功率

在笔者提取的样本中（删除未识别的已获得股份的交易后，有3836个观察值），寻求控股股东地位的并购完成率为82.68%，未寻求控股股东地位的并购完成率为87.90%。很显然，外国公司要获得对智利公司的控制权要困难得多。其次，获取控股股东地位的成功率与企业母国来源相关。在智利达成交易最多的几个国家中，尽管中国在多数类型交易上的完成率高于样本平均水平，但其他国家的完成率要高得多：全行业来看，美国和西班牙的完成率在90%以上，而中国的完成率只有82.6%。细化到金属和金属制品行业来看，中国的交易完成率仅为40%，远低于美国和法国的100%，英国的62.5%。其他行业的完成率没有显著差异（见表8-7）。说明在资源领域，中国企业可以暂不急于成为拉美企业的控股股东。一个典型的例子是天齐锂业与智利化工矿业公司（SQM），2018年天齐锂业宣布以40.7亿美元的价格收购智利化工矿业公司23.77%的股权，加上其原有的2.1%股权合计26%，位列第二大股东。随后2020年12月SQM启动了增资扩股计划，天齐锂业投了赞成票同时放弃了享有的优先认购权，股权下降至23.84%。

表8-7　　　　　　　　针对智利企业的并购完成率

		Majority	Minority
All	Completed	2994	627
	Not Completed	189	26
	Rate	82.68%	87.90%
China	Completed	19	6
	Not Completed	4	0
	Rate	82.61%	100%
United States	Completed	173	8
	Not Completed	13	0
	Rate	93.01%	100%

续表

		Majority	Minority
United Kingdom	Completed	74	6
	Not Completed	12	0
	Rate	86.05%	100%
Spain	Completed	152	5
	Not Completed	16	2
	Rate	90.48%	71.43%
Argentina	Completed	45	3
	Not Completed	6	0
	Rate	88.24%	100%

资料来源：Xu, Peiyuan, and Yongzhong Wang, "Investment Experience, Bilateral Investment Treaty and China's ODI: A New Angle to Explain Risk Preference", *International Journal of Business and Management*, Vol. 15, No. 1, 2020.

第七节 小结

拉美整体而言仍然处在后疫情时代的经济恢复阶段，对外投资环境仍未完全恢复，并购投资领域仍存在较大不确定性。因此，包括中国企业在内的其他企业如何提高在拉美的并购投资成功率是本文关注的焦点。

本章基于倾向性得分匹配方法，有如下发现：第一，虽然绝大多数寻求大股东地位的并购项目都得以完成，但是在控制项目层面和企业层面的众多影响因素以后，是否寻求控股股东地位依然会显著影响并购项目的成功率。不寻求控股股东地位的并购项目完成率比寻求控股股东地位的并购项目完成率平均高13.1%。第二，最终持股比例越高，并购完成率越低（最终持股比例每高1%，并购成功率下降2%）。第三，并购股份比例越高，项目完成率越高。第四，行业匹配程度越高，并购完成率越高。第五，目标企业所在国家本币比值越高，并购完成率越高。第六，目标企业所在国税赋程度越高，并购完成率越高。

基于上述研究结果,本章提出如下政策建议。第一,中国企业以及其他各国企业应该做好尽职调查,认真了解拉美市场对于新晋外来控股股东的态度——支持、怀疑还是反对;第二,即便不寻求控股股东地位,也需要对最终持有目标公司的股份比例做相应思考(特别是分两次或以上购入目标公司股票的情形);第三,在最终持股份额不触及红线的情况下,更大比例的股权增持是体现诚意、提高项目完成度的重要手段;第四,合理看待目标公司所在国家的税赋情况和检测汇率等宏观经济指标,避免并购过程中受到系统性风险的影响。

第九章

总结与展望

第一节 主要结论

自"走出去"战略实施以来,中国对外投资在经过二十多年的高速发展后已经从无足轻重发展到举足轻重的地位。2003 年,中国只是国际投资领域的后来者,对外投资存量仅排在全球第 25 位;2019 年,中国已然是国际投资的主要输出国,对外投资存量位居世界第 3 位,并在 2015 年从直接投资净流入国转变为净流出国。在大规模国际化浪潮下,部分企业不仅成功打入国际化市场,还将自己的品牌推向世界,成功助力"中国制造"向"中国创造"的历史转变;与此同时,另一些企业却在海外"折戟"后"激流勇退",不再寻求国际化进程,呈现显著的异质性。在众多异质性因素中,针对投资经验的研究十分必要。中国企业的足迹从零开始逐渐遍布全球 188 个国家和地区,涉及 18 个行业大类(2019 年),经历了无数苦难、完成了诸多挑战、积累了无数宝贵的投资经验,这些经验是企业的宝贵财富。这些投资经验不仅见证了企业的历史辛酸,更见证了企业的国际化之路,对企业未来的投资行为和投资绩效有着重要且深远的影响。因此,作为企业层面重要异质性来源,投资经验理应被深入研究。本研究基于中国对外投资项目层面数据,对投资经验的积累、衡量、作用机制做了理论分析,并就投资经验对并购成败、进入模式和投资规模的影响做了实证检验。主要有如下发现。

第一，投资经验既包括企业对目标国家本身政治制度、经济制度、法律制度、文化制度等系统性的认知，也包括这些制度与其他国家是否存在性质上的重大差异的认知。这些认知以显性或隐性知识的形式存在于组织内部。投资经验形成步骤主要包含知识获取、知识扩散、知识整理和知识应用等四步。其中知识获取是显性信息和隐性信息收集的第一步，收集完信息后，企业内个体将信息向组织（企业）内部相关人员扩散为第二步，组织（企业）内的信息接收方（领导、同事、学徒等）对其他个体带来的信息进行甄别、筛选、整理、汇编、学习领悟（针对隐性知识）等"扬弃"步骤并形成新的知识为第三步，最后企业未来的投资行为具体执行人受到上述投资经验的影响，做出相应的投资决策为第四步。这是投资经验由特定市场知识转变的主要步骤。也正因如此，投资经验可被分入交易性特定所有权优势。按照折衷理论的分析，投资经验对于企业国际投资产生影响有其合理性，故不需要新建立一套专门描绘发展中国家对外投资的理论。

第二，投资经验通过学习效应、人才培养效应、战略联盟效应、逆向技术溢出效应和竞争效应等多种渠道影响对外投资绩效。学习效应主要通过探索式学习（Explorative Learning）辅之以一定的利用式学习（Exploitive Learning）实现，前者帮助企业获得克服外来者劣势的信息，逐渐积累新的投资经验，而后者是将企业已有的投资经验灵活运用到实际投资操作中去。人才培养效应主要指的是企业在完成投资的过程中以及实际经营中，其东道国子公司各级人员对东道国市场形成深入了解，在面对市场突发危机或机遇时，能够迅速研判和决策，为后续做出正确投资决策奠定基础。逆向技术溢出效应是指过去的投资经验使得企业能够在东道国市场获得其他国家企业的技术溢出。战略联盟效应是指在协同投资时，由于团队成员深度而频繁的交流使得原本属于联盟其他企业的经验转移到了中国企业，从而增加了中国企业的投资经验。竞争效应是指面对苛刻的消费者和强大的竞争者，企业不断改善产品和服务，并在下次进入同样有着苛刻需求消费者的市场时，能够在进入模式和投资规模方面有所改善。

第三，提出了六类主要投资经验划分方法并据此介绍了中国企业投资经验的存量特征。投资经验可以按照来源地划分为：国别投资经验、区域投资经验、全球投资经验，主要考察投资经验的地缘异质性。可以按照进入模式划分为：绿地投资经验、褐地投资经验，主要考察投资经验模式层面异质性。可以按照行业是否关联划分为：相关行业投资经验、不相关行业投资经验，主要考察投资经验的行业异质性。可以按照项目成功与否划分为：成功投资经验、失败投资经验，主要考察投资经验的成败异质性。可以按照制度质量高低划分为：高制度质量国家投资经验、低制度质量国家投资经验，主要考察投资经验在制度层面的异质性。可以按照替代学习划分为：同国别其他企业经验、同国别同市场其他企业经验，主要考察替代学习经验与经验学习的效果差异。共计六大类十三种。根据上述分类法则，对微观层面投资经验积累存量现状及特征事实作了分析。发现：（1）中国企业投资经验总体存量不足但是增速较快；（2）企业间投资经验存量差距大；（3）反映企业对国际投资通用认知的全球投资经验与区位风险正相关，但反映企业对特定东道国认知的国别投资经验与区位风险负相关。说明中国企业仍然在积极进入不同制度类型的东道国，但是会随着认知的加深更多地选择在安全的国家投资；（4）投资经验对于不同所有制企业的区位选择和投资规模有差异性影响。随着投资经验的丰富，国有企业持续保持风险厌恶，但是非国有企业可能出于拓展市场的目的在总投资经验增加以后呈现一定程度的投资激进行为。以上结果综合说明，投资经验对投资行为和投资绩效的影响也存在异质性，适用范围也存在异质性，因此投资经验具有有限适用性的特征。

第四，检验投资经验对并购成败的影响并分析机制。首先，企业全球范围内的成功并购经验显著提高未来并购成功率。有全球成功并购经验的企业下一次并购成功的概率比没有成功经验的企业高

42.5%，且特别是在并购高制度质量国家企业后，并购成功率提升更显著。这主要源于人才获取和培养效应，企业对别国的历史并购不仅培养了自身的并购人才，还吸纳了优秀的外籍团队。其次，来源于区域内其他国家的（成功）并购经验以及各类失败经验均不能提高并购成功率；但是同国别的成功并购经验能提高未来并购成功率约3.5%。这源于习得的投资经验存在异质性和有限适用性，包含特定东道国投资环境信息的经验降低了同国别新并购交易成本，故项目更易获得成功。最后，对行业门类所属相同的企业进行并购时，并购投资经验对并购成败影响更显著，说明行业相关性与企业组织学习的吸收能力正相关，从而改善未来投资绩效；而跨行业并购中，虽然组织学习也能进行，但学习效果略差。

　　第五，分析投资经验对进入模式的影响和机制。首先，在其他条件一定的情况下，企业在当地投资经验越多，选择并购模式进入的概率越高。同国别投资经验增加带来的本地知识使企业更易克服并购所需的额外交易成本。其次，企业若具有对世界其他地区投资的经验（但不具有对当前目标所在市场的投资经验），则初次进入该新市场时选择并购投资的概率显著低13%。主要原因是，初次进入东道国时，企业更注重是否获得在东道国经营所需要的显性和隐性知识，过去的投资经验证明，绿地投资是获得这些信息更具性价比的途径。次要原因是，绿地投资经验存在一定"惯性"。企业在其他地方的绿地投资建设和积累的"不可移动优势"，在进入一个新国家时，没有必要通过并购的方式重复获得此能力，而是倾向于充分利用已有优势。再次，国别投资经验显著提高后续进入该东道国时选择并购投资的概率，提高值约为10%。随着企业在特定市场"站稳脚跟"，企业在目标市场经营实力增强，面对相同的制度文化障碍时，企业过去获得的投资经验能够帮助企业少走弯路，降低交易成本甚至避免部分交易成本，使并购投资的相对性价比提高。最后，相比于经验学习（自己的经验），替代学习（其他中企）经验对于进入模式的影响效果相对较弱，但如果替代学习的对象不仅同市场且同行业，那并购投资的概率会略高，但并不十分显著，从侧面说明行业相关的知识溢出是投资经验提高并购进入模式概率的重要原因。

第六，分析投资经验对投资规模的影响和机制。首先，发现特定国别投资经验企业的平均项目规模比无该国投资经验的企业平均投资额高49%，说明企业在初次进入新东道国市场时在投资规模的选择上比较谨慎，不敢在不了解东道国实际情况时贸然做出较大的投资。其次，区域其他国家投资经验对于投资规模无显著影响，进一步确认了投资经验的有限适用性。最后，检验了国别投资经验产生的作用有三种渠道。第一条渠道是国别投资经验显著增加了企业继续选择在该国（而不是在其他国家）进行投资的概率，而企业之所以愿意继续在该国投资更多，是因为历史经验让企业投资别国的意愿大大降低，表现出充分利用现有经验知识的倾向。同时还发现，中国对外投资在区位选择阶段显著偏好制度质量更好的国家，而不存在显著偏好高风险国家的现象。第二条渠道是产业协同效应和规模效应。企业在进行海外投资时并非一蹴而就，而是逐步将优势产业链段先转移至生产成本最低的区位，再考虑将关联产业迁移至相应相同国家，以此形成协同效应和规模效应。初次投资还带有一定的试水成分，待其在东道国的分公司生产经营正常后会适当扩大投资规模。第三条渠道是初次投资提升了企业的信心，缩短了后续投资发生的时间间隔。

第二节　政策建议

基于本研究提出的投资经验有限适用性，本研究形成如下政策建议。

对于中国政府来说，一方面，政府应该重视企业的异质性，重视企业差异化的投资经验路径，建立一套灵活、合理、适应性强的企业海外投资监管机制，对于企业海外新增投资、撤资过程中的种种决定给予差异化的审批监管政策和灵活的管理制度；另一方面，在逆全球化趋势仍在加剧的背景下，政府仍然要坚持宏观层面严格的对外投资风险管理，但是在具体操作层面需要认识到，即便是对于同一个国家或行业的投资，不同的企业由于经验的不同，其处理问题、应对障碍和规避风险的能力也不同，尽量避免"一刀切"式的管理。具体可以：（1）加强对拟投资企业的历史业绩、业务匹配、产业链整合和协调能力的审查。对于有能力的企业，应该积极支持；对于没有能力的企业，做好风险预警和提示。（2）引导区域和东道国商会进行行业、组织交流，让企业认识到投资经验有限适用性，帮助后来者企业降低前期学习成本和后期交易成本。（3）进一步规范整合国内国有企业，鼓励企业以技术、能力进行良性竞争，遏制相互压价等恶性竞争。

对于企业来说，一方面，即便海外投资经验比较丰富的企业也不能将其他地区的投资经验简单套用到新的地区，因为不同国家的法律、制度、民俗都不相同，投资经验不一定具备普适性；另一方面，企业应该向已经进入目标国的先驱企业学习，哪怕后来者在其他方面的实力强于先行者。这也意味着一些后进入东道国的大企业需要放下身段，向拥有更多本土信息的先行者企业咨询请教特定东道国的风险情况。需要特别说明的是，由于中国企业之间也可能存在竞争关系，企业对于外界传递的信息可靠性、真实性、适用性要在内部组织学习的知识整理阶段加以深入讨论，做到"去其糟粕，留其精华"。

参考文献

中文著作

陈强：《高级计量经济学及 Stata 应用》（第二版），高等教育出版社 2014 年版。

陈威如等：《全球化之路：中国企业跨国并购与整合》，中信出版社 2017 年版。

黄晓玲主编：《中国对外贸易概论》（第二版），对外经济贸易大学出版社 2009 年版。

王志乐主编：《2007 走向世界的中国跨国公司》，中国经济出版社 2007 年版。

吴树青：《邓小平理论与当代中国经济学》，北京大学出版社、黑龙江教育出版社 2002 年版。

肖慧敏：《中国企业对外直接投资行为与绩效研究：基于异质性与组织学习视角》，东南大学出版社 2019 年版。

阎克庆、聂高民：《迈向二十一世纪的中国综合商社：理论·实践·借鉴》，经济管理出版社 1998 年版。

中文译著

刘易斯·威尔士：《第三世界跨国公司》，叶刚译，上海翻译公司 1986 年版。

[美] 克里斯·阿吉里斯：《组织学习》，张莉、李萍译，中国人民大学出版社 2004 年版。

中文期刊

陈国权、马萌：《组织学习的过程模型研究》，《管理科学学报》2000 年第 3 期。

陈国权、马萌：《组织学习的模型、案例与实施方法研究》，《中国管理科学》2001 年第 4 期。

陈国权、马萌：《组织学习现状与展望》，《中国管理科学》2000 年第 1 期。

陈国权、郑红平：《组织学习影响因素、学习能力与绩效关系的实证研究》，《管理科学学报》2005 年第 1 期。

陈漓高、黄武俊：《投资发展路径（IDP）：阶段检验和国际比较研究》，《世界经济研究》2009 年第 9 期。

陈强等：《中国技术寻求型对外直接投资现状、问题和政策建议》，《中国软科学》2013 年第 11 期。

陈涛涛、陈晓：《吸引外资对对外投资能力的影响机制——机制分析框架的初步构建》，《国际经济合作》2015 年第 5 期。

陈涛涛、陈晓：《吸引外资对对外投资能力影响的机制研究——以中国汽车产业的发展为例》，《国际经济合作》2014 年第 8 期。

陈涛涛等：《拉美基础设施投资环境和中国基建企业的投资能力与挑战》，《拉丁美洲研究》2017 年第 3 期。

陈涛涛等：《投资发展路径（IDP）理论的发展与评述》，《南开经济研究》2012 年第 5 期。

陈涛涛等：《吸引外资对于对外投资能力的影响研究》，《国际经济合作》2011 年第 5 期。

陈效林等：《国际联盟中知识获取：知识保护、吸收能力与议价权力》，《科学学与科学技术管理》2010 年第 31 卷第 6 期。

陈岩等：《中国对非洲投资决定因素：整合资源与制度视角的经验分析》，《世界经济》2012年第10期。

陈玉罡、陈文婷、林静容：《控制权市场制度变革与公司治理和并购绩效研究》，《证券市场导报》2017年第2期。

陈兆源等：《中国不同所有制企业对外直接投资的区位选择——一种交易成本的视角》，《世界经济与政治》2018年第6期。

程惠芳、阮翔：《用引力模型分析中国对外直接投资的区位选择》，《世界经济》2004年第11期。

楚天骄、杜德斌：《跨国公司研发机构与本土互动机制研究》，《中国软科学》2006年第2期。

崔巍：《西方跨国公司理论的典范——邓宁体系》，《经济学动态》1994年第8期。

崔新健等：《基于知识管理的区域创新能力评价研究》，《经济管理》2013年第35卷第10期。

杜晓君、朱园园：《制度距离、信息不对称和国际并购绩效——基于中国上市公司并购案的实证研究》，《东北大学学报》（自然科学版）2013年第34卷第10期。

段军山：《跨国公司研发国际化的"溢出效应"及对我国政策分析》，《世界经济研究》2005年第8期。

范黎波等：《中国企业跨国并购学习效应的实证研究——经验学习和替代学习的视角》，《财贸经济》2016年第10期。

冯德连：《中国制造业大企业外向国际化趋势、问题与应对策略》，《国际贸易》2020年第1期。

冯德连、邵海燕：《我国中小企业外向国际化发展的探讨》，《商业经济与管理》2006年第4期。

冯根福、吴林江：《我国上市公司并购绩效的实证研究》，《经济研究》2001年第1期。

冯其予：《全面开放新格局加快形成》，《经济日报》2018年3月4日。

付清海：《完善我国代建制项目管理模式探讨》，《现代商贸工业》2009 年第 5 期。

高厚宾、王蔷瑞：《跨国并购中资源互补性对创新绩效的影响——文化距离与吸收能力的调节作用》，《国际商务》（对外经济贸易大学学报）2019 年第 6 期。

高宇：《中国企业对避税港的直接投资动因分析》，《国际经济合作》2010 年第 8 期。

葛顺奇、罗伟：《中国制造业企业对外直接投资和母公司竞争优势》，《管理世界》2013 年第 6 期。

耿新：《知识创造的 IDE – SECI 模型——对野中郁次郎"自我超越"模型的一个扩展》，《南开管理评论》2003 年第 5 期。

郭洁：《首钢秘鲁铁矿项目的历史与变迁》，《国际政治研究》2015 年第 1 期。

郭萍：《新兴市场国家的汇率制度选择与金融稳定》，市场经济与增长质量——2013 年岭南经济论坛暨广东经济学会年会，中国广东广州，2013 年。

韩师光：《中国企业境外直接投资风险问题研究》，博士学位论文，吉林大学，2014 年。

何洁：《外国直接投资对中国工业部门外溢效应的进一步精确量化》，《世界经济》2000 年第 12 期。

何敏：《矿产外交的企业实践：以五矿海外收购铜矿战略为例》，《中国矿业》2016 年第 1 期。

洪俊杰等：《中国企业走出去的理论解读》，《国际经济评论》2012 年第 4 期。

胡海青等：《基于协同效应的海外并购绩效研究——以吉利汽车并购沃尔沃为例》，《管理案例研究与评论》2016 年第 6 期。

胡旺盛：《基于组织学习的动态能力研究》，《财贸研究》2006 年第 2 期。

胡志军、温丽琴：《产品生命周期、融资约束与后危机时代民营企业外向国际化——基于 Logit 模型的实证研究》，《国际贸易问题》2014 年第 8 期。

黄健等：《工作场所学习：学习型社会的重要基石——第九届国际人力资源开发学会年会（亚洲分会）述评》，《开放教育研究》2011 年第 1 期。

黄静、王家国：《内部营销理论及其运用》，《中国软科学》2003 年第 4 期。

黄梅波等：《投资经验是否影响了中国异质性企业的 OFDI 模式选择》，《国际贸易问题》2019 年第 7 期。

黄培伦等：《企业能力：静态能力与动态能力理论界定及关系辨析》，《科学学与科学技术管理》2008 年第 7 期。

黄速建、刘建丽：《中国企业海外市场进入模式选择研究》，《中国工业经济》2009 年第 1 期。

黄武俊、燕安：《中国对外直接投资发展阶段实证检验和国际比较》，《国际商务》（对外经济贸易大学学报）2010 年第 1 期。

黄志勇、欧阳文杰：《国际收支新形势下中国对外投资收益问题分析》，《市场周刊》2020 年第 6 期。

冀相豹：《制度差异、累积优势效应与中国 OFDI 的区位分布》，《世界经济研究》2014 年第 1 期。

贾镜渝、李文：《经验与中国企业跨国并购成败——基于非相关经验与政府因素的调节作用》，《世界经济研究》2015 年第 8 期。

贾镜渝、李文：《距离、战略动机与中国企业跨国并购成败——基于制度和跳板理论》，《南开管理评论》2016 年第 6 期。

贾镜渝、孟妍：《经验学习、制度质量与国有企业海外并购》，《南开管理评论》2022 年第 3 期。

贾式科、侯军伟：《西方区位理论综述》，《合作经济与科技》2008 年第 22 期。

江时学：《拉美国家的汇率制度与美元化》，《世界经济》2004年第5期。

江旭、高山行：《战略联盟中的知识分享与知识创造》，《情报杂志》2007年第7期。

蒋殿春、张宇：《经济转型与外商直接投资技术溢出效应》，《经济研究》2008年第7期。

蒋冠宏：《制度差异、文化距离与中国企业对外直接投资风险》，《世界经济研究》2015年第8期。

蒋冠宏、蒋殿春：《绿地投资还是跨国并购：中国企业对外直接投资方式的选择》，《世界经济》2017年第7期。

蒋冠宏、蒋殿春：《中国对发展中国家的投资——东道国制度重要吗?》，《管理世界》2012年第11期。

蒋冠宏、蒋殿春：《中国对外投资的区位选择：基于投资引力模型的面板数据检验》，《世界经济》2012年第9期。

蒋弘、刘星：《股权制衡对并购中合谋行为经济后果的影响》，《管理科学》2012年第3期。

金宏平等：《国际化中的组织学习：一个范围与方式的二维视角》，《科技管理研究》2015年第35卷第18期。

李富有、李敏：《拉美国家汇率制度的选择及其对中国的启示》，《拉丁美洲研究》2003年第6期。

李辉：《经济增长与对外投资大国地位的形成》，《经济研究》2007年第2期。

李江帆、顾乃华：《从内向国际化到外向国际化——CEPA背景下珠三角国有服务企业国际化路径安排》，《南方经济》2004年第3期。

李京勋、叶晓文：《企业动态能力理论评述》，《生产力研究》2016年第5期。

李军林等：《国际储备货币：需求、惯性与竞争路径》，《世界经济》2020年第5期。

李钦、陈忠卫:《战略联盟中知识获取的影响因素分析》,《现代管理科学》2009年第1期。

李文元、梅强:《企业组织学习的知识获取途径研究》,《科技管理研究》2007年第2期。

李晓敏、李春梅:《东道国制度质量对中国对外直接投资的影响——基于"一带一路"沿线国家的实证研究》,《东南学术》2017年第2期。

李雪:《基于服务外包的中国国际分工地位提升》,《商业时代》2013年第13期。

里光年:《发展中大国企业跨国并购研究》,博士学位论文,吉林大学,2010年。

梁艳欣:《技术联盟的知识共享机制研究》,硕士学位论文,大连理工大学,2008年。

林莎等:《中国企业绿地投资与跨国并购的差异性研究——来自223家国内企业的经验分析》,《管理评论》2014年第9期。

刘爱兰等:《资源掠夺还是多因素驱动?——非正规经济视角下中国对非直接投资的动因研究》,《世界经济研究》2017年第1期。

刘飚、孟勇:《制度距离与我国企业海外并购效率》,《经济管理》2019年第12期。

柳德荣:《美国对外直接投资现状分析》,《湖南商学院学报》2007年第2期。

鲁明泓:《制度因素与国际直接投资区位分布:一项实证研究》,《经济研究》1999年第7期。

马永远、江旭:《战略联盟伙伴间特征与联盟管理实践转移》,《管理科学》2014年第5期。

孟晓斌等:《企业动态能力理论模型研究综述》,《外国经济与管理》2007年第10期。

潘文卿:《外商投资对中国工业部门的外溢效应:基于面板数据的分

析》,《世界经济》2003年第6期。

潘镇:《制度距离与外商直接投资——一项基于中国的经验研究》,《财贸经济》2006年第6期。

綦建红、刘慧:《以往经验会影响OFDI企业序贯投资的区位选择吗——来自中国工业企业的证据》,《经济理论与经济管理》2015年第10期。

綦建红、杨丽:《文化距离与我国企业OFDI的进入模式选择——基于大型企业的微观数据检验》,《世界经济研究》2014年第6期。

钱进、王庭东:《"一带一路"倡议、东道国制度与中国的对外直接投资——基于动态面板数据GMM的经验考量》,《国际贸易问题》2019年第3期。

乔晓楠、张晓宁:《国际产能合作、金融支持与共赢的经济逻辑》,《产业经济评论》2017年第2期。

邱伟年等:《组织吸收能力研究:理论回顾与整合框架》,《社会科学》第8期。

屈浩峰:《河南省承接产业转移的模式分析——基于加工贸易和服务外包技术溢出效应的比较》,《河南教育学院学报》(哲学社会科学版)2009年第4期。

宋瑞琛、陈云东:《中美双边投资协定谈判:国际投资与海外利益维护》,《学术探索》2015年第4期。

宋养琰:《国企改革30年》,《经济研究导刊》2008年第12期。

宋养琰:《国企改革30年历程回顾》,《中国经贸导刊》2008年第19期。

陶士贵:《从外汇管理方面看"返投资"的弊处》,《国际经贸探索》1991年第3期。

投资界:《中国企业海外并购失败于不懂流程》,《国际融资》2014年第4期。

王碧珺:《被误读的官方数据——揭示真实的中国对外直接投资模

式》,《国际经济评论》2013 年第 1 期。

王胜、田涛:《中国对外直接投资区位选择的影响因素研究——基于国别差异的视角》,《世界经济研究》2013 年第 12 期。

王秀江、彭纪生:《企业技术能力:一个新的概念界定与测量模型》,《科学学与科学技术管理》2008 年第 12 期。

王永钦等:《中国对外直接投资区位选择的决定因素:制度、税负和资源禀赋》,《经济研究》2014 年第 12 期。

王永中等:《"一带一路"沿线国家投资风险分析及政策建议》,《中国财政》2017 年第 16 期。

王永中、王碧珺:《中国海外投资高政治风险的成因与对策》,《全球化》2015 年第 5 期。

王永中、赵奇锋:《风险偏好、投资动机与中国对外直接投资:基于面板数据的分析》,《金融评论》2016 年第 4 期。

王增涛:《企业国际化:一个理论与概念框架的文献综述》,《经济学家》2011 年第 4 期。

魏光兴:《企业生命周期理论综述及简评》,《生产力研究》2005 年第 6 期。

吴国平:《后危机时期中国企业投资拉美和加勒比地区的机遇与挑战》,《中国社会科学院研究生院学报》2011 年第 2 期。

吴仪:《实现两个根本性转变 努力完成对外经贸新任务》,《经济学动态》1996 年第 3 期。

伍志文、李海菠:《拉美和东亚国家的汇率制度选择及其对中国的启示——兼谈人民币汇率升值问题》,《经济科学》2004 年第 6 期。

协天紫光、樊秀峰:《投资便利化建设是否促进了中国对外直接投资——基于东道国异质性的门槛检验》,《国际商务》(对外经济贸易大学学报)2019 年第 6 期。

谢竹云等:《创业行为、动态能力与组织绩效》,《现代管理科学》2009 年第 2 期。

新华社：《第三届中国企业跨国投资研讨会聚焦企业"走出去"》，中央政府门户网站，http://www.gov.cn/jrzg/2009-04/22/content_1293272.htm，2009年4月22日。

邢波：《企业跨国并购中的文化融合——以五矿集团为例》，《中外企业文化》2013年第8期。

邢波：《五矿集团是如何用好外籍团队的》，《企业管理》2013年第9期。

徐建中、谢晶：《组织学习过程对制造企业国际化成长绩效影响》，《哈尔滨工程大学学报》2013年第11期。

徐虞利：《周中枢：高位接盘 如履薄冰》，《上海证券报》2007年7月24日第6版。

薛求知、朱吉庆：《中国企业国际化经营：动因，战略与绩效——一个整合性分析框架与例证》，《上海管理科学》2008年第1期。

闫立罡、吴贵生：《中国企业国际化模式研究》，《科学学与科学技术管理》2006年第8期。

阎大颖：《制度距离、国际经验与中国企业海外并购的成败问题研究》，《南开经济研究》2011年第5期。

阎大颖：《中国企业对外直接投资的区位选择及其决定因素》，《国际贸易问题》2013年第7期。

杨丽华：《基于学习效应的中资银行国际化行为研究》，博士学位论文，湖南大学，2013年。

杨林：《我国科技型企业技术创新国际化战略的理论分析》，《科学管理研究》2010年第3期。

杨水利等：《动态能力关系质量与合作绩效实证研究》，《经济管理》2008年第30卷第19—20期。

杨霞：《从福耀玻璃看制造业10年来成本变迁》，《证券时报》2017年1月10日第A05版。

姚利民、王若君：《中国吸收发达国家R&D跨国外溢的国际化渠道比较》，《国际贸易问题》2011年第12期。

殷华方、鲁明泓:《文化距离和国际直接投资流向:S 型曲线假说》,《南方经济》2011 年第 1 期。

于樱雪:《浅论国有企业混合所有制改革中存在的问题及建议》,《财讯》2017 年第 4 期。

余敏友:《论 21 世纪以来中国国际法的新发展与新挑战》,《理论月刊》2012 年第 4 期。

余鹏翼、王满四:《国内上市公司跨国并购绩效影响因素的实证研究》,《会计研究》2014 年第 3 期。

余亚军、王强:《知识密集型服务企业国际化决策成本分析》,《中国经贸》2009 年第 18 期。

张波:《企业战略转型中的组织学习研究》,《魅力中国》2011 年第 2 期。

张弛、程君佳:《关于中国对外直接投资管理模式的思考》,《西南金融》2018 年第 6 期。

张韩晗:《适合的才是最好的:选择性经验学习与中国企业海外投资绩效》,硕士学位论文,南京财经大学,2019 年。

张建红、周朝鸿:《中国企业走出去的制度障碍研究——以海外收购为例》,《经济研究》2010 年第 45 卷第 6 期。

张建平、刘桓:《改革开放 40 年:"引进来"与"走出去"》,《先锋》2019 年第 2 期。

张陆洋、张训苏:《境外关于外资并购及行业准入的相关规则以及我国证券市场对外开放过程中应注意的问题》,《上海证券报》2007 年 9 月 3 日第 A10 版。

张庆昌、王跃生:《中美印制造业成本比较:一个案例引发的思考》,《宏观经济研究》2018 年第 6 期。

张一弛、欧怡:《企业国际化的市场进入模式研究述评》,《经济科学》2001 年第 4 期。

张莹:《世界直接投资对我国企业的启示——基于 2000—2008 年企业

国际化内外向联系模型的分析》，《现代商贸工业》2009 年第 21 卷第 16 期。

张勇：《拉美能源资源产业发展及中拉合作建议》，《国际经济合作》2015 年第 8 期。

张源：《路径依赖与动态能力：紫金矿业集团国际化案例研究——基于乌普萨拉模型的改进》，《山东财经大学学报》2018 年第 4 期。

张紫璇等：《文化相似性对集群企业竞争偏执的影响——网络中心性的调节和知识整合能力的中介作用》，《软科学》2020 年第 10 期。

赵蓓文：《经济全球化新形势下中国企业对外直接投资的区位选择》，《世界经济研究》2015 年第 6 期。

赵兰洋、段志蓉：《内向与外向国际化的联系机理及其对中国企业的启示》，《特区经济》2006 年第 4 期。

赵振宇、刘曦子：《企业四阶动态能力的层级建构及其模型》，《华北电力大学学报》（社会科学版）2014 年第 6 期。

赵中源：《新时代社会主要矛盾的本质属性与形态特征》，《政治学研究》2018 年第 2 期。

周经、刘厚俊：《制度环境、公司战略导向与中国 OFDI 模式选择——基于中国微观企业数据的研究》，《世界经济与政治论坛》2017 年第 6 期。

周黎安：《晋升博弈中政府官员的激励与合作——兼论我国地方保护主义和重复建设问题长期存在的原因》，《经济研究》2004 年第 6 期。

周茂等：《企业生产率与企业对外直接投资进入模式选择——来自中国企业的证据》，《管理世界》2015 年第 11 期。

朱鹤等：《20 世纪中期美国企业对拉美地区投资的教训及对中国的启示》，《拉丁美洲研究》2018 年第 3 期。

祝锦祥、戴昌钧：《企业分层能力体系构建及其在人力资源管理中的应用》，《人力资源管理》2014 年第 5 期。

宗芳宇等：《双边投资协定、制度环境和企业对外直接投资区位选择》，《经济研究》2012年第5期。

邹勇、周艳榕：《战略联盟中的组织学习、知识分享与知识创造》，《轻工科技》2007年第9期。

英文文献

Andersen, Otto, "On the Internationalization Process of Firms: A Critical Analysis", *Journal of International Business Studies*, Vol. 24, No. 2, 1993.

Aoki, Masahiko, *Information, Incentives and Bargaining in the Japanese Economy: A Microtheory of the Japanese Economy*, Cambridge: Cambridge University Press, 1988.

Asher, Harold, *Cost-Quantity Relationships in the Airframe Industry*, Santa Monica, Calif.: The RAND Corporation, 1956.

Barkema, Harry G, John Bell, and Johannes M Pennings, "Foreign Entry, Cultural Barriers and Learning", *Strategic Management Journal*, Vol. 17, No. 2, 1996.

Barkema, Harry G., Oded Shenkar, Freek Vermeulen, and H. J. Bell John, "Working Abroad, Working with Others: How Firms Learn to Operate International Joint Ventures", *The Academy of Management Journal*, Vol. 40, No. 2, 1997.

Basu, Susanto, and John G. Fernald, "Aggregate Productivity and the Productivity of Aggregates", *National Bureau of Economic Research Working Paper Series*, No. 5382, 1995.

Björkmann, Ingmar, *Foreign Direct Investments: An Empirical Analysis of Decision Making in Seven Finnish Firms*, Helsingfors: Swedish School of Economics and Business Administration, 1989.

Blomstermo, Anders, Deo D. Sharma, and James Sallis, "Choice of Foreign Market Entry Mode in Service Firms", *International Marketing Review*, Vol. 23, No. 2, 2006.

Boudier-Bensebaa, Fabienne, "FDI-Assisted Development in the Light of the Investment Development Path Paradigm: Evidence from Central and Eastern European Countries", *Transnational Corporations*, Vol. 17, No. 1, 2008.

Brouthers, Keith D., and Jean-François Hennart, "Boundaries of the Firm: Insights from International Entry Mode Research", *Journal of Management*, Vol. 33, No. 3, 2007.

Bruton, Garry D., Benjamin M. Oviatt, and Margaret A. White, "Performance of Acquisitions of Distressed Firms", *The Academy of Management Journal*, Vol. 37, No. 4, 1994.

Buckley, Peter, Jeremy Clegg, and Chengqi Wang, "Inward FDI and Host Country Productivity: Evidence from China's Electronics Industry", *Transnational Corporations*, Vol. 15, No. 1, 2006.

Buckley, Peter J., L. Jeremy Clegg, Adam R. Cross, Xin Liu, Hinrich Voss, and Ping Zheng, "The Determinants of Chinese Outward Foreign Direct Investment", *Journal of International Business Studies*, Vol. 38, No. 4, 2007.

Canabal, Anne, and George O. White, "Entry Mode Research: Past and Future", *International Business Review*, Vol. 17, No. 3, 2008.

Castellaneta, Francesco, Giovanni Valentini, and Maurizio Zollo, "Learning or Inertia? The Impact of Experience and Knowledge Codification on Post-Acquisition Integration", *Industrial and Corporate Change*, Vol. 27, No. 3, 2017.

Chang, Sea-Jin, and Sekeun Park, "Types of Firms Generating Network Externalities and Mncs' Co-Location Decisions", *Strategic Management Journal*, Vol. 26, No. 7, 2005.

Chang, Sea Jin, "International Expansion Strategy of Japanese Firms: Capability Building through Sequential Entry", *The Academy of Management Journal*, Vol. 38, No. 2, 1995.

Chuang, You-Ta, and A. C. Baum Joel, "It's All in the Name: Failure-Induced Learning by Multiunit Chains", *Administrative Science Quarterly*, Vol. 48, No. 1, 2003.

Collins, Jamie D., Tim R. Holcomb, S. Trevis Certo, Michael A. Hitt, and Richard H. Lester, "Learning by Doing: Cross-Border Mergers and Acquisitions", *Journal of Business Research*, Vol. 62, No. 12, 2009.

Colombo, Massimo G, "Alliance Form: A Test of the Contractual and Competence Perspectives", *Strategic Management Journal*, Vol. 24, No. 12, 2003.

Cuervo-Cazurra, Alvaro, and Mehmet Genc, "Transforming Disadvantages into Advantages: Developing-Country MNEs in the Least Developed Countries", *Journal of International Business Studies*, Vol. 39, No. 6, 2008.

Dawar, Niraj, and Tony Frost, "Competing with Giants: Survival Strategies for Local Companies in Emerging Markets", *Harvard Business Review*, No. March-April, 1999.

Dow, Douglas, and Jorma Larimo, "Challenging the Conceptualization and Measurement of Distance and International Experience in Entry Mode Choice Research", *Journal of International Marketing*, Vol. 17, No. 2, 2009.

Dunning, John H., "The Determinants of International Production", *Oxford Economic Papers*, Vol. 25, No. 3, 1973.

Dunning, John H., "Explaining the International Direct Investment Position of Countries: Towards a Dynamic or Developmental Approach", *Weltwirtschaftliches Archiv*, Vol. 117, No. 1, 1981.

Dunning, John H., "Trade, Location of Economic Activity and the MNE:

A Search for an Eclectic Approach", in Bertil Ohlin, Per-Ove Hesselborn, and Per Magnus Wijkman, eds., *The International Allocation of Economic Activity*, London: Palgrave Macmillan UK, 1977.

Dutton, John M., and Annie Thomas, "Treating Progress Functions as a Managerial Opportunity", *Academy of Management Review*, Vol. 9, No. 2, 1984.

Comisión Económica para América Latina y el Caribe, *Salud Y Economía: Una Convergencia Necesaria Para Enfrentar El Covid-19 Y Retomar La Senda Hacia El Desarrollo Sostenible En América Latina Y El Caribe*, Naciones Unidas, July 2020.

Erramilli, M. Krishna, "The Experience Factor in Foreign Market Entry Behavior of Service Firms", *Journal of International Business Studies*, Vol. 22, No. 3, 1991.

Fang, Tony, "Yin Yang: A New Perspective on Culture", *Management and Organization Review*, Vol. 8, No. 1, 2012.

Florida, Richard, and Martin Kenney, "Transplanted Organizations: The Transfer of Japanese Industrial Organization to the U.S", *American Sociological Review*, Vol. 56, No. 3, 1991.

Fowler, Karen L., and Dennis R. Schmidt, "Determinants of Tender Offer Post-Acquisition Financial Performance", *Strategic Management Journal*, Vol. 10, No. 4, 1989.

Gorynia, Marian, Jan Nowak, and Rados Aw Wolniak, "Foreign Direct Investment of Central and Eastern European Countries, and the Investment Development Path Revisited", *Eastern Journal of European Studies*, Vol. 1, No. 2, 2010.

Habib, Mohsin, and Leon Zurawicki, "Corruption and Foreign Direct Investment", *Journal of International Business Studies*, Vol. 33, No. 2, 2002.

Halvor, Mehlum, Moene Karl, and Torvik Ragnar, "Institutions and the Resource Curse", *The Economic Journal*, Vol. 116, No. 508, 2006.

Hansen, Morten T., and Martine R. Haas, "Competing for Attention in Knowledge Markets: Electronic Document Dissemination in a Management Consulting Company", *Administrative Science Quarterly*, Vol. 46, No. 1, 2001.

Hennart, Jean-Francois, and Young-Ryeol Park, "Greenfield Vs. Acquisition: The Strategy of Japanese Investors in the United States", *Management Science*, Vol. 39, No. 9, 1993.

Hertz, S, The Internationalisation Processes of Freight Transport Companies: Towards a Dynamic Network Model of Internationalisation, Ph. D. Dissertation, Stockholm School of Economics, 1993.

Hirsch, Werner Z, "Firm Progress Ratios", *Econometrica*, Vol. 24, No. 2, 1956.

Hymer, Stephen Herbert, The International Operations of National Firms: A Study of Direct Foreign Investment, Ph. D. Disseration, Massachusetts Institute of Technology, 1960.

Johanson, Jan, and Lars-Gunnar Mattsson, "Internationalisation in Industrial Systems—A Network Approach", in Mats Forsgren, Ulf Holm, and Jan Johanson, eds., *Knowledge, Networks and Power: The Uppsala School of International Business*, London: Palgrave Macmillan UK, 2015.

Johanson, Jan, and Jan-Erik Vahlne, "The Mechanisms of Internationalization", *International Marketing Review*, Vol. 7, 1990.

Khanna, Tarun, and Krishna G. Palepu, "Emerging Giants: Building World-Class Companies in Developing Countries", *Harvard Business Review*, Vol. 84, No. 100, 2006.

Klein, Saul, and Albert Wöcke, "Emerging Global Contenders: The South African Experience", *Journal of International Management*, Vol. 13,

2007.

Kogut, Bruce, and Udo Zander, "Knowledge of the Firm, Combinative Capabilities, and the Replication of Technology", *Organization Science*, Vol. 3, No. 3, 1992.

Kolstad, Ivar, and Arne Wiig, "What Determines Chinese Outward FDI?", *Journal of World Business*, Vol. 47, No. 1, 2012.

Kumar, V., and Velavan Subramanian, "A Contingency Framework for the Mode of Entry Decision", *Journal of World Business*, Vol. 32, No. 1, 1997.

Lant, Theresa K., and Stephen J. Mezias, "An Organizational Learning Model of Convergence and Reorientation", *Organization Science*, Vol. 3, No. 1, 1992.

Lecraw, Donald J, "Direct Investment by Firms from Less Developed Countries", *Oxford Economic Papers*, Vol. 29, No. 3, 1977.

Lee, J.-W, *Swedish Firms Entering the Korean Market-Position Development in Distant Industrial Networks*, University, Uppsala, 1991.

Levitt, Barbara, and James G. March, "Organizational Learning", *Annual Review of Sociology*, Vol. 14, 1988.

Lonner, Walter J, John W Berry, and Geert Hofstede, *Culture's Consequences: International Differences in Work-Related Values*, SAGE, 1984.

Lubatkin, Michael H, A Market Analysis of Diversification Strategies and Administrative Experience on the Performance of Merging Firms, Ph. D. Dissertation, University of Tennessee, 1982.

Lyles, Marjorie, Dan Li, and Haifeng Yan, "Chinese Outward Foreign Direct Investment Performance: The Role of Learning", *Management and Organization Review*, Vol. 10, No. 3, 2014.

Madsen, Peter M., and Vinit Desai, "Failing to Learn? The Effects of Failure and Success on Organizational Learning in the Global Orbital Launch

Vehicle Industry", *The Academy of Management Journal*, Vol. 53, No. 3, 2010.

March, James, and Herbert Simon, *Organizations*, Oxford: Wiley Organizations, 1958.

Marton, Katherin, and Cornelia Mccarthy, "Is China on the Investment Development Path", *Journal of Asia Business Studies*, Vol. 1, No. 2, 2007.

Mayer, Thierry, and Soledad Zignago, "Notes on Cepii's Distances Measures: The Geodist Database", CEPII Working Paper, No. 2011 – 25, 2011.

McFadden, Daniel, "The Measurement of Urban Travel Demand", *Journal of Public Economics*, Vol. 3, No. 4, 1974.

Morris, Michael W., and Paul C. Moore, "The Lessons We (Don't) Learn: Counterfactual Thinking and Organizational Accountability after a Close Call", *Administrative Science Quarterly*, Vol. 45, No. 4, 2000.

Myles Shaver, J., and Fredrick Flyer, "Agglomeration Economies, Firm Heterogeneity, and Foreign Direct Investment in the United States", *Strategic Management Journal*, Vol. 21, No. 12, 2000.

Narula, Rajneesh, "Globalization, New Ecologies, New Zoologies, and the Purported Death of the Eclectic Paradigm", *Asia Pacific Journal of Management*, Vol. 23, No. 2, 2006.

Nevis, Edwin C, Anthony J Dibella, and Janet M Gould, "Understanding Organizations as Learning Systems", *Sloan Management Review*, Vol. 36, No. 2, 1995.

Nonaka, Ikujiro, "A Dynamic Theory of Organizational Knowledge Creation", *Organization Science*, Vol. 5, No. 1, 1994.

Oviatt, Benjamin M., and Patricia Phillips McDougall, "Toward a Theory of International New Ventures", *Journal of International Business Studies*, Vol. 36, No. 1, 2005.

Pan, Yigang, and David K. Tse, "The Hierarchical Model of Market Entry Modes", *Journal of International Business Studies*, Vol. 31, No. 4, 2000.

Petersen, Bent, Torben Pedersen, and Marjorie Lyles, "Closing Knowledge Gaps in Foreign Markets", *Journal of International Business Studies*, Vol. 39, No. 7, 2008.

Ronen, Simcha, and Oded Shenkar, "Clustering Countries on Attitudinal Dimensions: A Review and Synthesis", *Academy of Management Review*, Vol. 10, No. 3, 1985.

Rosenbaum, Paul R., and Donald B. Rubin, "Constructing a Control Group Using Multivariate Matched Sampling Methods That Incorporate the Propensity Score", *The American Statistician*, Vol. 39, No. 1, 1985.

Sachs, Jeffrey D, "Globalization and Patterns of Economic Development", *Review of World Economics*, Vol. 136, No. 4, 2000.

Sachs, Jeffrey D., and Andrew M. Warner, "The Curse of Natural Resources", *European Economic Review*, Vol. 45, No. 4, 2001.

Schreyögg, Georg, and Martina Kliesch-Eberl, "How Dynamic Can Organizational Capabilities Be? Towards a Dual-Process Model of Capability Dynamization", *Strategic Management Journal*, Vol. 28, No. 9, 2007.

Shaver, J. Myles, Will Mitchell, and Bernard Yeung, "The Effect of Own-Firm and Other-Firm Experience on Foreign Direct Investment Survival in the United States, 1987 – 92", *Strategic Management Journal*, Vol. 18, No. 10, 1997.

Sitkin, Sim B., and Amy L. Pablo, "Reconceptualizing the Determinants of Risk Behavior", The *Academy of Management Review*, Vol. 17, No. 1, 1992.

Solow, Robert M, "A Contribution to the Theory of Economic Growth", *The Quarterly Journal of Economics*, Vol. 70, No. 1, 1956.

Tinbergen, Jan, "Shaping the World Economy", *The International Executive*, Vol. 5, No. 1, 1963.

United Nations Conference on Trade and Development, *World Investment Report 2006*, New York and Geneva: United Nations, 2006.

Van Der Bij, Hans, X. Michael Song, and Mathieu Weggeman, "An Empirical Investigation into the Antecedents of Knowledge Dissemination at the Strategic Business Unit Level", *Journal of Product Innovation Management*, Vol. 20, No. 2, 2003.

Wang, Chengqi, Junjie Hong, Mario Kafouros, and Mike Wright, "Exploring the Role of Government Involvement in Outward FDI from Emerging Economies", *Journal of International Business Studies*, Vol. 43, No. 7, 2012.

Weston, J. Fred, Kwang S. Chung, and Susan E. Hoag, *Mergers, Restructuring and Corporate Control*, Upper Saddle River: Prentice Hall, 1990.

Winter, Sidney G, "Understanding Dynamic Capabilities", *Strategic Management Journal*, Vol. 24, No. 10, 2003.

Woodcock, C. Patrick, Paul W. Beamish, and Shige Makino, "Ownership-Based Entry Mode Strategies and International Performance", *Journal of International Business Studies*, Vol. 25, No. 2, 1994.

Xia, Jun, Justin Tan, and David Tan, "Mimetic Entry and Bandwagon Effect: The Rise and Decline of International Equity Joint Venture in China", *Strategic Management Journal*, Vol. 29, No. 2, 2008.

Yelle, Louis E, "The Learning Curve: Historical Review and Comprehensive Survey", *Decision Sciences*, Vol. 10, No. 2, 1979.

Zahra, Shaker A., R. Duane Ireland, and Michael A. Hitt, "International Expansion by New Venture Firms: International Diversity, Mode of Market Entry, Technological Learning, and Performance", *Academy of*

Management Journal, Vol. 43, No. 5, 2000.

Zeng, Yuping, Oded Shenkar, Seung-Hyun Lee, and Sangcheol Song, "Cultural Differences, Mne Learning Abilities, and the Effect of Experience on Subsidiary Mortality in a Dissimilar Culture: Evidence from Korean Mnes", *Journal of International Business Studies*, Vol. 44, No. 1, 2013.

Zhu, Aiyong, "Essays on the Discrete Choice Model: Application and Extension", Mannheim, 2014.

Zollo, Maurizio, and Jeffrey J Reuer, "Experience Spillovers across Corporate Development Activities", *Organization Science*, Vol. 21, No. 6, 2010.

Zollo, Maurizio, and Sidney G. Winter, "Deliberate Learning and the Evolution of Dynamic Capabilities", *Organization Science*, Vol. 13, No. 3, 2002.

Zollo, Maurizio, "Superstitious Learning with Rare Strategic Decisions: Theory and Evidence from Corporate Acquisitions", *Organization Science*, Vol. 20, No. 5, 2009.

Zhao, Hongxin, Yadong Luo, and Taewon Suh, "Transaction Cost Determinants and Ownership-Based Entry Mode Choice: A Meta-Analytical Review", *Journal of International Business Studies*, Vol. 35, No. 6, 2004.

Zahra, Shaker A., Harry J. Sapienza, and Per Davidsson, "Entrepreneurship and Dynamic Capabilities: A Review, Model and Research Agenda", *Journal of Management Studies*, Vol. 43, No. 4, 2006.

Zahra, Shaker A., and Gerard George, "The Net-Enabled Business Innovation Cycle and the Evolution of Dynamic Capabilities", *Information Systems Research*, Vol. 13, No. 2, 2002.

Xu, Peiyuan, and Yongzhong Wang, "Investment Experience, Bilateral

Investment Treaty and China's ODI: A New Angle to Explain Risk Preference", *International Journal of Business and Management*, Vol. 15, No. 1, 2020.

Wright, T. P, "Factors Affecting the Cost of Airplanes", *Journal of the Aeronautical Sciences*, Vol. 3, No. 4, 1936.

Witt, Michael A, and Arie Y Lewin, "Outward Foreign Direct Investment as Escape Response to Home Country Institutional Constraints", *Journal of International Business Studies*, Vol. 38, No. 4, 2007.

Williamson, Oliver E, "Transaction-Cost Economics: The Governance of Contractual Relations", *The Journal of Law & Economics*, Vol. 22, No. 2, 1979.

Welch, Lawrence S., and Reijo Luostarinen, "Internationalization: Evolution of a Concept", *Journal of General Management*, Vol. 14, No. 2, 1988.

Vernon, Raymond, "International Investment and International Trade in the Product Cycle", *Quarterly Journal of Economics*, Vol. 80, No. 2, 1966.

United Nations Conference on Trade and Development, *World Investment Report 2021*, New York and Geneva: United Nations, 2021.

Twomey, Michael J, "The Canadian Experience with the Investment Development Path", paper presented at the Canadian Economic History Conference, 2000.

Teece, David J., Gary Pisano, and Amy Shuen, "Dynamic Capabilities and Strategic Management", *Strategic Management Journal*, Vol. 18, No. 7, 1997.

Slangen, Arjen, and Jeanfrancois Hennart, "Do Multinationals Really Prefer to Enter Culturally-Distant Countries through Greenfields Rather Than through Acquisitions? The Role of Parent Experience and Subsidiary Autonomy", *Journal of International Business Studies*, Vol. 39, No. 3, 2008.

Sirmon, David G., Michael A. Hitt, and R. Duane Ireland, "Managing Firm Resources in Dynamic Environments to Create Value: Looking inside the Black Box", *The Academy of Management Review*, Vol. 32, No. 1, 2007.

Sharma, Varinder M., and M. Krishna Erramilli, "Resource-Based Explanation of Entry Mode Choice", *Journal of Marketing Theory and Practice*, Vol. 12, No. 1, 2004.

Sachs, Jeffrey D., and Andrew M. Warner, "Natural Resource Abundance and Economic Growth", *NBER Working Paper*, No. 5398, 1997.

Sachs, Jeffrey D., and Andrew M. Warner, "The Big Push, Natural Resource Booms and Growth", *Journal of Development Economics*, Vol. 59, 1999.

Rugman, Alan M, *Inside the Multinationals 25th Anniversary Edition: The Economics of Internal Markets*, Palgrave Macmillan, 2006.

Root, Franklin R, *Entry Strategies for International Markets*, Lexington, MA: Lexington Books, 1998.

Ramasamy, Bala, Matthew Yeung, and Sylvie Laforet, "China's Outward Foreign Direct Investment: Location Choice and Firm Ownership", *Journal of World Business*, Vol. 47, No. 1, 2012.

Penrose, Edith, *The Theory of the Growth of the Firm*, Oxford: Oxford University Press, 1959.

Ozawa, Terutomo, "The Macro-IDP, Meso-IDPs and the Technology Development Path (TDP)", in John H. Dunning and Rajneesh Narula, eds., *Foreign Direct Investment and Governments: Catalysts for Economic Restructuring*, London and New York: Routledge, 1996.

Oviatt, Benjamin M., and Patricia Phillips McDougall, "Toward a Theory of International New Ventures", *Journal of International Business Studies*, Vol. 25, No. 1, 1994.

Nocke, Volker, and Stephen R Yeaple, "Cross-Border Mergers and Acquisitions Vs. Greenfield Foreign Direct Investment: The Role of Firm Heterogeneity", *Journal of International Economics*, Vol. 72, No. 2, 2007.

Narula, Rajneesh, *Multinational Investment and Economic Structure Globalisation and Competitiveness*, London: Routledge, 1996.

Narula, Rajneesh, "Do We Need Different Frameworks to Explain Infant Mnes from Developing Countries?", *Global Strategy Journal*, Vol. 2, No. 3, 2012.

Morschett, Dirk, Hanna Schramm-Klein, and Bernhard Swoboda, "Decades of Research on Market Entry Modes: What Do We Really Know about External Antecedents of Entry Mode Choice?", *Journal of International Management*, Vol. 16, No. 1, 2010.

Miner, A. S., and P. R. Haunschild, "Population Level Learning", in B. M. Staw and L. L. Cummings, eds., *Advances in Organizational Behavior*, Greenwich: JAI Press, 1995.

McDonald, Alan, and Leo Schrattenholzer, "Learning Rates for Energy Technologies", *Energy Policy*, Vol. 29, No. 4, 2001.

Mathews, John A, "Dragon Multinationals: New Players in 21st Century Globalization", *Asia Pacific Journal of Management*, Vol. 23, No. 1, 2006.

Martin, Xavier, and Robert Salomon, "Tacitness, Learning, and International Expansion: A Study of Foreign Direct Investment in a Knowledge-Intensive Industry", *Organization Science*, Vol. 14, No. 3, 2003.

March, James G, "Exploration and Exploitation in Organizational Learning", *Organization Science*, Vol. 2, No. 1, 1991.

Madhok, Anoop, "Cost, Value and Foreign Market Entry Mode: The Transaction and the Firm", *Strategic Management Journal*, Vol. 18, No. 1, 1997.

Lubatkin, Michael H, "Mergers and the Performance of the Acquiring Firm", *The Academy of Management Review*, Vol. 8, No. 2, 1983.

Lu, Jiangyong, Xiaohui Liu, Mike Wright, and Igor Filatotchev, "International Experience and FDILocation Choices of Chinese Firms: The Moderating Effects of Home Country Government Support and Host Country Institutions", *Journal of International Business Studies*, Vol. 45, No. 4, 2014.

Li, Yong, Ilan B. Vertinsky, and Jing Li, "National Distances, International Experience, and Venture Capital Investment Performance", *Journal of Business Venturing*, Vol. 29, No. 4, 2014.

Lee, Jaeho, and Jim Slater, "Dynamic Capabilities, Entrepreneurial Rent-Seeking and the Investment Development Path: The Case of Samsung", *Journal of International Management*, Vol. 13, No. 3, 2007.

Lecraw, Donald J, "Outward Direct Investment by Indonesian Firms: Motivation and Effects", *Journal of International Business Studies*, Vol. 24, No. 3, 1993.

Lecraw, Donald J, "Bargaining Power, Ownership, and Profitability of Transnational Corporations in Developing Countries", *Journal of International Business Studies*, Vol. 15, No. 1, 1984.

Lall, Sanjaya, "The Rise of Multinationals from the Third World", *Third World Quarterly*, Vol. 5, No. 3, 1983.

Krishnan, M. S., C. H. Kriebel, Sunder Kekre, and Tridas Mukhopadhyay, "An Empirical Analysis of Productivity and Quality in Software Products", *Management Science*, Vol. 46, No. 6, 2000.

Kolk, Ans, and Jonatan Pinkse, "Business Responses to Climate Change: Identifying Emergent Strategies", *California Management Review*, Vol. 47, 2005.

Knickerbocker, Frederick T, "Oligopolistic Reaction and Multinational Enterprise", *The International Executive*, Vol. 15, No. 2, 1973.

Kitching, John, "Why Do Mergers Miscarry?", *Harvard Business Publishing*, No. 45, 1967.

Johanson, Jan, and Finn Wiedersheim-Paul, "The Internationalization of the Firm—Four SwedishCases", *Journal of Management Studies*, Vol. 12, No. 3, 1975.

Johanson, Jan, and Jan-Erik Vahlne, "The Internationalization Process of the Firm—A Model of Knowledge Development and Increasing Foreign Market Commitments", *Journal of International Business Studies*, Vol. 8, No. 1, 1977.

Jemison, David B., and Sim B Sitkin, "Corporate Acquisitions: A Process Perspective", *Academy of Management Review*, Vol. 11, No. 1, 1986.

Hirsch, Werner Z, "Manufacturing Progress Functions", *The Review of Economics and Statistics*, Vol. 34, No. 2, 1952.

Hill, Charles W. L., Peter Hwang, and W. Chan Kim, "An Eclectic Theory of the Choice of International Entry Mode", *Strategic Management Journal*, Vol. 11, No. 2, 1990.

Hennart, Jean-Francois, and Young-Ryeol Park, "Location, Governance, and Strategic Determinants of Japanese Manufacturing Investment in the United States", *Strategic Management Journal*, Vol. 15, No. 6, 1994.

Helfat, Constance E., and Margaret A. Peteraf, "The Dynamic Resource-Based View: Capability Lifecycles", *Strategic Management Journal*,

Vol. 24, No. 10, 2003.

Hampton, Mark P., and John Christensen, "Offshore Pariahs? Small Island Economies, Tax Havens, and the Re-Configuration of Global Finance", *World Development*, Vol. 30, No. 9, 2002.

Haleblian, Jerayr, Ji-Yub Kim, and Nandini Rajagopalan, "The Influence of Acquisition Experience and Performance on Acquisition Behavior: Evidence from the U. S. Commercial Banking Industry", *The Academy of Management Journal*, Vol. 49, No. 2, 2006.

Gorynia, Marian, Jan Nowak, and Radoslaw Wolniak, "Poland and Its Investment Development Path", *Eastern European Economics*, Vol. 45, No. 2, 2007.

Gorg, Holger, and David Greenaway, "Much Ado About Nothing? Do Domestic Firms Really Benefit from Foreign Direct Investment?", *World Bank Research Observer*, Vol. 19, No. 2, 2004.

Fonseca, Miguel, António Mendonça, and Jose Passos, "The Investment Development Path Hypothesis: Evidence from the Portuguese Case-A Panel Data Analysis", Working Paper, Department of Economics at the School of Economics and Management, Technical University of Lisbon, 2007.

Finkelstein, S., and J. Haleblian, "Understanding Acquisition Performance: The Role of Transfer Effects", *Organization Science*, Vol. 13, No. 1, 2002.

Estrada, Isabel, and John Qi Dong, "Learning from Experience? Technological Investments and the Impact of Coopetition Experience on Firm Profitability", *Long Range Planning*, Vol. 53, No. 1, 2020.

Eisenhardt, Kathleen M, and Jeffrey A Martin, "Dynamic Capabilities: What Are They?", *Strategic Management Journal*, Vol. 21, No. 1011, 2000.

Economic Development Division of the Economic Commission for Latin America and the Caribbean, *Fiscal Panorama of Latin America and the Caribbean 2020*, United Nations, June 2020.

Dunning, John H and Rajneesh Narula, "The Investment Development Path Revisited", in J. H. Dunning and R. Narula, eds., *Foreign Direct Investment and Governments: Catalysts for Economic Restructuring*, London and New York, 2003.

Dunning, John H, "The Investment Development Cycle Revisited", *Weltwirtschaftliches Archiv*, Vol. 122, No. 4, 1986.

Dunning, John H, "The Eclectic Paradigm of International Production: A Restatement and Some Possible Extensions", *Journal of International Business Studies*, Vol. 19, No. 1, 1988.

Dunning, John H, "Comment on Dragon Multinationals: New Players in 21st century Globalization", *Asia Pacific Journal of Management*, Vol. 23, No. 2, 2006.

Dikova, Desislava, Padma Rao Sahib, and Arjen van Witteloostuijn, "Cross-Border Acquisition Abandonment and Completion: The Effect of Institutional Differences and Organizational Learning in the International Business Service Industry, 1981 – 2001", *Journal of International Business Studies*, Vol. 41, No. 2, 2010.

Damijan, Jože P., Mark Knell, Boris Majcen, and Matija Rojec, "The Role of FDI, R&D Accumulation and Trade in Transferring Technology to Transition Countries: Evidence from Firm Panel Data for Eight Transition Countries", *Economic Systems*, Vol. 27, No. 2, 2003.

Craig, C. Samuel, and Susan P. Douglas, "Managing the Transnational Value Chain: Strategies for Firms from Emerging Markets", *Journal of International Marketing*, Vol. 5, No. 3, 1997.

Collis, David J, "Research Note: How Valuable Are Organizational Capabilities?", *Strategic Management Journal*, Vol. 15, No. S1, 1994.

Cohen, Wesley M, and Daniel A Levinthal, "Absorptive Capacity: A New Perspective on Learning and Innovation", *Administrative Science Quarterly*, Vol. 35, No. 1, 1990.

Chetty, Sylvie, and Colin Campbell-Hunt, "Paths to Internationalisation among Small- to Medium-Sized Firms: A Global Versus Regional Approach", *European Journal of Marketing*, Vol. 37, No. 5/6, 2003.

Chang, Sea-Jin, and Philip M. Rosenzweig, "The Choice of Entry Mode in Sequential Foreign Direct Investment", *Strategic Management Journal*, Vol. 22, No. 8, 2001.

Cepeda, Gabriel, and Dusya Vera, "Dynamic Capabilities and Operational Capabilities: A Knowledge Management Perspective", *Journal of Business Research*, Vol. 60, No. 5, 2007.

Cangelosi, Vincent E, and William R Dill, "Organizational Learning: Observations toward a Theory", *Administrative Science Quarterly*, Vol. 10, No. 2, 1965.

Buckley, Peter J., Nicolas Forsans, and Surender Munjal, "Host-Home Country Linkages and Host-Home Country Specific Advantages as Determinants of Foreign Acquisitions by Indian Firms", *International Business Review*, Vol. 21, No. 5, 2012.

Buckley, Peter J., and Francisco B. Castro, "The Investment Development Path: The Case of Portugal", *Transnational Corporations*, Vol. 7, No. 1, 1998.

Buckley, Peter, and Mark Casson, *The Future of the Multinational Enterprise 25th Anniversary Edition*, Palgrave Macmillan, 1976.

Brouthers, Keith D., and George Nakos, "Sme Entry Mode Choice and Performance: A Transaction Cost Perspective", *Entrepreneurship Theory and Practice*, Vol. 28, No. 3, 2004.

Brouthers, Keith D, "Institutional, Cultural and Transaction Cost Influences on Entry Mode Choice and Performance", *Journal of International Business Studies*, Vol. 33, No. 2, 2002.

Borensztein, Eduardo, Jose De Gregorio, and Jongwha Lee, "How Does Foreign Direct Investment Affect Economic Growth", *Journal of International Economics*, Vol. 45, No. 1, 1998.

Blalock, Garrick, and Daniel H Simon, "Do All Firms Benefit Equally from Downstream Fdi? The Moderating Effect of Local Suppliers' Capabilities on Productivity Gains", *Journal of International Business Studies*, Vol. 40, No. 7, 2009.

Baum, Joel A. C., and Kristina B. Dahlin, "Aspiration Performance and Railroads' Patterns of Learning from Train Wrecks and Crashes", *Organization Science*, Vol. 18, No. 3, 2007.

Barry, Frank, Holger Görg, and Andrew McDowell, "Outward FDI and the Investment Development Path of a Late-Industrializing Economy: Evidence from Ireland", *Regional Studies*, Vol. 37, No. 4, 2003.

Barkema, Harry G, and Mario Schijven, "How Do Firms Learn to Make Acquisitions? A Review of Past Research and an Agenda for the Future", *Journal of Management*, Vol. 34, No. 3, 2008.

Autio, Erkko, Harry J. Sapienza, and James G. Almeida, "Effects of Age at Entry, Knowledge Intensity, and Imitability on International Growth", *Academy of Management Journal*, Vol. 43, No. 5, 2000.

Argyris, Chris, and Donald A. Schön, *Organizational Learning: A Theory of Action Perspective*, Addison-Wesley Publishing Company, 1978.

Anderson, Erin, and Hubert Gatignon, "Modes of Foreign Entry: A Transaction Cost Analysis and Propositions", *Journal of International Business Studies*, Vol. 17, No. 3, 1986.

Agarwal, Sanjeev, and Sridhar N. Ramaswami, "Choice of Foreign Market

Entry Mode: Impact of Ownership, Location and Internalization Factors", *Journal of International Business Studies*, Vol. 23, No. 1, 1992.

Abrahamson, Eric, and Lori Rosenkopf, "Institutional and Competitive Bandwagons: Using Mathematical Modeling as a Tool to Explore Innovation Diffusion", *Academy of Management Review*, Vol. 18, No. 3, 1993.

后　　记

中国企业的国际化历史并不长，我个人的成长与中国企业"走出去"的历史有相当长的交集。从中国加入世界贸易组织到近年甚嚣尘上的"中国威胁论"，中国企业在海外常因政治、经济、社会、环境等各种因素成为国内外媒体关注的焦点。有些观点认为中国企业对外投资的政治目的大于商业目的，有些认为中国企业国际化之路无法用西方理论来解释。这些不同的观点引起了我的好奇，也是我开启此研究的初心。

本书修改自本人的博士学位论文。虽然论文完成于2021年年末，但直到2023年年末我才有时间对论文进行适当修改，并增加补充一个章节将之略作完善。诚然，中国企业的国际化问题极为复杂且处于动态变化之中，本书试图展示的研究结论也仅限于对特定时间节点以前情况的分析；限于本人的学识，文中难免有错误之处，望读者朋友海涵。

本人要特别感谢清华大学国际与地区研究院对本书的资助以及来自杨光院长、姜景奎常务副院长、张静副院长以及赵劲松副院长等院领导对本书出版的支持。更要衷心感谢我的导师白重恩教授、陆毅教授、潘文卿教授、王永中教授、马弘教授以及其他不能一一具名老师们对本研究的指导与建议。最后，诚挚感谢中国社会科学出版社各位编辑老师对本书所付出的辛勤编辑和校对。

2023年12月25日于墨西哥墨西哥城

主要符号对照表

FDI　　外商直接投资
GDP　　国内生产总值
GNP　　国民生产总值
IDP　　投资发展路径
NOI　　对外净投资流量
NOIS　对外净投资存量
ODI　　对外直接投资
OLI　　国际生产折衷理论
PSM　　倾向性得分匹配
R&D　　研究与开发